新时代

大学生军事理论教程

主　编　时英安　赵野春

副主编　鲁少兵　古　佳　李俊华

编　委　梁　伟　陈　冰　江成俊　冯　奇

　　　　周国辉　黄亚君　张　焱

电子科技大学出版社
University of Electronic Science and Technology of China Press

·成都·

图书在版编目(CIP)数据

新时代大学生军事理论教程 / 时英安，赵野春主编.
－－成都：电子科技大学出版社，2018.8
ISBN 978-7-5647-6648-1

Ⅰ.①新… Ⅱ.①时… ②赵… Ⅲ.①军事理论－高
等学校－教材 Ⅳ.①E0

中国版本图书馆CIP数据核字（2018）第188251号

新时代大学生军事理论教程

时英安　赵野春　主编

策划编辑　葛　鹏　岳　慧
责任编辑　岳　慧
出版发行　电子科技大学出版社
　　　　　成都市一环路东一段159号电子信息产业大厦九楼　邮编：610051
主　　页　www.uestcp.com.cn
服务电话　028-83203399
邮购电话　028-83201495

印　　刷　成都市火炬印务有限公司
成品尺寸　185mm×260mm
印　　张　16.5
字　　数　352千字
版　　次　2018年8月第一版
印　　次　2018年8月第一次印刷
书　　号　ISBN 978-7-5647-6648-1
定　　价　42.00元

前　言

　　大学生学习国防知识，参加军事训练是法定的公民义务，是大学生思想政治教育的重要组成部分，是国防后备力量建设的重要环节，也是增强大学生国防观念和国家安全意识，树立居安思危、爱军尚武的国防观念的基本途径。新时代大学生担负着振兴中华、建设中华、实现中国梦的重任，也负有保卫祖国、保卫现代化建设的光荣义务，青年兴，则国家兴，抓好大学生国防教育意义深远。

　　本教材为适应新时代高校国防教育全面深入发展的形势，以《全民国防教育大纲》和《普通高等学校军事课教学大纲》为依据，通过广泛深入调查研究，充分吸收高等院校军事理论教学研究的最新成果，紧密结合高校军事训练的实际，注重理论与实践、全面与重点、教员讲授与学生自学相结合，突出了便于学生自学这一特点，为在高等院校广泛开展国防教育提供依据。

　　本教材在编写过程中，参考、吸收和引用了有关专家学者的研究成果，并得到了电子科技大学武装部及出版社领导的指导和支持，在此一并表示感谢！由于编者水平所限，书中难免错漏和不当之处，诚挚欢迎提出宝贵意见。

编　者

2018 年 7 月

目　　录

第一章　中国国防

中国是中华民族生存繁衍之地，是一个有辉煌悠久历史、光辉灿烂文明的伟大国家。现代中国在中国共产党的领导下，通过全国各族人民艰苦奋斗，已崛起为世界第二大经济体，举世瞩目。当前，中国人民正在建设新时代中国特色社会主义，并逐渐走向世界舞台的中心，世人将见证一个繁荣强大中国的闪亮登场。国无防不立，民无兵不安。中国共产党第十九次全国代表大会报告指出，坚持走中国特色强军之路，全面推进国防和军队现代化建设。新时代的中国，必须建设一支能打仗、打胜仗的世界一流军队，在中国共产党领导下动员全国各族人民，铸就一个强大稳固的现代化国防。作为中华人民共和国的公民，新时代大学生应当关注国防、心系国防、建设国防、保卫国防。

第一节　国防概述

国防是伴随国家的产生而产生的。有国无防，就会有亡国灭种之痛。国防关系着国家和民族生死存亡。如果没有巩固的国防、没有强大的军队，一个国家就不可能维护自身的统一、领土的完整和民族的尊严，国家利益、集体利益、个人利益难以得到保障。现代国防的内涵丰富，如国防法规、国防体制建设、国防动员等都属于国防的范畴。

一、国防的概念和类型

国家产生后，需要巩固和发展，国防应运而生。任何国家自诞生之日起，都需要防备和抵御外来侵略，保障国家安全。国防是国家的产物，因而是个历史概念。国防随着国家的产生而产生，随着国家的发展而发展，亦随着国家的消亡而消亡。国防有多种类型。

（一）国防的含义

《中华人民共和国国防法》第一章第二条明确指出：国家为抵御外来侵略与颠覆，捍卫国家主权、领土完整，维护国家安全、统一和发展而进行的军事及军事有关的政治、经济、科技、文化、教育、外交等方面的活动，适用本法。这是对国防含义最权威的界定。国防具有四个基本要素：国防的主体、国防的目的、国防的对象、国防的手段。

国防的主体，是指国防活动的施行者，通常为国家。国家需要行使国家权力来领导和组织国防事业。国家的本质是统治阶级专政的工具，而国防是统治阶级依靠国家权力实现其利益与意志所进行的重要活动。新时代中国的国防是中国特色社会主义事业的重要组成部分。

国防的对象，是抵御外敌侵略与敌对势力颠覆政权。抵抗外敌侵略，分为外敌的武装侵略和其他形式的侵略；抵御对国家颠覆政权，分为外部敌对势力对国家政权渗透破坏和内部敌对势力对国家政权破坏。

国防的目的，是捍卫国家主权、领土完整，维护国家安全、统一和发展。也就是说，国防要确保国家独立、国家统一、领土完整及国家利益不受侵犯，确保国家安全特别是政治安全、政权安全不会动摇，确保国家内外部发展环境不被破坏。保护国家海外利益是新时代国防的重要任务。

国防的手段，是军事行动以及与军事有关的政治、经济、外交、科技、教育等方面的活动。坚持国家总体安全观，是新时代国防的根本理念。

（二）国防的基本类型

国家的阶级属性，决定了国家的社会制度和国家政策，也决定了国防性质。国家的社会制度和国家政策不同，制定的国防政策也不同。因此，国防的类型也各不相同。目前，世界上的国防类型，主要有四种：扩张型国防、自卫型国防、联盟型国防和中立型国防。

扩张型国防，是指某些西方强国，奉行霸权主义和强权政治，奉行本国利益至上，通过侵略、颠覆和渗透他国合法政权等方式，维护和拓展本国在世界各地的利益。

自卫型国防，是指依靠本国力量，广泛争取国际支持，防范和抵御外敌入侵和颠覆，维护本国安全和利益，维护周边地区和世界的和平与稳定。

联盟型国防，是指与其他国家以结盟形式，来防范和抵御侵略与颠覆。联盟型国防主要是两种模式：一元体联盟模式，是一种大国做盟主、其他国家属从的结构，如美日韩联盟；多元体联盟模式，是多国联盟结成伙伴关系，如"北约"。

中立型国防，是指制定总体防御战略和寓兵于民的防御体系，军事上奉行不选边站队、严守和平中立的国防政策，如瑞士。

中国是社会主义国家，对外关系上奉行和平共处五项基本原则，采取自卫型国防，坚持自卫立场，实行积极防御的战略方针。

二、国防的作用与基本特征

国防是国家的重要职能。国防强弱与国家利益休戚相关，关系到国家的安危与兴衰荣辱。国防的作用具有十分重要，也具有明显特征。

（一）国防的作用

1. 国防是国家安全的重要保障

国家建立后，并不是一劳永逸的。生死存亡始终是所有国家都面临的最大问题。而国防是一个国家用来抵御外来入侵和保证自身安全的主要选项。国家的长治久安有赖于国防。历史来看，因疏于国防而国破家亡例子很多。因此，世界上的大多数国家，从本国实际出发，不遗余力地加强国防和军队建设，目的就是要确保国家得以持续地生存发展。

2. 国防是国家独立自主的前提

弱国无外交，弱国防无强国。没有强大的国防，国家就会被欺凌，受人摆布。中国近代史表明，有国无防的结果是领土被割让、财富被抢掠、人民被盘剥、政权被操控，社会进入殖民地、半殖民地状态，侵略者成为"太上皇"，国家的独立自主只是一句空话。但中国共产党带领中国各族人民推翻了"三座大山"的压迫，赶走了侵略者，建立了强大的国防，犹如一头雄狮屹立于东方，实现了国家的独立和解放。没有国防，就不会有独立自主。如果没有巩固的国防，这个国家的政权是无法稳定的，经济发展的目标也就无从谈起。

3. 国防是国家繁荣发展的重要条件

国家的繁荣发展，有赖于良好的内外部环境，有赖于社会秩序稳定和外部和平局面。内忧外患，破坏了社会秩序，威胁着人民群众生命财产安全，难以形成团结统一的力量，最终确保国家繁荣发展。强有力的国防，可以为国家的发展繁荣创造机遇与条件，为国家的其他建设事业顺利提供安全环境。国家的生存、政权的巩固、经济利益的维护、国际地位的提升，都必须依靠强大的国防来支撑。

（二）国防的基本特征

相比较于国家的其他活动，国防有三个方面的基本特征：

1. 国防力量的综合性

国防是综合国力的体现。综合国力是一个国家基于自然环境、人口、资源、经济、科技、军事、文化、教育、外交等方面所具有的综合实力的统称。综合国力反映一个国家在国际社会中自由行动和影响国际事务的综合能力，也标志着一个国家盛衰

与发展的程度。国防力量是综合国力的重要组成部分，又涉及综合国力的各个方面，要以综合国力为基础。武装力量、国防设施等质量和水平，无不以国家的经济、文化、社会的现代化为前提。没有雄厚的综合国力，就不能建设强有力的国防力量。现代国防力量不再局限于单一的军事力量，国防力量竞赛更是综合国力的竞争。只有增强综合国力，确保国家在战略上更占优势，政治上更加独立，经济上更加发达，军事上更加强盛，才能建立起强大的国防。

2. 国防手段的多元性

现代国防是综合性活动，现代国防的手段具有多元性特征。现代国防斗争，武力是基础，非武力是补充、拓展和支撑。如政治的、经济的、科技外交的等非武力手段，不仅可以达到武力所达不到的目的，而且可以实现武力所无法渗透的领域，还可以为使用武力提供便利。随着现代科学技术的迅猛发展及与武器装备的紧密结合，使得现代武器的破坏力、杀伤力日益增大，迫使人们必须审慎地对待使用武力形式，从而更多地采用非武力手段成为重要选项。比如意识形态、文明冲突和信息攻击等。不战而屈人之兵，是国防的理想状态。这就是非武力手段的典型运用。

3. 国防事业的效益性

现代国防能够产生社会效益。保卫国家安全，维护国家利益，是现代国防的根本职能，确实需要消耗国家资源。但现代国防实践中，却因直接或间接地推动了国家的经济、政治、科技等快速发展而衍生若干社会效益。如我国采取军品转民用政策后开始利用航天技术发射民用卫星、通信卫星，既检验了航天技术，也实现了政治、经济利益的双丰收。

三、中国国防历史

中国国防有悠久的历史。随着历史发展，中国社会先后经历了不同的发展阶段，中国国防也经历了屈辱和荣耀、衰败与昌盛、挫折和奋起的历史。

（一）中国古代国防

据文献记载，夏王朝是中国建立的第一个真正意义上的国家。中国古代史，一般都从夏王朝建立的公元前21世纪算起，止于1840年第一次鸦片战争爆发。尽管包括夏王朝在内的先秦时期，中国还没有外国的观念，使用的是"中央王朝与诸侯国""华夏与四夷"等概念，也无现代真正意义上的国防，但割据政权之间的互相兼并，中原王朝与少数民族之间侵略与反侵略活动，对研究国防有着现实的借鉴意义。因此，我国古代国防应该从夏王朝开始。

1. 古代兵制建设

兵制，指军事制度。兵制，包括武装力量体制、军事领导体制和兵役制度。

夏朝。建立有贵族上层成员组成的卫队，由夏王亲自率领。这是中国国家军队的最初形式，也就是国家常备军的雏形。商朝。国家军队，即王师，有左、中、右的固定编制，出现了"戎车三百乘、虎贲三千人、甲士四万五千人，以东伐纣"的记载，并有"宗周（今西安西南）六师"，"成周（今洛阳东北）八师"之说。

春秋战国时期。各国军队编制，多数编为左、中、右三军或上、中、下三军，每军有二百乘。军事领导体制上，国王下边，出现将、相之分，文职称相，武职为将，相议政、将领军，领帅组成的军事机构。军队由单一兵种向多兵种发展。秦朝，全国军队统一编制，出现了由京师兵、郡县兵、边兵组成的武装力量体制。汉朝以后兵制，基本承秦制，进行了陆、海等兵种之分，并构建起中央部队、地方部队、边防部队的武装力量体制。如明朝在沿海设置卫、所，建立水军；清朝前期编有江河水师和外海水师，在天津建有满蒙八旗水师营（相当于海军基地）。

2. 古代国防工程建设

中国古代如城池、长城、京杭运河以及海防要塞等。到明代，边防、海防体系已趋于完整。

边防建设。最著名的是万里长城。始建于战国时期，由燕国、赵国、秦国开始各自修建，距今已2000多年。后经各个朝代的多次修建，成为东起辽东山海关、西至甘肃嘉峪关全长5000多千米）的长城。

海防建设。早在春秋战国时期，已出现水师，并进行水战和海上攻防作战，但海防设施建设缺乏明确记载。海防设施体系建设起于明代。明初，沿海海盗横行，尤其是日本的"倭寇"侵扰严重，给沿海地区带来了深重的灾难。为此，朱元璋为打击海盗在沿海建设防御设施。清朝前期，在沿海建设海岛要塞、海口要塞、海岸要塞和江防要塞，构建炮台要塞式的防御体系。

3. 古代国防思想

中国古代，内部战争及抵御外敌入侵战争十分频繁，孕育了丰富的国防思想。散见于《孙子兵法》《吴子》《司马法》《六韬》《尉缭子》《三略》《李卫公文对》等军事著作之中。

兵者，国之大事。这一思想的内涵是指，战争是国家的头等大事，它关系着国家生死存亡，必须高度重视，因而主张"重战"；同时也蕴涵着"慎战"观念。即战争问题上，不可以草率从事。原因是"亡国不可以复有，死者不可以复生"。

寓兵于农。其基本思想是"有虞则起为战卒，无事则散为农夫"，即有战事时征集起来，成为战士，没有战事时则返回从事农耕作业，好处是"由募还农，大费既省，守可以固，战可以克"。这种把战争之威力扎根于民众之中，依靠人民来进行战争的思想，是近现代以来"平战结合，寓兵于民"国防政策的源头。

足食足兵民信。"足食，足兵，民信"是春秋时期孔子提出的治国安邦的理想境界。同期的齐相管仲也提出"国富者兵强，兵强者战胜"的主张。这些主张反映出"富国与强兵相统一"的思想，是中国古代国防思想史上一个重要的立论。

屯垦戍边。屯垦即屯田垦殖，戍边即保卫边疆。"屯垦戍边"则是中国古代历朝加强边防建设的重要举措。

中国古代的国防思想博大精深，但也存在着许多的局限性，突出的表现是：重防非攻。以天朝大国而自居，把中原地区看为根本，以防御入侵为要务，陶醉于土地这种农耕经济之源，加上追求中庸的儒家思想的影响，专注于防御作战，战略上主要采取积极防御方针。

重陆轻海。中国古代中原王朝的威胁主要来自北方的游牧民族，而非海上，各类战争也主要是在陆上进行。同时，中华文明是根植于土地的农业文明，"耕而食，织而衣"，以农立国，以农富国缺少开发海洋原动力。历代统治者都把国防重点放在陆上。

明代航海技术的发展，开始大步走向海洋，但当时统治者未能会继续前行，而是在西方利用海洋实施侵略、掠夺财富面前，实行海禁政策，闭关锁国达300多年之久。1840年鸦片战争的失败，标志着重防非攻和重陆轻海国防思想的失败，开启了中华民族蒙受百年屈辱的历史。

（二）中国近代国防

1840年，英国凭借船坚炮利，发动鸦片战争，开始对中国进行入侵。清王朝在西方列强的侵略面前，居安思奢，卖国求荣，消极防御，导致国土被迫割让，人民惨遭蹂躏和屠杀。清朝后期的国防，本质上是有国无防。民国和国民政府时期，国家遭到日本军国主义侵略，国家已到了生死存亡关头，中国共产党和爱国人士与全国人民一道，奋起抗击，打败日本军国主义，捍卫了领土主权，改写了百年国防屈辱史。中国近代国防时间上限是1840年，下限是1949年。

1. 清朝后期的国防

鸦片战争后，清朝进入后期。这一时期，政治腐败，内乱外患，国防虚弱，中国社会沦为半殖民地半封建社会。

清朝后期的军制。鸦片战争后，清朝开始实施"洋务新政"，成立了总理衙门。八国联军入侵中国后，清朝深感军备落后，企图通过改革军制以加强军事，遂改总理衙门为外务部，裁撤兵部，成立陆军部。在武装力量体制方面，清人关前，军队是八旗兵；入关后为弥补兵力的不足，将汉人编组成立了绿营。1851年以后，为镇压太平天国运动，清廷号召各地乡绅编练乡勇，湘军和淮军逐渐成为清军的主力。中日甲午战争之后，开始编练新军。在兵役制度方面，八旗兵实行的是兵民合一的民军制。甲午战争之后，清朝开始"仿用西法，编练新军"。新军采用招募的形式，在入伍的年龄、体格及文化程度方面均有较严格的要求。

清朝后期的边海防建设。鸦片战争后，清廷朝政日益腐败，防务日渐废弛。海防要塞火炮年久失修，技术性能落后，炮弹威力甚小且不能及远，西方列强趁虚而入，打开了中国封闭的国门。19世纪中叶以后，中国的领土香港、澳门、台湾和澎湖列岛为英、葡、日侵占；东北乌苏里江以东、黑龙江以北的今国界以外大片土地为沙俄所占；西部帕米尔地区为俄英瓜分。

清朝后期的五次对外战争。1840年，英国以清王朝禁烟为由对中国发动了鸦片战争。1842年，战败的清王朝被迫在英国军舰上与之签订了中国历史上第一个不平等条约——《中英南京条约》。中国的领土主权遭到破坏，开始走向半殖民地半封建社会。1856年至1860年，英国不满足于既得利益，纠合法国，分别以"亚罗号事件"和"马神甫事件"为借口，对中国发动了第二次鸦片战争。战败的清王朝被迫与英法两国签订了中英、中法《天津条约》和《北京条约》，与趁火打劫的沙俄签订了《瑷珲条约》，领土主权进一步遭到破坏，半殖民地化程度加深。19世纪80年代初，法国殖民主义者在完成了对越南的占领后，进而入侵中国西南地区。1884年至1885年，中法开战，清军在黑旗军的配合下痛击法军，取得了镇南关大捷，导致了法国茹费里内阁的倒台。但是，腐败的清政府却一味偷安，认为法国船坚炮利，强大无敌，中国即便一时取胜也难保终久不败，不如乘胜求和。于是和法国签订了《中法新约》，把广西和云南两省的部分权益出卖给了法国，使中国不败而败，法国不胜而胜，清政府的腐败无能暴露无遗。1894年，日本以清朝出兵朝鲜为由发动了甲午战争。清朝战败，被迫与日本签订了《马关条约》，台湾被割让，领土被进一步肢解，加深了中国半殖民地化和民族危机。1900年，英、美、德、法、俄、日、意、奥8国，以保护在华侨民"利益"为借口，组成联军，发动侵华战争。战败的清政府被迫与以上8国及比利时、荷兰和西班牙共11国签订了《辛丑条约》。这个条约从政治、经济、军事各方面都扩大和加深了西方列强对中国的统治，并表明清政府已完全成为其统治中国的工具，中国完全沦为半殖民地半封建社会。

从1840年鸦片战争到1911年辛亥革命的70多年间，清政府与外国列强签订了数百个不平等条约，割让领土近160万平方千米。当时中国1.8万多千米的海岸线上，竟找不到一个中国自己享有主权的港口。国家有海无防，有边不固，绝大部分中国领土成了西方列强的势力范围。俄国在长城以北，英国在长江流域，日本在中国台湾、福建，德国在山东，法国在云南，中华民族美丽富饶的国土被西方列强撕扯得支离破碎。

2. 民国和国民政府时期的国防

辛亥革命虽然推翻了清朝的统治，建立了中华民国，但并没有改变中国任人宰割的历史。西方列强为维护其在华利益，纷纷扶植各派军阀为自己的代理人，加紧对中国进行掠夺。各派军阀为争权夺利而混战不已，中国依然是有边不固，有海无防。先是袁世凯称帝，后有张勋复辟，各派军阀以西方列强为靠山，割据称雄，混战不休。直皖奉三大派系军阀先后窃据中央政权，贿选国会议员和总统，出卖国家和民族利益。《二十一条》的签订和"巴黎和会"中国外交的失败，充分暴露了北洋政府的腐败无能。以五四运动为标志，中国反帝反封建的资产阶级民主革命发展到了新阶段。1921年7月1日，中国共产党成立，给灾难深重的中国人民带来了光明和希望，中国

革命开始进入了新的发展时期。1931年9月18日，"九一八事变"爆发，国民党政府奉行"攘外必先安内"的政策，一味妥协退让，出卖民族利益，使东北大片国土迅速沦陷。1937年7月7日，日本发动"卢沟桥事变"，大举入侵中国，中华民族到了生死存亡的紧要关头。中国共产党高举团结抗日的旗帜，与国民党再度实行合作，组成了广泛的抗日民族统一战线，使抗日战争的正面战场作战、敌后游击战场作战和全民抗日作战行动得以有力结合，历经8年艰苦卓绝的奋战，终于取得了中国近代史上第一次抗击外敌侵略的彻底胜利。抗日战争胜利后，全国人民迫切需要一个和平安全的建设环境，但国民党当局背信弃义，妄图消灭中国共产党及其领导的军队。经过4年的解放战争，中国共产党领导人民，终于推翻了国民党的反动统治，从此结束了100多年来中华民族有国无防的屈辱历史，开始了中国国防的新篇章。

（三）中国国防的启示

落后就要挨打。在实现中华民族伟大复兴中国梦的征途中，重温这一段漫长的国防历史，可以从中得到不少有益的启示。

1. 只有经济强盛才能有强大的国防

经济是国防的物质基础，国防强大依赖于经济发展。早在春秋战国时期，统治者就认识到国富才能兵强，自强方可自立，所以把发展经济作为巩固国防、争夺霸权的重要措施。

春秋初期，晋国还是一个国贫兵弱的小国。晋文公执政后，通过整顿内政、发展经济、扩充军队等一系列的综合治理，使晋国实力急剧增强，有"晋国天下莫强"的声威，先后兼并20余国，一跃而成为中原霸主。秦国重用商鞅，进行变法，推行了"开阡陌""废井田"等一系列土地改革措施，极大地解放了生产力，促进了经济的发展，这对秦军南征百越，北逐匈奴，最终吞并六国，完成统一大业，起到了重要作用。而唐朝由"贞观之治"达到封建社会的鼎盛时期，更是当时统治者注重发展经济的结果。

与此相反，各朝各代的衰落、灭亡，一个王朝被另一个新生的王朝所取代，几乎毫无例外，都是因为这个王朝后期政治腐败、经济落后、国基动摇所致。由此可见，只有经济强盛，才能有强大的国防，才能有政权的稳固、国家的安全。

2. 只有政治昌明才能有巩固的国防

统治阶级实行什么样的统治政策，直接关系到国防的牢固与否。只有政治清明，才能有坚固的国防。

春秋战国时期，各诸侯国十分注意修明政治、修法图强，把尊贤厚士、举贤任能、选拔优秀人才治理国家作为强国的根本大计。相反，秦朝后期实行暴政，激起农民起义，秦始皇梦想千秋万代、子孙相继的基业很快被推翻；南宋由于机构臃肿、官员奢侈腐化、国力衰竭不堪，无力抵抗外来侵略，终为元兵所灭；明朝末年，由于皇

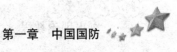

帝昏庸、宦官专权、结党营私，先被起义军所败，后又因清兵人关，政权沦丧。到了近代中国，由于清朝政府政治日趋腐朽，国防日益虚弱，面对列强入侵，屡战屡败，乞降求和，割地赔款，使中国遭受了前所未有的奇耻大辱，将人民带进了苦难的深渊。

3. 只有民族团结和统一才能有坚强的国防

在外敌入侵、国家危亡的关头，只有全民族团结起来，共同抵抗，才能筑起一道坚强的国防长城，取得反侵略战争的胜利。

鸦片战争后，西方列强发动了对中国的一系列侵略战争，山河破碎、有国无防，使中国逐渐沦为半殖民地半封建的社会，一个重要的原因是，清朝统治者在侵略者面前不仅不发动和依靠广大人民进行反侵略的正义战争，反而认为"患不在外而在内"，甚至在义和团奋起抗击八国联军的时候，清朝统治者竟企图借外国侵略者之手消灭义和团。由于统治者害怕人民，采取与人民对立的立场，尽管广大人民奋起反抗侵略者，但都处于自发、分散的状态，缺乏统一指挥，没有形成一致对外的合力，因此无法改变战争的局面。相反，在抗日战争时期，中国共产党主张全中国人民、军队团结起来，建立抗日民族统一战线，抵抗日寇侵略，并坚持人民战争的战略战术，放手发动群众，团结一切可以团结的力量，共同抗击敌人，开辟了广大的敌后抗日根据地，有效地打击了日本侵略者，最后取得了抗日战争的全面胜利。

历史证明，只有采取人民战争的方针，团结全国各族人民，筑成统一的国防长城，才能打败外来侵略者，使中国永远自立于世界民族之林。

第二节 国防法规

国防法规是指国家为了加强防务，尤其是加强武装力量建设，用法律形式确定并以国家强制手段保证其实施的行为规范的总称。国防法规作为国防活动的基本法规规范，其主要任务是调整和规范国家在国防领域中的各种关系，把国防建设纳入法律化轨道，确保革命化、现代化、正规化建设总目标的实现。

一、国防法规的特征

国防法规是一个国家统治阶级的意志在国防建设领域中的法律体现。国防法规与国家宪法和其他法律一样，都具有鲜明的阶级性。我国的国防法规，除了具有无产阶级的根本性质外，还具有以下性质：国防法规具有很高的权威性，而权威性是所有法律的共性，国防法规具有较强的从属性，国防法规具有一定程度的保密性。此外，国防法规还具有区别于其他法规的特殊性，主要表现在以下三个方面。

（一）调整对象的军事性

国防法规所调整的是国防和武装力量建设领域的各种社会关系，包括军队内部的

社会关系、武装力量内部的社会关系、武装力量与外部的社会关系等。这些带有军事性的社会关系是国防法规特有的调整对象，是其他任何法律规范所不能代替的，这是国防法规特性的基本表现。调整对象的军事性并不意味着国防法规只适应军队，不适应地方。国防是国家行为，国防和武装力量建设领域的社会关系是军事性的，但这些社会关系所涉及的行为主体并不都是军队和军人，政治、经济、外交、文化科技和教育等各个部门和社会各阶层人士都与国防有关。因此，一切社会团体和个人都必须按照国防法规的要求，履行自己的国防义务。

（二）司法适用的优先性

在解决与国防利益、军事利益有关的法律问题时，如果国防法规和普通法规都有相关规定时，以国防法规为准，在司法程序上实行排他性的"军法优先适用"的原则。优先适用不是指的先后顺序，而是一种排他性的单项选择。在涉及国防利益、军事利益的案件中，只适用国防法规，不适用普通法。"特别法优先于普通法"是国际公认的法律适用原则。特别法是对特定人、特定领域、特定事项在特定时间内有效的法律。国防法属于特别法。

（三）处罚措施的严厉性

国防法规所保护的国防利益，是关系国家兴衰存亡的最根本的国家利益，因而对危害国防利益的犯罪实行比较严厉的处罚。如《中华人民共和国刑法》（以下简称：《刑法》）规定，抢劫罪通常处3年以上10年以下有期徒刑，而冒充军警人员抢劫的，或抢劫军用物资的，处10年以上有期徒刑、无期徒刑或死刑；对同一类型的犯罪，战时的处罚严于平时。如平时应征公民拒绝、逃避征集的，在2年内不得被录取为国家公务员、国有企业职工，不得出国或者升学，以及罚款；而在战时则要依法追究刑事责任。对军人违反职责的犯罪从重处罚。《刑法》规定的军人违反职责罪有30项罪名，其中12项罪名最高刑罚为死刑。对军人犯罪给予较重的处罚，是军事斗争的特殊性决定的，是保障完成军事任务的需要。

二、国防法规的体系

国防法规是国家为了加强防务，尤其是加强武装力量建设，用法律形式确定并以国家强制手段保证其实施的行为规则的总称，是调整国防领域中各种关系、坚持依法治军、全面提高部队战斗力的重要保证，也是做好战争准备、赢得战争胜利的根本保障。

国防法规体系，是指由不同层次、不同门类的国防法律规范构成的相互联系、相互制约、和谐一致的有机整体。我国现行的国防法规，按立法权限区分为四个层次。第一个层次是法律。关于国防和武装力量建设的法律由全国人民代表大会及其常务委

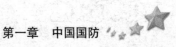

员会制定。第二个层次是法规。由中央军委制定的为军事法规，由国务院制定或国务院与中央军委联合制定的为军事行政法规。第三个层次是规章。由各军兵种、各战区制定的为军事规章，由国务院有关部委与军委有关部委联合制定的为军事行政规章。第四个层次是地方性法规。主要是指由省、自治区、直辖市人民代表大会及其常务委员会制定的贯彻执行国家国防法规的实施办法、实施细则、补充规定等。

三、公民的国防义务和权利

所谓国防义务，是指宪法和法律规定的公民在国防活动中对国家必须履行的某种责任。《中华人民共和国宪法》第五十五条规定，保卫祖国、抵抗侵略是中华人民共和国每一个公民的神圣职责。依照法律服兵役和参加民兵组织是中华人民共和国公民的光荣义务。根据有关法律法规，公民应承担的国防义务：一是应征服兵役。《中华人民共和国兵役法》规定，中华人民共和国公民，不分民族、种族、职业、家庭出身、宗教信仰和教育程度，都有义务依照法律规定服兵役。二是参加民兵组织。凡十八岁至三十五岁符合服兵役条件的男性公民，除应征服现役的以外，其余编入民兵组织服预备役。三是参加军事训练。民兵预备役人员和在校学生要依法接受军事训练。四是接受国防教育保护国防设施，保守军事机密。五是预备役军官要依法履行登记手续，按规定参加军事训练和军事活动，接受政治教育，随时准备应召服现役。六是公民应当支持国防建设，为武装力量的军事训练、战备勤务、防卫作战等活动提供便利条件或者其他协助。

所谓公民国防权利，是指宪法、法律赋予公民在国防活动中享有的权利或利益。《中华人民共和国国防法》规定，公民享有的国防权利：一是维护国防利益的权利。公民对国防建设有权向有关部门提出建议，对危害国防的行为也有权进行制止或者检举。二是依法取得补偿的权利。公民因国防建设和军事活动在经济上受到直接损失的，有权依照国家有关规定取得相应的补偿，补偿的数额应当依据国家的有关规定予以确定。

第三节　我国武装力量建设

武装力量，是国家或政治集团所拥有的各种武装组织的总称。一般以军队为主体，由军队和其他正规与非正规的武装组织构成，是国防力量的主体。

武装力量的组织与构成，通常受国家政治制度、经济实力、军事战略、地理环境、人口和历史传统等多种因素的制约。我国武装力量属于多种类型构成。

一、中国人民解放军

中国人民解放军是中华人民共和国武装力量的主要组成部分，是抵抗侵略、保卫

祖国、维护国家主权和安全的主要力量。

中国人民解放军是由中国共产党缔造和领导的，用马克思列宁主义、毛泽东思想、邓小平理论武装起来的人民军队，是中华人民共和国武装力量的主要组成部分，是我国人民民主专政的坚强柱石。中国人民解放军的主要任务是：巩固国防，抵抗侵略，保卫祖国，保卫人民的和平劳动，参加国家建设。

从1927年建军以来，中国人民解放军从无到有，从小到大，从弱到强，不断发展壮大。特别是中华人民共和国成立后，中国人民解放军由单一陆军发展为包括陆军、海军、空军和第二炮兵在内的诸军兵种合成军队。目前，我军不仅掌握着种类型较齐全的常规武器装备，而且拥有了具有了一定威慑力的原子弹、氢弹、战略战术导弹等尖端武器装备。应该说，当年以"小米加步枪"威震敌胆、扬威中外的人民解放军，已经发展成为诸军兵种合成、具有高技术条件下作战力的现代化军队。以新型主战坦克、航母、导弹驱逐舰、隐身战机和机动战略导弹等为标志的一批高新技术兵器陆续装备部队，表明我军的武器装备已经有了新的质的飞跃。

中华人民共和国武装力量，由中国人民解放军现役部队和预备役部队、中国人民武装警察部队、民兵组成。现役部队由陆军、海军、空军、火箭军、战略支援部队组成。

（一）中国人民解放军陆军

中国人民解放军陆军是人民解放军的主要军种，是陆地作战的主力，是与我军同时建立和产生的，是我军的基础。在中华人民共和国成立前后的历次作战中发挥最出色的，也是社会主义现代化建设各种抢险救援中的中坚力量。

中国人民解放军陆军，现主要由步兵（摩托化步兵、机械化步兵）、装甲兵、炮兵（地面炮兵、高射炮兵）、工程兵、通信兵、防化兵和侦察兵、电子对抗兵、汽车兵、测绘兵、气象兵等专业部队组成。主要任务是抗敌军事入侵，在一定地区和方向上打赢局部战争，维护国家和平统一和社会稳定。

步兵，徒步或乘装甲输送车、步兵战车实施机动和作战，由山地步兵、摩托化步兵、机械化步兵（装甲步兵）组成。

装甲兵（坦克兵）。以坦克及其他装甲车、保障车辆为基本装备，遂行地面突击任务。

炮兵，以各种压制火炮、反坦克火炮、反坦克导弹和战役战术导弹为基本装备，遂行地面火力突击任务。

防空兵，以高射炮、地空导弹武器系统为基本装备，遂行对空作战任务。

陆军航空兵。装备攻击直升机、运输直升机和其他专用直升机及轻型固定翼飞机，遂行空中机动和支援地面作战任务。

工程兵，担负工程保障任务，由工兵、舟桥、建筑、伪装、野战给水工程、工程维护等专业部（分）队组成。

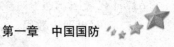

防化兵，担负防化保障任务，由防化、喷火、发烟等部（分）队组成。

通信兵，担负军事通信任务，由通信、通信工程、通信技术保障、航空兵导航和军邮勤务等专业部（分）队组成。

陆军按其担负的任务还划分为野战机动部队、海防部队、边防部队。

经过多年的建设和发展，中国陆军已经成为一支装备有先进的坦克、装甲车、火炮、武装直升机和导弹的部队，是一支具有强大火力、突击力和高度机动能力的合成军队，是一支无论世界上任何国家都不敢小瞧的强大武装力量。

（二）中国人民解放军海军

海军是以舰艇部队为主体，主要在海洋遂行作战任务的军种。它具有在水面、水下和空中作战的能力，既能单独在海上作战，又能协同陆军、空军作战。中国人民解放军海军成立于1949年4月23日，先后参加过海、空战斗1263次（其中较大规模的有：一江山岛海战、"8·6"海战、崇武海战、西沙海战、南沙海战等），击沉、击伤敌人舰船180余艘，缴获敌人舰船200余艘，击毁、击伤敌人飞机204架，击毙、俘虏敌人7530人，积累了丰富的作战经验，有效地维护了祖国领海主权和海洋权益，为保卫祖国万里海疆做出了重大贡献。

中国人民解放军海军海军是一个战略性军种，具有多重国防功能。其主要任务是独立或协同陆军、空军防御敌人从海上的入侵，收复敌占岛屿，保卫领海主权，维护祖国统一和海洋权益。目前，我国海军共有三大舰队：北海舰队，东海舰队，南海舰队。

我国海军共分为五大兵种：潜艇部队、水面舰艇部队、海军航空兵、海军岸防兵和海军陆战队。

潜艇部队，是以潜艇为基本装备，主要在水下遂行作战任务的海军兵种。它是海军的主要突击兵力之一。装备有多种型号的常规动力潜艇和核动力潜艇。

水面舰艇部队，是以水面舰艇为基本装备，在水面遂行作战任务的海军兵种。它是海军区别于其他军种的标志性力量和骨干突击力量。装备有多种型号的导弹驱逐舰、护卫舰、导弹艇、鱼雷艇、护卫艇、猎潜艇、布雷舰、扫雷舰艇、补给舰、登陆舰艇、气垫船及各种专业勤务舰船。这些舰种各异、大小不同的舰艇各有优长，各有不同的用途，遂行不同的作战任务。

海军航空兵，是以作战飞机为基本装备，主要在海洋和濒海上空遂行作战任务的海军兵种。它是海军的重要突击力量。2011年8月10日，中国第一艘航母平台"瓦良格"号开始了首次试航。目前，中国海军除已拥有第一艘航空母舰"瓦良格"号作为舰载机飞行员训练平台以外，未来还将有两艘国产航空母舰下水。航母舰载机部队将作为中国海军航空兵的精英，成为中国海军的一支重要打击力量。海军航空兵装备的飞机和空军航空兵基本相同。有多种型号的歼击机、轰炸机、强击机、水上飞机、反潜机、加油机等。此外，还有各种运输机、直升机和其他特种飞机。

海军岸防兵，是以岸舰导弹和岸炮为基本装备，部署在沿海地段，主要遂行海岸防御作战任务的海军兵种。它是海岸防御的骨干力量。海岸导弹部队，装备有海鹰和鹰击系列多种型号的岸舰导弹。岸炮部队装备有双管130mm的自动化火炮。目前，在新一代岸舰导弹的装备下，海军岸防兵可谓是保卫祖国海防的海疆长城。

海军陆战队，是以两栖作战武器为基本装备，主要遂行登陆作战任务的海军兵种。它是海军登陆作战的一支重要力量。海军陆战队，装备有自动化的步兵武器、反坦克导弹、防空导弹、各种火炮、火箭炮，还配有舟桥、冲锋舟、气垫船、水陆两用坦克、装甲输送车及其他特种装备和作战器材。

近十年来，海军国产新一代战舰密集下水，快速形成战斗力。"广州""武汉""海口""兰州"号新型导弹驱逐舰先后服役，被军迷、网友誉为"中华神盾"。"徐州""舟山""巢湖"号等10余艘新型导弹护卫舰陆续入列，成为兼具防空、对海、反潜的海上多面手；新型导弹快艇隐蔽性、机动性强，突击威力大，被称为"海上无影利剑"；"昆仑山""井冈山"号两栖船坞登陆舰、新型气垫登陆艇、新型猎扫雷舰、大型保障船陆续入列，中国制造的海上"钢铁长城"蔚为壮观。经过60年的建设和发展，我国海军部队已经成为一支兵种齐全、常规和尖端武器兼备，具有立体攻防能力，能有效保卫国家领海的战斗力量。

（三）中国人民解放军空军

空军是现代战争中首先使用的一支重要力量。具有高速机动、远程作战和猛烈突击的能力。它既能协同陆军、海军作战，又能单独作战。其作战行动对战争的进程和结局能产生重大影响。中国人民解放军空军于1949年11月11日正式成立，在国土防空、抗美援朝、抗美援越等作战中，取得了击落击伤敌机3700余架的辉煌战绩，为保卫祖国领空和社会主义建设做出了重大贡献。主要任务是担负国土防空，支援陆、海军作战，对敌后方实施空袭，进行空运和航空侦察。

中国人民解放军空军经过近70年的发展，其规模仅次于美国空军与俄罗斯空军，位列世界第三。主要任务是组织国土防空，夺取制空权；协同陆、海军作战；保卫祖国领土、领空、领海主权和国家利益；维护国家统一和安全；保障我国改革开放和经济建设的顺利进行。

经过近70年的建设，人民空军已经发展成为一支由航空兵、地空导弹兵、高射炮兵、雷达兵、空降兵、电子对抗、气象等多兵种合成，由歼击机、强击机、轰炸机、运输机等多机种组成的现代化的高技术军种。成为一支既能独立完成国土防空任务，又能协同陆、海军作战的战斗力量。

空军航空兵，是以军用飞机和直升飞机为基本装备，主要遂行空中作战和保障任务的兵种，是空军的基本兵种。它通常包括歼击、轰炸、强击、侦察、运输航空兵等。航空兵装备的飞机有多种型号的歼击机、轰炸机、强击机、侦察机、运输机等。

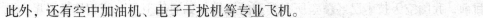

此外，还有空中加油机、电子干扰机等专业飞机。

地空导弹兵，是以地空导弹武器系统为基本装备，遂行地面防空作战任务的兵种。地空导弹兵装备有红旗系列导弹和引进的第三代C-300地空导弹。我国自行研制的第三代地空导弹，即将装备部队。

高射炮兵，是以高射炮武器系统为基本装备，主要遂行地面防空作战任务的兵种。高射炮兵的武器装备，主要装备57mm高炮系统，配有雷达自动寻找目标，自动装填设备，能全天候作战。

空降兵，是以降落伞和陆战武器为基本装备、航空器为运输工具，主要遂行降伞和机降作战任务的空军兵种。主要有步兵轻武器，包括机枪、冲锋枪、自动步枪，侦察分队还有微型、微声冲锋枪；炮兵武器，包括82mm、100mm迫击炮，82mm、105mm无坐力炮，高射机枪和双25mm高炮，107mm火箭炮和122mm榴弹炮；特种装备有轻型雷达干扰机，超短波侦听机，无线电干扰机；各型降落伞等。

雷达兵，是以对空情报雷达为基本装备，主要遂行对空目标探测和报知空中情报任务的兵种。主要有多种型号的超视距、超远程、中远程、中近程警戒雷达。另外，还有航管雷达和测高雷达。

（四）中国人民解放军火箭军

火箭军是中国人民解放军新的军种，由第二炮兵更名而来，于2015年12月31日正式成立。火箭军受中央军委的直接领导和指挥。它与海军潜地战略导弹部队和空军战略轰炸机部队构成我国三位一体的战略核力量。中国人民解放火箭军可单独作战，也可与其他军种联合（协同）作战。

火箭军的战略导弹是从陆地发射，主要打击陆地战略目标，射程在1000千米以上的导弹。按飞行轨迹，分为地地弹道战略导弹和地地巡航战略导弹；按战斗部装药，分为地地核战略导弹和地地常规战略导弹；按射程，分为地地洲际战略导弹、地地远程战略导弹和地地中程战略导弹。

（五）中国人民解放军战略支援部队

中国人民解放军战略支援部队是中国陆、海、空、火箭之后的第五大军种。中国人民解放军战略支援部队于2015年12月31日正式成立，是维护国家安全的新型作战力量，是我军新质作战能力的重要增长点，主要是将战略性、基础性、支撑性都很强的各类保障力量进行功能整合后组建而成的。成立战略支援部队，有利于优化军事力量结构、提高综合保障能力。

中国人民解放军战略支援部队是信息化战争一种新兴力量，是利用现代电子科学技术捍卫国家安全，战时提供情报信息，协调各军种间的武器装备，最大限度取得战争的主动权。

目前，我国空天技术已经覆盖所有类型的卫星，如通信卫星、照相侦察卫星、预警卫星、导航卫星、气象卫星等。

二、中国人民武装警察部队

中国人民武装警察部队，成立于1982年6月19日，前身是中国人民公安中央纵队，始建于1949年8月。中国人民武装警察部队由党中央、中央军委集中统一领导，实行中央军委—武警部队—部队领导指挥体制。武警部队不列入人民解放军序列。

中国人民武装警察部队设总部（正大军区级）、指挥部（正军级）、总队（正军级、副军级），支队（旅、团）四级领导机关。各省级（市、区）设武警总队（正军级、副军级），各地级（市、州、盟）设武警支队（旅、团级），各县级（地市辖区、市、县）、镇设有武警大队（营级）或中队（连级）。武警总部，设参谋部、政治工作部均为副大军区级，后勤部、装备部为正军级。

中国人民武装警察部队在维护国家安全和社会稳定、保卫人民美好生活中肩负着重大职责，在维护政治安全特别是政权安全、制度安全中具有重要作用。主要由内卫总队、机动总队、海警总队、院校和科研机构等组成，主要担负执勤、处突、反恐怖、海上维权、抢险救援、防卫作战等任务。

内卫总队：其主要任务一是承担固定目标执勤和城市武装巡逻任务，保障国家重要目标的安全；二是处置各种突发事件，打击恐怖主义，维护国家安全与社会稳定；三是支援国家经济建设和执行抢险救险救援任务；四是战时参与后方防卫作战。

机动总队：主要负责处置大规模突发事件，如暴乱、骚乱、武装暴动、大规模械斗事件等等，战时协同解放军进行防卫作战。

海警总队：主要负责近海安全，处理近海治安、刑事等案件的调查处理，打击走私、偷渡、贩毒等海上违法犯罪活动，是公安机关部署在海上的执法力量。

特殊队伍：武警部队还有一小部分特殊队伍，如国宾护卫队、礼炮队等。

中国人民武装警察部队的武器装备轻便、精良。以步兵轻武器为主，兼有少量重型武器和特种武器。中国人民武装警察部队警衔标志与中国人民解放军军衔相同，但称呼改为"警衔"。

按照党中央中央军委赋予的新时代使命任务，武警部队将拓展维护国家领土主权完整和国家安全的职能。中国人民武装警察部队执行下列安全保卫任务：国家规定的警卫对象、目标和重大活动的武装警卫；关系国计民生的重要公共设施、企业、仓库、水源地、水利工程、电力设施、通信枢纽的重要部位的武装守卫；主要交通干线重要位置的桥梁、隧道的武装守护；监狱和看守所的外围武装警戒；直辖市，省、自治区人民政府所在地的市，以及其他重要城市的重点区域、特殊时期的武装巡逻；协助政法机关依法执行逮捕、追捕、押解、押运任务；参加处置暴乱、骚乱、严重暴力

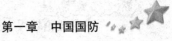

犯罪事件、恐怖袭击事件和其他社会安全事件；国家赋予的其他安全保卫任务。

三、中国民兵

中国民兵，是不脱离生产的群众武装组织，是中华人民共和国武装力量的组成部分，是中国人民解放军的强大后备力量。

中国民兵的组织领导体制。中国民兵是国家的后备武装力量。全国的民兵工作在国务院、中央军委领导下，由总参谋部主管。各大军区按照上级赋予的任务，负责本区域的民兵工作；省军区、军分区和县（市）人民武装部是本地区的民兵领导指挥机关；乡、镇、部分街道和企事业单位设有人民武装部，负责民兵和兵役工作。

中国民兵的编组。一般以乡（镇）、行政村和厂矿企业为单位，按照民兵人数多少，分别编为班、排、连、营、团。目前，我国民兵已经遍及广大城乡，并编有应急分队和高炮、高机、便携式防空导弹、地炮、通信、防化、工兵、侦察兵分队，以及海军、空军的一些专业分队，能随时遂行作战任务。

中国民兵的主要任务是：积极参加社会主义现代化建设，带头完成生产任务；担负战备勤务，保卫边疆，维护社会治安；随时准备参军作战，抵抗侵略，保卫祖国。

中国民兵的武器装备已经完全国产化，基本上达到了与陆军连队相同的水平，并有一定的储备，反坦克和反空降的作战能力也有了很大的提高。

中华人民共和国成立后，我国民兵配合人民解放军、武警部队和公安部门，在保卫祖国尊严和领土完整、维护社会治安和稳定的斗争中，在抢险救灾和工农业生产中，发挥了生力军和突击队的作用，创造了辉煌的业绩。应该说，中国民兵成为国家武装力量的组成部分，在建设祖国、保卫祖国中发挥了重大作用。

所以说，在未来反侵略战争中，随着战争的现代化，需要更多的民兵在更广的范围、更大的规模上配合和支援军队作战。因此，我国民兵在未来战争中的战略地位仍然十分重要，仍然是反抗外来侵略，进行人民战争的重要武装组织形式和巨大的力量。

中国人民解放军，是中华人民共和国武装力量的骨干，是抵抗侵略、保卫祖国、维护国家主权和安全的主要力量。中国人民武装警察部队，是中华人民共和国武装力量的重要组成部分，是保卫社会主义现代化建设的一支重要力量。中国民兵，是中华人民共和国武装力量的组成部分，是中国人民解放军的强大后备力量。

第四节 国防动员

国防动员，也称战争动员，是指国家为准备战争和实施战争而在相应的范围内由平时转入战时状态所采取的统一调动人力、物力、财力的紧急措施。动员按规模可区分为总体动员和局部动员，按方式可分为公开动员和秘密动员，按时机可分为战争初期动员和持续动员。动员的主要内容通常包括：武装力量动员、国民经济动员、人民

防空动员、国防交通动员和政治动员。

一、武装力量动员

武装力量动员。即国家将军队及其他武装组织由平时体制转为战时体制的措施和活动。其在国防动员中居于核心地位，通常包括兵员动员、武器装备动员和后勤物资动员。

兵员动员。平时的主要工作是完善动员体制和管理后备兵员，包括健全动员机构和法规，制订和修正动员计划，划分动员补充区和建立专业技术兵储备区，组建预备役部队，登记和训练预备役军官和士兵，以及开展国防教育，增强全民国防观念等。战时主要是根据国家动员令，在停止现役军人退役、休假的同时，征召后备兵员，以数量充足、素质优良的兵员补充部队，并随着战争的发展和形势的需要，进行持续动员，保障战争的最后胜利。

武器装备动员。平时的主要任务是有计划地筹集储备、管理好各种武器装备和器材，加强科学技术研究，积极发展现代战争所需要的武器装备。战时的主要工作是根据国家动员命令在军事系统的统一部署下，本着就近的原则，分别进行现役部队、预备役部队、民兵和战略、战役储备装备的紧急启用，把完好的装备迅速、准确地配发给作战部队和其他武装组织，保证战争需要。

后勤物资动员。平时的主要工作是搞好物资储备，做好军民通用物资的登记统计，制订战时征用计划。战时则是根据部队扩编和作战需要，开设物资供应站、物资储备基地，对军队实施各种物资保障。

二、国民经济动员

国民经济动员。是指国家将经济部门及其相应的机构有组织、有计划地从平时体制转入战时体制的措施和活动。其目的是充分调动国家的经济能力，提高生产水平，扩大军品生产，保障战争和其他国防斗争的需要。在现代条件下，搞好经济动员，不仅是保障战争物资需要的基本手段，更是解决国防经济与国民经济、战时经济与平时经济矛盾的重要途径。在现代条件下，工业、金融和科技动员尤为突出。

工业动员。挖掘工业生产能力，迅速增加工业产品产量，特别是扩大军品生产规模，为战争和其他国防斗争提供数量充足、质量较高的武器装备及其他军用物资。它是经济动员的主体。工业动员的对象包括国防工业部门和民用工业部门。常备军工企业是动员的首要对象，后备军工企业和民用工业企业是持续动员的基础。工业动员依据国家的动员法令、计划，由政府机关实施。

财政金融动员。筹措巨额军费保障战争需要的重要手段，也是保证国家战时经济稳定的有效措施。财政金融动员准备的主要工作有：制定完善的财政金融动员法规；加强国防财政金融储备；为增加国家战略物资和武器装备储备，对重要经济部门特别

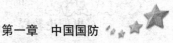

是军事工业部门和后方基地提供一定的资金；从财政上积极支持工业企业建立动员生产线，结合战时需要增加交通、邮电和防空等建设的投资。

科学技术动员。开发应用新兴科学技术，利用科研设施和成果研制先进的武器装备，为国防斗争培养和输送专业技术人才，使军队保持科学技术和武器装备方面的优势。科学技术动员通常包括：科技研究机构的动员，科技人员的动员，科技经费、设备和物资动员，科技成果和科技情报的动员。科技动员准备的主要措施有：制定符合国情的科技发展和动员政策、计划，培养造就现代化的科技人才，加强科技基地建设，不断研制先进的武器装备，加强科技储备等。

三、人民防空动员

人民防空动员。依据国家有关法律、法令，动员社会力量，进行防空设施建设，组织防空专业队伍，普及防空知识教育，配合防空作战，消除空袭后果等。人民防空动员的内容，一般包括群众防护动员、人防专业队伍动员、人防工程物资技术保障动员和人防预警保障动员。

群众防护动员。平时对居民进行人防知识的宣传教育和防空训练，构筑防护工事和掩体，对人员、重要目标等进行必要的防护准备；战时适时进行人员隐蔽，实行灯火管制。在有放射性物质、毒剂沾染的情况下，对受染地区进行消毒和消除。

人防专业队伍动员。平时根据战时防空任务的需要，组建人防专业队伍，搞好训练，提高执行人防工作任务的能力。战时在杀伤区开展抢险和紧急修复工作，对蒙难居民进行医疗救护，防火灭火，对受染人员、物资、设备和重要目标进行洗消，消除放射性沾染，维护社会治安。

人防工程物资技术保障动员。平时做好工程物资技术资料普查；拟制人防动员计划和保障计划加强有关人防方面的科学技术研究。战时对居民和国民经济的重要目标实行伪装，根据需要与可能合理地组织人力力量，适时对各种装备器材进行补充和维修，随时保证向疏散地区居民群众供应粮食和各种生活保障用品等。

人防预警保障动员。平时规划和实施通信和警报网的建设，组织对空观察，战时及时向有关部门了解和向人防系统通报空中情况，并按规定适时发出空袭预报、警报和解除警报信号，加强警报系统的防护，确保连续警报能力。

四、国防交通动员

国防交通动员是指在全国或部分地区调集交通力量，全力保障战争需要的紧急行动。交通动员通常在国家动员领导机构的统一领导下，由国防交通主管机构组织，协同政府有关部门共同实施。国防交通动员准备包括：在平时制定完备的国防交通动员的法规和健全国防交通机构，建立国防交通保障队伍，储备必要的国防交通物资和器材。国防交通的主要任务包括：根据战争规模和作战需要，有计划地将平时国防交通

领导机构迅速按方案编为战时交通动员指挥机构，政府交通运输部门随即转入战时体制；根据作战保障需要动员社会运输力量，必要时对交通运输系统实行不同范围不同形式的军事化管理；动员、组织各交通保障队伍和交通保障物资器材迅速到位，进行运输、抢修、防护任务。

五、政治动员

政治动员，是国家从政治上、组织上发动军队和人民群众参加战争的措施和行动。政治动员在国防斗争中有着特殊重要的作用，是赢得战争胜利特别是正义战争胜利的根本保证，也是顺利进行其他动员的前提条件和基础。政治动员分为国内政治（思想）动员和国外政治动员。政治动员的目的在于激发全体军民的爱国热情，动员军队英勇作战，动员人民踊跃参军参战，努力增加生产，全力支援战争；通过各种外交活动和对外宣传，争取世界人民和国家的同情和支援。

我国国家和地方县级以上人民政府设有国防动员委员会。各级国防动员委员会下设有人民武装动员、国民经济动员、人民防空、交通战备、国防教育等办公室和综合协机构，负责承办相关工作。国家国防动员委员会主任由国务院总理担任，副主任由国务院、中央军委的副职领导担任，委员由国家有关部委和解放军各总部的领导及所属办公室的领导担任。地方各级国防动员委员会主任由本级政府的主要领导担任，副主任由本级政府的副职领导和同级军事机关的主要领导担任。近年来，军队和地方政府有关部门根据相关法规，联合组织实施了交通运输联合防空袭等国防动员演练。我国正进一步健全国防动员法规，完善国防动员体制，积极推动国防动员建设不断向现代化方向发展。

第二章 军事思想

军事思想是关于战争和军事问题的高层次的系统的理性认识,具有阶级性、实践性、时代性和继承性的基本特征。它揭示战争的本质、战争的基本规律以及进行战争的指导规律,阐明军队建设的基本理论和原则,从总体上反映研究战争和军事问题的成果。

第一节 中国古代军事思想

中国古代没有独立的军事思想学科,属于军事思想的内容都包括在古代的兵书、兵论和指导战争的实践中,也就是说兵书、兵论和指导战争的实践是古代军事思想的载体,其中凡是从总体上反映军事规律的内容都属于军事思想。

一、中国古代军事思想的沿革及内容

人类对军事问题的认识,随着生产力的发展、战争的日益频繁、规模不断扩大、手段逐渐增加,以及人们认识能力的提高,有一个不断深化的过程,因此中国古代军事思想也经历了发生、发展的不同历史阶段。

(一)中国古代军事思想的初步形成(夏、商、西周)

战争起源于原始社会,最早的战争是部落之间为争取生存条件或血缘复仇而采取的暴力行动。这种战争对于推动社会发展也起了重要作用,即战争的结果,加速了原始公社的瓦解进程,导致部落联盟的基础血缘亲属关系的破坏和走向部落融合的阶段,形成了以华夏族为中心,包括一些没有血缘关系的部落、氏族的大联合,为后来国家的形成创造了条件。

原始社会末期,私有制和国家权力开始萌芽,预示中国社会开始进入奴隶社会。

大约从公元前21世纪，夏朝的建立标志着第一个奴隶制国家的产生，继后而建立的殷商、西周王朝是奴隶制进一步发展的时期。随着农牧业和手工业的发展，社会生产出现飞跃的进步，为军队的发展提供了物质基础。夏代的军队以步兵为主，商周时期车兵占据重要地位，奴隶制的军事制度已逐步法规化，更突出地反映奴隶主的阶级意志。

（二）中国古代军事思想的成熟（春秋·战国）

从公元前8世纪到公元前3世纪末，历时500年左右，是春秋战国时代。其中春秋时期（公元前770—前476）是从奴隶制向封建制的过渡时期；战国时期（公元前475—前221）是封建制在各诸侯国普遍建立并日趋统一的时期。这是中国古代史上政治、经济、科技、军事、文化大发展的时期。

这期间，由于铁器的制造和使用，牛耕技术的发明，提高了社会生产力，促进了私有化的进程，导致了阶级关系的变化。一大批原属奴隶主贵族最低层的文士登上了政治舞台，他们为适应新兴地主阶级的政治要求，聚徒讲学，著书立说。兵学家成为诸学百家中最富于实用价值的一族，被誉为兵经的《孙子兵法》的问世，是中国古代军事思想成熟的标志。其后相继产生的《吴子》《孙膑兵法》《尉缭子》《司马法》《六韬》等兵书，使中国古代军事思想体系更完备，内容更丰富。当时谈兵之作不仅限于兵学专著，另如《老子》《论语》《墨子》《管子》《孟子》《韩非子》都有重要的军事论述，都以其鲜明的政治倾向表达了儒、墨、道、法等各家的军事主张。异彩纷呈，形成中国军事思想史上的第一个高峰。

1. 在战争观方面，《孙子》"兵者，国之大事，死生之地，存亡之道，不可不察也"的观点成为百世的警策

《司马法》关于"以义治之之谓正，正不获意则权"，《尉缭子》关于"以武为植，以文为种，武为表，文为里"的论述，是关于战争是政治的继续的最早认识。对于战争性质和作用的问题，诸子百家各抒己见：法家、兵家拥护战争，重视耕战，主张以战争手段实现统一，"战胜而强立，故天下服矣"（《孙膑兵法》）；儒家倡导义战，提出"仁者无敌"，"得道多助"；墨家主张兼爱非攻，并明确主张"诛无道"，反对"攻无罪"；道家认为兵凶战危，"兵者不祥之器"，应该远而避之，但又不排除"不得已而用之"，并认为"抗兵相加，哀者胜"，有反抗强暴的意识；纵横家主张用战争"并天下，凌万乘，屈敌国，制海内"（苏秦语，《战国策卷三》），与法家、兵家有相同的倾向。

2. 在战争指导方面，提出决定战争胜负是由政治、经济、军事、民心士气等诸因素的综合作用，《孙子》把它们概括为道、天、地、将、法"五事"

后世对这些因素的具体解释又有新的补充和发展，如对"道"的阐述，《吴子》提出"在德不在险"，《文子》提出"兵之胜败在于政"等。战国时期诸子把诸因素重点归结于"富国强兵"上，指出"国富者兵强，兵强者战胜"（《管子·治国》）。

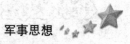

战略决策的优劣是战争胜负的先决条件。《孙子》强调"庙算胜","先胜而后求战"。《管子》强调"争强之国，必先争谋、争形、争权"（《霸言》），战前就稳操胜券。主张通过"伐谋""伐交"、合纵连横、远交近攻，争取"兵不钝而利可全"。代表霸主利益的兵家，为适应兼并战争的需要，更重视进攻战略指导下的"为客之道"：决策要建立在"知彼知己"上；战略目标和方向的选择要先弱后强，攻敌要害，避实击虚；战略时机的把握上，要争取先机之利，攻其无备，出其不意；作战行动要速战速决；兵力使用和战法运用要集中兵力，以众击寡，奇正互用，出奇制胜，等等。

3. 在治军上，强调以法治代替礼治

《孙子》把"法"纳入治军的基本要素，《吴子》明确提出"兵不在众，以治为胜"。"治"就是通过严明军法，使军队成为居有礼，动有威，进退有节，能征善战的团体。"治"体现在各个方面：将帅要具备智、信、仁、勇、严"五德"，有"总文武，兼刚柔"的雄才大略，要有"勤劳之师，将必先之"的表率作用；军队内部要团结，"居同乐，行同和，死同哀"，"上下相得"；纪律要严明，强调"刑上极，赏下通"；军事训练要严格，军令素行，熟悉阵法和装备兵器；武器装备要精良，合于实战，不同性能兵器合理搭配组合，等等，都是当时治军理论中极为重视的内容。

（三）中国古代军事思想的丰富发展（秦五代）

从公元前3世纪初至公元10世纪中叶，是中国封建社会的上升发展时期。这期间主要经历了秦、汉、三国、两晋、南北朝、隋、唐、五代等封建王朝，其间虽然有过暂短的分裂，但总的趋势是统一与发展的时期。

这个时期，军队装备有较大改进，铁兵器彻底取代了铜兵器；骑兵装具改进，骑兵的发展，增强了军队突击力和远程奔袭能力；战船的改进，水军的发展，提高了克服江河障碍的能力；军事交通发展，形成了以长安为中心的辐射形交通干道，等等。这些条件不仅使战争的规模和形式发生新的变化，也为军事思想的发展提供了契机。

1. 以长治久安为目标的国防思想

各王朝根据具体情况，有时以防内忧为主，有时以防外患为主，但总的思想是文武并用。秦朝采取了废除分封制，强化中央集权，北击匈奴，南平百越，修筑长城、直道等强化国防措施。汉代吸取秦因施行暴政而亡国的教训，主张德治义化，富国强兵，强边安内紧密结合，提出用武则先威，用文则先德，威德相济的王道，认为"天下之患，在于士崩"，民不安必天下大乱，因此要重修文德以防患于未然。唐朝总结历史的经验，认为搞好国防建设是和平时期治国安邦的根本任务，必须首先树立居安思危的思想，才能保持常备不懈，建立强大的国防，提出"民为邦本，本固邦安""文武并兴，农战兼务"。

这个时期特别提出了边防建设的问题。自秦朝开始，都把修整长城、因塞设守作为保卫疆土的主要形式，形成依托长城的战略防御思想。汉代提出"边境者，中国之

唇齿，唇亡则齿寒"，力主固边以安内，强边以固防，采取筑城守边，屯垦戍边，徙民实边相结合的措施，集保卫与建设边疆于一体。

2. 综合分析战略要素，制订完整战略计划的思想更明确

秦统一六国战争开始，提出的"远交近攻"，各个击破的方针，楚汉战争中肖何向刘邦提出的"就国汉中，还定三秦，以图天下"的方略。东汉邓禹向刘秀提出的"延揽英雄，务悦民心，主高祖之业，救万民之命"的"定天下之策"则是集政略和战略于一体的方略。诸葛亮的《隆中对》更是一个完整周密的战略计划。通过对战略形势的分析，提出以抗曹为战略目标，以联吴为策略，以"跨有荆益"为根据地，待时机成熟以出宛洛和秦川为战略方向的进军计划，大部分都已按步实现了。这些都表明这个时期战略决策思想的进一步提高。

3. 提出了经营巩固根据地的战略思想

认为历史上成功的战略都有一个不可忽视的内容，即有优越地理条件和巩固的根据地。秦灭六国而统一中原，是凭借"被山带河""四塞之国"的有利条件；刘邦胜项羽是依赖关中根据地的支持；刘秀平定群雄，得助于河北根据地的经营。巩固的根据地是战争胜利的根本。所以认为得地者昌，失地者亡，如孙策开拓江东，诸葛亮图谋荆、益，都是出于这种考虑。

4. 多极战略格局下的斗争策略思想

这一思想主要体现在三国、两晋、南北朝时期，而且以偏重对策研究，以实际应用见长；多民族、多地域、多王朝的互相更迭的斗争丰富了这一思想内容。特别是魏、蜀、吴鼎立，形成一强两弱的三角关系，三方都以军事和外交斗争相配合，创造有利的战略态势。

5. 在理论上深化了先秦某些用兵原则的内涵，运用上更加灵活

这一时期的兵书、兵论，不仅全面继承了先秦军事思想，而且在许多方面提出更深刻的理解和发挥。其中《李卫公问对》成就最为突出，主要表现在对"战略持久"的问题提得更加明确，体现了后发制人的积极防御思想。对先秦兵论中提出的奇正、虚实、攻守、主客、分合等重要理论范畴，做出了新的阐释。

（四）中国古代军事思想的系统完善（宋清前期）

从公元960年到1840年，中国历经了宋、元、明、清（前期）四个统一王朝（其中宋代是辽、宋、夏、金等政权先后交替或并立的时代）。这个时期，处于中国封建社会的中、后期，形成了封建主义中央集权的政治制度，农业经济空前发展，文化、科技亦相当繁荣，火药和指南针正涉足于军事领域，火器的发明，使单纯的冷兵器战争开始散发出硝烟味，从而进入具有时代意义的冷、热兵器并用的军事历史阶段。这个时期，民族矛盾、阶级矛盾十分尖锐，战争频繁，斗争的结果形成中国历史上又一次民族大融合。少数民族原处于奴隶制社会，进入中原后，迅速接受高度发达的汉文

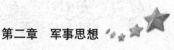

化，由奴隶制迅速过渡到封建制；各少数民族的兵学成果也汇入了中华民族兵学宝库，进一步促进了军事思想的繁荣和发展，完成了古代军事思想的大集结、大融合、大普及。具体表现在武学开始纳入国家教育体系，推行武举制度，颁布了第一部武学教科书《武经七书》；编纂了大量大型综合性军事类书和汇编，如《武经总要》《虎钤经》《武备志》《四库全书·子部·兵家类》等，内容之丰富、完备都是空前的。

宋、元、明、清（前期）处于中国封建社会的中、后期，中央集权的封建专制空前强化，封建经济进一步发展，后期又出现了资本主义的萌芽，军事斗争中新情况层出不穷，因此又产生若干反映时代特点的军事思想。

1. 在战争观上更增添了以程朱理学和王守仁心学为代表的儒家思想的色彩

认为国家已经建立，应该息兵安民、重视德治和民心的儒家思想为统治阶级所重视，认为民众的安宁是制止祸乱的根本，制止祸乱不能全靠兵威，还要靠礼德教化，使天下人畏威怀德，皆出道化之下，所以"良吏优于良将，善政优于善战"。这种思想有其正确的一面，但却隐藏着偃武修文，轻视武备的倾向。少数民族统治者入主中原以后，受汉文化的影响和汉族儒士和降将的建策，思想也逐步发生变化，改变了传统的杀掠政策，采取战抚兼施，建设以儒家思想为主导的政权。

2. 在治军上，游牧民族和农业民族政权根据各自特点和实际情况多措并举

军队建设以"南船北马"为特点，但随着战略形势的改变，都积极采取扬长补短的应变措施；在武装力量的控制上更强调军队的高度集中与统一，主张兵权贵一，但宋朝造成将帅权轻，兵将分离，冗兵耗食等损害军队战斗力的消极影响；更重视军队成员的拣选训练，教育训练纳入法制轨道，由于火器大量使用，对技术提出更高要求，主张兵不贵多，唯贵精练，要练耳目手足，练胆练心；重视思想教育，以儒家的孝悌忠信思想为重要内容。

在武器装备方面强调不断改善更新，认为有精兵而无精器以助之，是谓徒强；有人无器，人非我有。西方火器传入后，更强调火器的重要，要战胜敌人，武器装备一定要优于敌人，为此，大力改造原有火器，制造新器，求精求新，并强调冷兵器与火器并用，相互补充。

3. 提出了许多适合各自需要的战略战术思想

元代军事统帅及各级将领，都强调在主动进攻的原则下灵活运用战略战术，征战中，充分发挥骑兵迅猛机警的特点，采取突袭、夹击、设伏、火攻、水攻等战法，以巧取胜。为适应攻城克垒的需要，提出"攻城以炮为先"。在灭金攻宋战争中，针对对手消极防御之策，实施多路进攻，多兵种联合作战，主次战场互相配合，置敌于被动挨打之地。

清军在攻明战争中，成功地运用了集中力量消灭强敌的战略思想。进入中原后，主张"剿抚兼施""恩威并用"，军事斗争与政治斗争相结合。

4. 在长期激烈的保卫边海防斗争中，边海防思想逐步形成并趋于完善

这个问题主要反映在明代。倭寇在沿海构成祸患，边海防问题日益突出，边海防思想在斗争中不断充实发展，主要内容是：一是认为内治为外攘之本，治理好国家是巩固边海防的先决条件。二是以守为本，"战""守""和"进相为用，掌握主动权。三是建立多层次的防御体系。边防，设险以守，守之于边墙，守之于旷野，守之于城堡。修边墙，建重兵，以边墙当其出没，以重兵当其长驱。海防，御之于海洋，御之于海岸，御之于内河，御之于城镇。强调海防防之于海是上策，大力发展水军。四是剿抚兼施。"顺者抚，逆者剿，逆而又顺则又抚之，顺而又逆则又剿之"，以威慑其暴，以惠感其心。五是处理好正常贸易和剿寇的关系，对海外国家，除盗不除商。康熙帝晚年对西方资本主义从海上入侵的危险有一定认识，认为"千百年后，中国恐受其累"，并提出"海防乃今日之要务"的思想，但并没有真正付诸实施。近代资本主义列强正是从这个薄弱环节攻关肆虐，酿成近代中国的百年大患。

二、《孙子兵法》简介

《孙子兵法》这朵兵书艺园中的绚丽之花，自产生以来，历朝历代兵家将帅研究它、运用它，历经2500年而不衰，主要是由于《孙子兵法》蕴含着丰富的军事思想。《孙子兵法》最有价值、最管用的东西，是它的军事思想，即它对战争和军队问题的理性认识。孙子对战争的认识、对治军用兵理论的阐述深度广度都前无古人。尤其是其中的用兵理论，令古今中外的兵家将帅折服。

（一）作者生平

《孙子兵法》产生于2500年前的春秋末期，系孙武所著。孙武中国古代大军事学家，古代军事理论奠基者，春秋末期吴国将军。孙武亦称孙子，字长卿，齐国乐安人。祖父田书伐莒（今莒县）有功，被齐景公赐姓孙氏，子孙因从此姓。

周景王十三年（公元前532年），齐国内乱，田、鲍两族与栾、高两族相攻，孙武避乱出奔吴国。入吴后长期避隐深居，潜心研究兵学，总结春秋时期及其以前的战争经验，著书立论，成兵法十三篇。吴王阖闾即位，经伍子胥多次举荐，以所著兵法十三篇献吴王阖闾，深得阖闾赞赏，被任为将军。

周敬王八年（公元前512年），阖闾欲直捣楚都。孙武着眼全局，认为楚国甚强，吴国"民劳"，大举攻楚的时机尚不成熟，主张积蓄力量，等待时机。十四年，即与伍子胥佐阖闾统领大军攻楚，攻占楚都郢城（今荆沙市江陵西北）。吴国西破强楚，北威齐、晋，显名诸侯，"孙子与有力焉"。

（二）《孙子兵法》及军事思想的主要内容

《孙子兵法》全书13篇，约6000字，篇次有序，立论有体，就其内容而言，是一部独立完整的兵书。第一篇《计》、第二篇《作战》、第三篇《谋攻》，是论述战争中诸

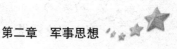

因素决定战争胜负的基本原理的，从战略、谋略层面考虑、处理战争问题。第四篇《形》、第五篇《势》、第六篇《虚实》，讲的是作战的基本原理，阐明指导作战时的基本原则。第七篇《军争》、第八篇《九变》、第九篇《行军》，论述了如何采取对敌作战的实际行动。第十篇《地形》、第十一篇《九地》、第十二篇《火攻》，具体论述利用自然环境条件的问题。第十三篇《用间》，是战争理论、原理、原则的结论，并论述了情报的意义和作用。

《孙子兵法》揭示了战争与作战的基本规律，蕴含着丰富的军事思想，对战争的认识、战略思想、作战指导思想、治军思想的阐述深度和广度都前无古人。

1. 重战

对待战争持什么态度，千百年来，不同阶级、不同阶级的军事家和军事论著者有不同的回答。孙子以前，人们对战争所持态度是不一致的，有人支持，有人反对。反对战争的人们认为"兵凶战危"、伤人太多，是坏事，应该制止。老子认为"兵者不祥之器，非君子之器"。他主张"以道佐人主"，而"不以兵强天下"。《吕氏春秋》《帝范》等说"兵，天下之凶器"，"兵甲者，国之凶器"，认为战争是凶杀之事，不可提倡。

孙子站在新兴地主阶级立场上，用当时比较进步的思想和方法观察战争，打破上述看法，旗帜鲜明地从理论上支持战争，号召人们积极研究和参加战争。他的兵法开宗明义、大声疾呼："兵者，国之大事，死生之地，存亡之道，不可不察也。"认为战争是关系到国家民众生死存亡的头等大事，不能不认真研究和对待。从"兵者凶器"到"兵者国之大事"是战争认识上的一个飞跃。

2. 慎战

孙子重视战争，但他不是一个好战者。他对战争采取十分慎重的态度。就本质上说，孙子是向往和平的。他倡导参战是不得已。孙子已经充分认识到战争给国家和民众带来的巨大灾难和损失："兴师十万，出征千里，百姓之费，公家之奉，日费千金。内外骚动，怠于道路，不得操事者，七十万家。"（《用间》）战争给人民带来沉重负担。因此，孙子提醒国君和将帅，一定要从安国利民考虑，对战争要慎之又慎，万万不可轻举妄动。

在春秋激烈的争战中，国君将帅稍有不慎就会丧军亡国。孙子基于这种情况，极力倡导慎战，他说："非利不动，非得不用，非危不战。主不可以怒而兴师，将不可以愠而致战。合于利而动，不合于利而止。怒可以复喜，愠可以复悦，亡国不可以复存，死者不可以复生。故明君慎之，良将警之。此安国全军之道也。"（《火攻》）慎战能使国家平安、使军队不受损失。

3. 备战

孙子所处春秋时代，大国争霸、小国图存图强，战争频繁。一些国家武备周全，抗住了敌国进攻，保住了自己。一些国家武备强盛，吞并了他国。但也有一些国家武备松弛，被别国灭掉了。

生活在这个时代的孙子，受到当时形势的影响和思想的熏陶，非常重视备战。他强调指出："无恃其不来，恃吾有以待也；无恃其不攻，恃吾有所不可攻也。"（《九变》）就是说，打消侥幸心理，积极做好战争准备，做到有备无患。

孙子提出要全面做好战争准备，"道、天、地、将、法"精神的、物质的都要做准备，真正做到"主有道""将有能""得天地""行法令""兵众强""士卒练""赏罚明"。

孙子告诫人们思想上时刻不要忘记战备，做到"以虞待不虞"（《谋攻》）。用自己的有准备、有预料对待敌人的无准备、无预料，这样才能立于不败之地。

4. 将帅选用

孙子是新兴地主阶级的代表人物，他的思想是先进的，他带头推动社会变革，推行用人制度的改变，提出按"智、信、仁、勇、严"这"五德"选用将帅，把才能（智）放在首位。不论身份如何，谁有才能就选用谁。这是对世卿世禄用人制度的有力冲击。

5. 军队管理

《孙子兵法》产生在社会由奴隶制向封建制转化的大变革时代。作为新兴地主阶级代表人物的孙武，积极倡导和推行法制，在他的兵法中把"法"做为"五事"（道、天、地、将、法）的内容之一，提出"施无法之赏，悬无政之令"（《九地》）。孙子治军中的军队管理思想是适应当时改革的形势、以"法"为核心、以团结内部增强战斗力为目的而展开论述的。

6. 战略思想

（1）知彼知己，先计先算，全局筹划。孙子强调战前对战争全局进行计划和筹策，定出可行的战略方针。认为知彼——了解敌情是兵家最重要的事情，是军队行动的依靠，有正确的知彼才有正确的决心和正确的行动。正因为这样，孙子特别强调"知"，《孙子兵法》中共用79次"知"，可见孙子对知敌我之情是何等重视。事实也正是这样，"知彼知己"直接关系到战争胜负，知得越多，胜的可能性越大。

孙子严厉批评那种不知彼不知己的人。他说："不知敌之情者，不仁之至也，非人之将也，非主之佐也，非胜之主也"（《用间》），因为这样的国君将帅不负责任。在充分做到知彼知己的基础上，孙子提出"计"，就是全局计划、筹划。《计》提出"庙算"，孙子指出："未战而庙算胜者，得算多也；未战而庙算不胜者，得算少也。多算胜，少算不胜，而况于无算乎！"

（2）充分准备，未战先胜。《孙子兵法》在《形》中提出一个很有价值的用兵思想——先胜。这是一个带有全局性、根本性的思想。其中言道："胜兵先胜而后求战，败兵先战而后求胜"，"昔之善战者，先为不可胜，以待敌之可胜。不可胜在己，可胜在敌"。"先胜""先为不可胜"明显地反映出《孙子兵法》周到准备，不打无准备之仗、不打无把握之仗的思想。

（3）以"全"争胜，不战而屈人之兵。自古以来，战争的直接目的就在于保存自己、消灭敌人。在这个问题上，孙子已经有了一定的认识，他提出，最高和最理想的目标就是以"全"争胜。他说："凡用兵之法，全国为上，破国次之；全军为上，破军次之；全旅为上，破旅次之；全卒为上，破卒次之；全伍为上，破伍次之。是故百战百胜，非善之善者也；不战而屈人之兵，善之善者也。"（《谋攻》）又说："善用兵者，屈人之兵而非战也，拔人之城而非攻也，毁人之国而非久也。必以全争于天下，故兵不顿而利可全，此谋攻之法也。"（《谋攻》）这就是孙子对战争指导者的最高要求，不通过实战就能使敌人屈服，使利益完完全全地取得，这才是高明中最高明的，或者说是战胜敌人的最佳效果。

（4）强调进攻速胜，反对持久作战。孙子讲进攻时强调速胜。他在《作战》中旗帜鲜明地指出："兵闻拙速，未睹巧之久也"，"兵贵胜，不贵久"。孙子提出：打虚弱之敌，"攻其无备"（《计》），"攻其所不守"（《虚实》）。准确选择攻击目标："胜于易胜"，"胜已败者"（《形》）。快速机动和突然性："攻其无备，出其不意"（《计》），"其疾如风"（《军争》），"动如脱兔"（《九地》）。

（5）因粮于敌的战略后勤思想。2500年前的孙子，已经认识到后勤补给的重要性，提出保障补给的良好方法——因粮于敌，就是从敌方获得粮食和其他作战物资补充自己。他在兵法《作战篇》中明确提出："善用兵者，役不再籍，粮不三载，取用于国，因粮于敌，故军食可足也。"旗帜鲜明地提出了因粮于敌的后勤战略思想。因粮于敌的好处，一是可以免去运输之劳和途中损耗。二是能使军队补充及时，保持充沛体力和战斗力。三是效益好，"食敌一钟，当吾二十钟，萁秆一石，当吾二十石"（《作战》）。因粮与送粮相比，效益高出20倍，何乐而不为呢？

7.《孙子兵法》的战术理论

从以上论述不难看出，《孙子兵法》的战略思想十分丰富。不仅如此，它的战术理论、即指导战斗的基本观点和原则也是相当深刻的。

（1）致人而不致于人，争取战争主动权。这部兵书的《虚实》中说："善战者，致人而不致于人。"孙子提出"致人而不致于人"的重要意义，在于强调发挥人的主观能动作用，左右战局，改变敌我强弱态势，驾驭战争，赢得主动。

（2）因敌制胜，灵活用兵。作战就不能采用一成不变的方法。这就要求战争指导者要顺应形势，灵活用兵。孙子说得好："夫兵形象水，……水因地而制流，兵因敌而制胜。故兵无常势，水无常形，能因敌变化而取胜者，谓之神。"（《虚实》）在战争中，如果一个指挥员只知墨守成规，一切按条令或预定的计划行事，而不知变通，肯定不能取得好的结果。"因敌而制胜"是战争指导的活的灵魂，是赢得战争胜利的重要原则。

（3）出奇制胜。孙子在用兵上强调奇正，他说："凡战者，以正合，以奇胜"，"战势不过奇正"，"三军之众，可使必受敌而无败者，奇正是也"（《势》）。奇正是我国古代一对重要的军事矛盾范畴。孙子首论奇正，其后历代兵家多有阐发和运用。奇正的含

义广泛，一般说来，常法为正，变法为奇；分而言之：在兵力使用上，守备、箝制的为正兵；机动、突击的为奇兵；在作战方式上，正面进攻、明攻的为正兵，迂回、侧击、暗袭的为奇兵；在作战方法上，按一般原则作战的为正兵，采取特殊战法的为奇兵。

（4）攻其无备，出其不意。这是在敌人没有准备的情况下发起进攻，从而沉重击敌的战术原则。孙子在《计》中提出"攻其无备，出其不意"，强调战术攻击的突然性和快速性。他说："兵之情主速，乘人之不及，由不虞之道，攻其所不戒也"（《九地》）。要达到"攻其无备，出其不意"的目的，军队行动必须快速，孙子说："速而不可及"（《虚实》），"动如脱兔，敌不及拒"（《九地》），"其疾如风……动如雷震"（《军争》）。

（5）诡道制敌。诡道制敌是孙子战术思想的核心，也是对传统战术理论的否定。春秋前期继承了原始社会部落战争纯朴的信义观念，体现了当时阶级礼治的内容，那就是战争中提倡"仁义之师"，不乘人之难，不乘人之危。

孙子冲破了上述仁义道德的禁锢，第一次在他的兵法中旗帜鲜明地从理论上提出"兵者，诡道也""兵以诈立"。他指出："计利以听，乃为之势，以佐其外；势者，因利而制权也。兵者，诡道也。故能而示之不能，用而示之不用，近而示之远，远而示之近。利而诱之，乱而取之，实而备之，强而避之，怒而挠之，卑而骄之，佚而劳之，亲而离之。攻其无备，出其不意。此兵家之胜，不可先传也。"（《计》）孙子奠定了诡诈制敌的理论基础。在他以后，诡诈成为兵家公开提倡并经常使用的好战术。

第二节　毛泽东军事思想

在长期领导中国革命战争和人民军队建设的实践中，以毛泽东为主要代表的中国共产党人，运用马克思主义的立场、观点和方法，研究帝国主义和无产阶级革命时代的国际环境，研究中国社会的历史和现状，正确地回答和解决了半殖民地半封建的中国建设人民军队、进行人民革命战争的一系列理论和实践问题，创立了关于中国革命战争和人民军队建设的思想。

一、毛泽东军事思想的形成及发展

中国无产阶级军事思想产生于中国革命战争的实践，又反转来能动地指导革命战争的实践，把革命战争推向前进，并随着革命战争实践的发展，而不断地受到检验和向前发展。它的形成是一个历史发展的过程，同中国革命战争的发生、发展和胜利，是不可分割地联系在一起的。

（一）从1921年中国共产党成立至1935年1月党的遵义会议前，是中国无产阶级军事思想的产生时期

早在中国共产党成立前夕，一部分共产主义的知识分子，在十月革命的影响下，

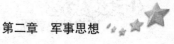

就开始了对暴力革命问题的探索。1926年，毛泽东在农民运动讲习所向学员指出：搞革命就是刀对刀，枪对枪，要推翻地主武装，建立农民自己的武装。在党中央召开的"八七"会议上，毛泽东要求当时的党中央改变专做农民运动、独不做军事运动的方针，指出"以后要非常注意军事。须知政权是由枪杆子中取得的"。

在"八七"会议的号召下，爆发了秋收起义、广州起义和其他许多地区的武装起义。毛泽东领导的湘赣边界秋收起义，在受挫后转移到敌人统治力量薄弱的农村地区，实行"工农武装割据"，创建了井冈山农村革命根据地，开辟了一条适合中国特点的农村包围城市、武装夺取政权的道路。毛泽东运用马列主义的基本原理，总结建立农村红色政权的经验，先后写了《中国的红色政权为什么能够存在?》《井冈山的斗争》和《星星之火，可以燎原》等著作，批判了照搬外国经验、热衷"城市中心论"的"左"倾教条主义，以及怀疑"红旗到底能打多久"的右倾悲观思想，阐述了走农村包围城市道路的必要性和可能性，创立了关于农村包围城市道路的理论。

从中国共产党成立至遵义会议前，以毛泽东为主要代表的中国共产党人，通过实践不断探索，提出了土地革命和武装反抗国民党反动派的总方针；创造性地解决了中国革命战争的道路问题，创立了关于农村包围城市道路的理论；建立了新型的人民军队，并为这支军队规定了一系列的建军原则；提出了动员和依靠广大群众进行人民战争的思想，以及建立在人民战争基础上的战略战术原则。

（二）从1935年党的遵义会议至1945年抗日战争胜利，是中国无产阶级军事思想形成较为完整系统的理论体系的时期

党中央在长征途中召开的遵义会议，纠正了王明"左"倾军事路线错误，重新肯定了以毛泽东为代表的正确军事路线，确立了毛泽东在红军和党中央的领导地位，成为中国革命战争从挫折走向胜利的一个伟大转折点。1936年12月，毛泽东总结土地革命战争的经验，写了《中国革命战争的战略问题》一书，系统地论述了中国革命战争的战略指导问题，特别是积极防御的基本原则，为指导中国革命战争走向胜利，奠定了重要的理论基础。

1937年7月7日，抗日战争全面爆发。党中央于8月召开洛川会议，通过了《中央关于目前形势与党的任务的决定》和《抗日救国十大纲领》。在此前后，毛泽东发表了《实践论》《矛盾论》等包含着丰富军事内容的重要哲学著作。于1938年相继发表了《抗日游击战争的战略问题》《论持久战》《战争和战略问题》等军事名著，阐明了抗日游击战争的重要战略地位及一整套进行人民游击战争的理论和战略战术原则。

1945，毛泽东做的《论联合政府》报告，专门谈了人民战争和人民军队问题，全面地阐明了人民军队的建军宗旨和人民战争的基本内容。朱德在《论解放区战场》的报告中全面地阐述了以人民军队、人民战争、人民战争的战略战术为基本内容的毛泽东军事思想。

（三）抗日战争胜利后进行的全国解放战争，是中国无产阶级军事思想达到成熟形成为完整的科学理论体系的时期

全国解放战争，是中国共产党领导全国人民，同国民党反动派进行的一场关系中国前途和命运的大决战。全面内战爆发后，面对敌强我弱的严重形势，毛泽东提出了"一切反动派都是纸老虎"，"蒋介石和他的支持者美国反动派也都是纸老虎"的著名论断。在解放战争中，毛泽东的战争指导艺术，特别是辽沈战役、淮海战役、平津战役和渡江战役等双方投入兵力总数达100万人以上的大规模战役指挥艺术，达到了炉火纯青的程度。这个时期，毛泽东为指导战争，总结斗争经验所写的《抗日战争胜利后的时局和我们的方针》《以自卫战争粉碎蒋介石的进攻》《集中优势兵力，各个歼灭敌人》《三个月总结》《大举出击，经略中原》《蒋介石政府已处在全民的包围中》《解放战争第二年的战略方针》《目前形势和我们的任务》《评西北大捷兼论解放军的新式整军运动》《关于辽沈战役的作战方针》《关于淮海战役的作战方针》《关于平津战役的作战方针》《采取远距离包围迂回方法追歼逃敌》《将革命进行到底》等大量文章、指示和电文，集中地体现了无产阶级军事思想的丰富和发展，使它的科学理论体系更加成熟。

二、毛泽东军事思想的历史地位及作用

毛泽东军事思想是马列主义军事思想宝库中一颗璀璨的明珠，在中国军事思想发展史上具有划时代的意义，在世界军事思想发展史上独树一帜，具有重要的历史地位。

（一）毛泽东军事思想是马克思主义军事理论发展进程新的里程碑

毛泽东军事思想是中国化马克思主义军事理论，是马克思主义军事理论发展进程新的里程碑。毛泽东创造性地运用马列主义的军事理论，并将其发展到一个新的高度，极大地丰富了马列主义军事科学的理论宝库。毛泽东创新了马克思主义军事理论。

毛泽东开创了一条农村包围城市、武装夺取政权的革命道路；创建了一支新型的人民军队；发展了马克思主义人民战争思想；创造了适合中国特点的人民战争的战略战术；科学地阐明了关于研究和指导战争的战争观和方法论。正是这一系列军事理论创新，毛泽东使中国革命赢得了胜利，建立了新中国。

（二）毛泽东军事思想在世界上具有广泛而深刻的影响

毛泽东军事思想对世界历史进程发生了深刻的影响。在中国革命战争取得胜利后，毛泽东军事思想受到世界各国的普遍重视，特别是到了20世纪50年代，在世界范围内逐渐形成了一个研究毛泽东军事思想的热潮。在许多争取民族独立和民族解放的国家更产生了广泛影响，受到普遍欢迎。如越南、莫桑比克、津巴布韦、安哥拉等民族解放斗争中，毛泽东军事思想发挥了巨大的作用，促进了世界民族解放事业，推进

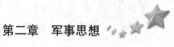

了人类历史的进步。毛泽东军事思想的理论和实用价值得到举世公认。

（三）毛泽东军事思想是我军克敌制胜的法宝

毛泽东军事思想运用辩证唯物主义和历史唯物主义的原理，批判地吸取了古今中外优秀的军事思想遗产，是中国化马克思主义军事理论宝库中最为科学、最为先进、最为完整的军事理论。毛泽东军事思想既揭示了中国革命战争规律，也反映了现代战争诸多原理。毛泽东军事思想具有与时俱进的宝贵理论品质，强调理论要与特殊战争环境相结合。在科学技术发展日新月异，国际格局和战争形态发生了巨大变化的今天，它与时俱进的理论品质，对我国军事理论创新，对指导我军打赢信息化战争，具有重要的理论意义和实践意义。无论过去、现在和将来，毛泽东军事思想都是我军克敌制胜的法宝。

三、毛泽东军事思想的主要内容

毛泽东军事思想的主要内容包括无产阶级的战争观及方法论；无产阶级性质的新型人民军队的思想；兵民是胜利之本的人民战争思想；灵活机动的战略战术思想。

（一）无产阶级的战争观和方法论

为了正确地认识和指导战争，以毛泽东为主要代表的中国共产党人，创造性地运用马克思主义辩证唯物论和历史唯物论的立场、观点与方法，观察和分析战争领域的基本问题，并联系中国革命战争的实际，全面系统地论述了战争的起源和消亡、战争的政治本质和共产党人对待战争的态度、战争的客观规律和指导规律、研究和指导战争的基本方法，丰富和发展了马克思主义的战争观和方法论，成为具有中国特色的无产阶级军事思想的理论基础和重要组成部分。

1. 战争是一种历史的现象

战争随着私有财产和阶级的产生而产生。马克思主义认为，战争不是与人类相伴而生，也不是万古长存的永恒现象，而是人类社会发展到一定历史阶段，随着私有财产和阶级的产生而产生的。毛泽东在《中国革命战争的战略问题》一书中明确指出："战争——从有私有财产和有阶级以来就开始了的、用以解决阶级和阶级、民族和民族、国家和国家、政治集团和政治集团之间、在一定发展阶段上的矛盾的一种最高的斗争形式。"这段话，对战争的起源和实质，做了深刻的阐述。

战争随着历史和阶级斗争的发展而发展。人类自进入阶级社会以来，战争一直连绵不断，仅在20世纪内，就先后爆发了两次世界大战。毛泽东在《论持久战》中指出："由于阶级的出现，几千年来人类的生活中充满了战争，每一个民族都不知打了几多仗，或在民族集团之内打，或在民族集团之间打。打到资本主义社会的帝国主义时期，仗就打得特别广大和特别残酷。二十年前的第一次帝国主义大战，在过去历史上

是空前的，但还不是绝后的战争。"帝国主义阵营的战争威胁依然存在，第三次世界大战的可能性依然存在。毛泽东还提出了建立反对帝国主义的统一战线，共同反对帝国主义的侵略政策和战争政策的主张，并为我国制定了以和平外交为主要特征的外交路线，对于维护世界和平起了重要的作用。

战争随着阶级和国家的消亡而消亡。毛泽东对战争的消亡问题，做了深刻的论述。他在《论持久战》中就指出："目前开始了的战争，接近于最后战争，就是说，接近于人类的永久和平。"毛泽东把消灭战争看成是共产党人的宏大志愿。他说，我们是战争的消灭论者，我们从事战争的目的完全在于消灭战争。

2. 战争的政治本质和共产党人对待战争的态度

战争与政治的关系。毛泽东发展了马列主义关于战争与政治的理论。他在《论持久战》中明确指出："'战争是政治的继续'，在这点上说，战争就是政治，战争本身就是政治性质的行动，从古以来没有不带政治性的战争。"同时又指出："战争有其特殊性，在这点上说，战争不即等于一般的政治。'战争是政治的特殊手段的继续'。政治发展到一定的阶段，再也不能照旧前进，于是爆发了战争，用以扫除政治道路上的障碍。""政治是不流血的战争，战争是流血的政治。"

战争与和平的关系。战争与和平是政治的两种社会表现形态。战争是以暴力的形式来实现一定阶级的政治目的；和平是以非暴力的形式来实现一定阶级的政治目的，两者是截然相反的社会现象。但战争与和平又共处于政治的统一体，互为存在的条件，失去一方，另一方也就不能存在。1957年1月，毛泽东指出，和平时期的斗争是政治，战争也是政治，但用的是特殊手段。战争与和平既互相排斥，又互相联结，并在一定条件下互相转化。

战争与革命的关系。战争与革命的关系，是战争与政治关系的一个侧面，是反映战争本质的一个重要问题。在这个问题上，毛泽东继承和发展了马列主义关于战争引起革命的一贯思想，明确指出："关于世界大战问题，无非是两种可能：一种是战争引起革命，一种是革命制止战争。"当然，这里指的战争，不是一般意义上的战争，而是指的非正义的阻碍历史发展的战争。

拥护正义战争，反对非正义战争。由于进行战争的阶级、民族、国家、政治集团不同，战争的政治目的不同，战争的历史作用不同，就有各种不同性质的战争。毛泽东认为，战争的政治内容是确定战争政治性质的根本尺度，战争的政治性质是根据战争的政治目的而定的。因为战争的政治目的是一定阶级的根本利益和意志的体现，反映战争的阶级本质。战争的政治目的和它的历史作用是一致的。革命的进步的战争的政治目的，符合广大人民的利益和要求，适应社会发展的需要，因而能够对历史的发展起推动作用。

3. 研究和指导战争的方法论

毛泽东不仅肯定战争规律的客观存在，而且认为战争规律是可知的。他强调指

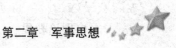

出："我们承认战争现象是较之任何别的社会现象更难捉摸，更少确实性，即更带所谓'盖然性'。但战争不是神物，仍是世间的一种必然运动。"毛泽东认为，规律性就是客观事物内部的必然联系。战争规律就是战争双方矛盾着的政治、经济、军事、地理诸因素的内在的、稳定的、必然的联系，而不是主观臆造的、外在的、非本质的偶然联系。战争规律决定着战争的发展方向和必然趋势。

毛泽东指出："战争的规律——这是任何指导战争的人不能不研究和不能不解决的问题。"战争规律是不以人们的意志为转移的客观存在，它产生的作用是强制性的，不可抗拒的。人们只能认识它，掌握它，利用它，但却不能违反它，改变它，取消它。

研究战争规律，既要研究战争的一般规律，更要研究战争的特殊规律。战争的一般规律，是从古今中外千百次战争中抽象出来的，是普遍地存在于一切战争之中、对一切战争都起作用的规律。他在一般战争规律的指导下，根据中国社会政治、经济发展不平衡的状况，提出的中国革命必须走农村包围城市的道路，而不能走俄国十月革命所走过的城市武装起义的道路，在农村建立根据地，使之成为夺取全国胜利的起点，正是他深刻研究中国革命战争特殊规律的结果。

从战争实际出发，实事求是地研究和指导战争，使战争的主观指导符合客观实际，是毛泽东研究和指导战争的根本方法。列宁指出："唯物主义的基本特征正在于，它的出发点是科学的客观性，是承认科学所反映的客观实在；而唯心主义则需要'弯路'，以便这样或那样地从精神、意识中，从'心理的东西'中'引出'客观性。"他还指出："要真正地认识事物，就必须把握、研究它的一切方面，一切联系和'中介'。我们决不会完全地做到这一点，但是，全面性的要求可以使我们防止错误和防止僵化。"

认真学习军事理论，注重战争经验的总结。毛泽东在《中国革命战争的战略问题》中指出："一切带原则性的军事规律，或军事理论，都是前人或今人做的关于过去战争经验的总结。这些过去的战争所留给我们的血的教训，应该着重地学习它。这是一件事。然而还有一件事，即是从自己经验中考证这些结论，吸收那些用得着的东西，拒绝那些用不着的东西，增加那些自己所特有的东西。这后一件事是十分重要的，不这样做，我们就不能指导战争。"学习军事理论，要从实际需要出发，学以致用，并要在实践中加以检验，吸收用得着的东西，不能照搬照套。更重要的是在战争实践中学习，总结自己的战争经验，认识战争规律，提高军事理论水平。

（二）人民军队思想

建设一支无产阶级性质的新型人民军队，是中国共产党领导全国人民进行革命战争的首要问题，是中国无产阶级军事思想的重要组成部分。以毛泽东为主要代表的老一辈无产阶级革命家，把马列主义的建军学说同我军建设的实际相结合，揭示的人民军队的本质和建设的规律，是指导人民军队建设的科学理论。它深刻地阐明了人民军

队的地位和作用，人民军队的宗旨和任务，坚持共产党对人民军队的绝对领导，建立强有力的政治工作，实行政治、经济、军事三大民主，实行建立在自觉基础上的严格的纪律，以及在加强革命化建设的同时，加强正规化和现代化建设等一系列军队建设的理论、方针和原则，成功地解决了把以农民为主要成分的革命军队，如何建设成为一支无产阶级性质的、具有严格纪律的、同人民群众保持亲密联系的新型人民军队问题。

1. 人民军队是中国革命战争的主要组织形式

毛泽东把马列主义的暴力革命理论创造性地运用于中国实际，深刻地指出了武装斗争和建立革命军队在中国的极端重要性，提出了"枪杆子里面出政权"的著名论断。他认为，"在中国，主要的斗争形式是战争，而主要的组织形式是军队。其他一切，例如民众的组织和民众的斗争等等，都是非常重要的，都是一定不可少，一定不可忽视，但都是为着战争的。"武装的革命反对武装的反革命，是中国革命的一个特点，也是中国革命的一个优点。

建立一支新型的人民军队，实行武装的革命，是我们党从革命失败中得到的一条深刻教训，也是我们党领导中国革命的一个重要经验。1942年5月，毛泽东《在延安文艺座谈会上的讲话》指出，我们要战胜敌人，首先要依靠手里拿枪的军队。1945年4月，他又在《论联合政府》的报告中指出，中国人民要自由，要统一，要联合政府，要彻底地打倒日本侵略者和建设新中国，没有一支站在人民立场上的军队，那是不行的。"为创造中国人民的军队而奋斗，是全国人民的责任。没有一个人民的军队，便没有人民的一切。"

2. 人民军队的宗旨和任务

人民军队的宗旨。历史上有过各式各样的军队，但从性质上讲不外两种，即人民的军队和反人民的军队。我军同一切反人民的军队有着根本的区别，同时也不同于历史上任何旧式的人民军队，而是一支全心全意为人民服务的新型的人民军队。

紧紧地和中国人民站在一起，全心全意地为人民服务，是这支军队的唯一宗旨，是新型人民军队的基本特征，也是它的无产阶级性质的集中体现。无产阶级是人类历史上最先进的阶级，它的历史使命是要消灭一切剥削和私有制，实现共产主义的社会制度，只有解放全人类才能彻底解放它自己。全心全意为人民服务，是无产阶级军队的根本属性。毛泽东在建军之初就指出："红军宗旨，民权革命。"他在《论联合政府》的报告中进一步指出："他们不是为着少数人的或狭隘集团的私利，而是为着广大人民群众的利益，为着全民族的利益，而结合，而战斗的。紧紧地和中国人民站在一起，全心全意地为中国人民服务，就是这个军队的唯一的宗旨。"

人民军队的任务。人民军队的宗旨，指明了军队建设的根本方向，揭示了军队建设的实质，是指导军队建设的重要原则。这个宗旨体现在我军的根本职能上，就是执行打仗、做群众工作和生产三大任务。早在1927年11月，毛泽东总结茶陵斗争的经

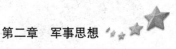

验，就明确提出了工农革命军要执行三大任务，即打仗消灭敌人，打土豪筹款子，做群众工作。红军的打仗，不是单纯地为打仗而打仗，而是为了宣传群众、组织群众、武装群众，并帮助群众建立革命政权以至于建立共产党的组织等任务。解放战争胜利前后，需要大批干部去开展新解放区的工作，按照党中央的指示，准备把210万野战军全部地化为工作队。这时，我军的三大任务便通俗地被概括为战斗队、工作队和生产队。我军的三大任务在新的历史条件下的重要发展，是贯彻全心全意为人民服务宗旨的基本内容，是加强我军建设的出发点和归宿。

3. 坚持党对人民军队的绝对领导

（1）党的绝对领导是保持人民军队无产阶级性质的根本保证。马克思主义认为，军队是阶级统治的工具，为一定的阶级利益服务，超阶级的军队是不存在的。无产阶级为求得自己的解放，建立无产阶级专政的国家政权，就必须建立强有力的革命军队。我军是一支以农民为主要成分的军队，要把它建设成为全心全意为人民服务的、无产阶级性质的军队，实行党对军队的绝对领导就有特殊重要的意义。

中国革命走的是农村包围城市的道路，如何把一支以农民为主要成分的军队，建设成为无产阶级性质的人民军队，是一个非常艰巨的任务和十分重要的问题。早在我军创建时期，毛泽东就通过著名的"三湾改编"，确立了党领导军队的原则。《古田会议决议》强调要从政治上、思想上和组织上加强党对军队的领导。坚持党对军队的绝对领导，是毛泽东一贯的建军思想。只有坚持党对军队的绝对领导，才能使自身保持无产阶级的性质，坚定正确的政治方向，真正成为一支全心全意为人民服务的新型的人民军队。

（2）坚持党对军队在政治、思想和组织上的全面领导。实行党对军队的绝对领导，包含两层意思：一是建立党中央统一领导下的军事系统和地方党委对于军队的双重领导制度；二是在军队中建立各级党的组织，作为各该部队统一领导和团结的核心。这种绝对领导，主要是通过政治上、思想上和组织上的领导来实现的。毛泽东历来重视部队的思想教育。他认为"无产阶级思想领导的问题，是一个非常重要的问题"。通过思想教育，提高指战员的政治理论水平和思想觉悟，是人民军队完成各项任务的重要保证，也是保持人民军队无产阶级性质的根本途径。

4. 建立强有力的革命的政治工作

（1）政治工作是人民军队的生命线。早在1934年2月，当时的总政治部主任王稼祥、中革军委主席朱德、苏区中央局书记和中央军委副主席周恩来，就在红军第一次全国政治工作会议上，提出了"政治工作是红军的生命线"。1944年，毛泽东、周恩来主持起草的留守兵团政治部《关于军队政治工作问题》的报告，重申了政治工作的重要地位，毛泽东还亲笔加上了"共产党领导的革命的政治工作是革命军队的生命线"的论断。

（2）政治工作的三大原则。我军的政治工作是在人民战争的基础上，在军队和人

民团结一致、指挥员和战斗员团结一致以及瓦解敌军等项原则的基础上建立起来的。军民一致、官兵一致和瓦解敌军是我军政治工作的三大原则。

（3）政治工作的基本任务。军队政治工作的任务，只能根据我军的基本任务与当前具体任务去规定，除此以外不能再有所谓政治工作的独立任务。政治工作就是要以革命精神去教育军队，从思想上、政治上与组织上保证这些任务的完成。

军队政治工作的内容极为丰富，包括组织工作、干部工作、宣传工作、保卫工作、文化工作、纪检工作、群众工作、联络工作、共青团工作等等，但贯穿其中的基本内容是思想工作和组织工作。

5. 建立民主制度，实行三大民主

建立民主制度是人民军队的显著标志。在军队内部建立民主制度，体现了历史唯物主义的群众观点，是党的群众路线和民主集中制原则在军队政治工作中的具体运用，是区别人民军队与剥削阶级军队的一个显著标志。我军创建时期，毛泽东就在部队中建立了民主制度，实行民主建军的原则，废除雇佣制度，规定官兵平等，建立士兵委员会组织。他在《井冈山的斗争》中指出："红军的物质生活如此菲薄，战斗如此频繁，仍能维持不敝，除党的作用外，就是靠实行军队内的民主主义。官长不打士兵，官兵待遇平等，士兵有开会说话的自由，废除烦琐的礼节，经济公开。"解放战争时期，毛泽东总结我军以民主形式开展的新式整军运动的经验，把我军的民主传统，发展归纳为政治、军事和经济三大民主。三大民主是党的群众路线在军队建设和作战中的生动体现。

实行政治、军事、经济三大民主。政治、军事、经济三大民主是我军民主制度的基本内容。政治民主，主要是下级对上级、战士对干部有提出批评和建议的权利，各级领导和所有干部，都要虚心听取群众意见，接受群众监督，采纳群众的合理建议。军事民主，主要是实行官兵互教互学的练兵方法，开展评教评学活动，在战备、生产等项任务中，要发动群众出主意、想办法，在作战时只要情况允许，就要组织士兵群众讨论执行作战计划的办法，总结战斗的经验。经济民主，主要是实行经济公开，组织经济委员会协助管理连队的给养和伙食，监督经济开支，并同贪污、浪费、违犯经济政策和侵占士兵利益等不良倾向作斗争。

6. 实行建立在自觉基础上的严格的纪律

严明的纪律是我军的优良传统。早在1927年10月，毛泽东在率领秋收起义部队上井冈山的途中，就为工农革命军规定了三大纪律：一是行动听指挥；二是不拿群众一个红薯；三是打土豪要归公。1928年1月，在遂川分兵发动群众时，又为我军规定了六项注意：一是上门板；二是捆铺草；三是说话和气；四是买卖公平；五是借东西要还；六是损坏东西要赔。同年3月，毛泽东将三大纪律中的"不拿群众一个红薯"，改为"不拿工人农民一点东西"，对于六项注意，增加了"洗澡避女人"和"不搜俘虏腰包"两项内容，从而成为三大纪律八项注意。抗日战争时期，八路军政治部根据抗日

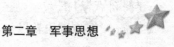

战争的实际需要，对三大纪律八项注意的内容作了调整，三大纪律是：实行抗日救国纲领，服从上级指挥，不拿人民一针一线；八项注意是：进出宣传，打扫清洁，讲话和气，买卖公平，借物送还，损物赔偿，不乱屙屎，不搜俘虏。1947年10月，为适应解放战争形势发展的需要，中国人民解放军总部颁布训令，将三大纪律八项注意的内容做了统一规定，要求全军深入教育，严格执行，并沿用至今。三大纪律是：一切行动听指挥，不拿群众一针一线，一切缴获要归公。八项注意是：说话和气，买卖公平，借东西要还，损坏东西要赔，不打人骂人，不损坏庄稼，不调戏妇女；不虐待俘虏。三大纪律八项注意，既是我军的军事纪律，也是我军的政治纪律和群众纪律，是人民军队的性质和建军宗旨的生动体现，也是新型人民军队区别于其他军队的显著标志。

7. 在革命化的前提下，不断加强军队的正规化、现代化建设

在各个历史时期，毛泽东对正规化、现代化建设的内容都有论述，集中起来主要有以下几点：一是改革军制，不断完善编制体制。早在秋收起义部队进行三湾改编时，他就把党的组织与军队的编制结合起来。二是改善武器装备，提高我军的技术水平。武器装备是战斗力的重要因素，是正规化、现代化建设的物质条件。毛泽东一贯重视改善我军的武器装备。他在1935年12月就指出，迅速改变红军的技术条件，才能大大减少游击性，使没有固定战线的状态改变为一般有固定战线的状态。三是加强教育训练，提高官兵的军政素质。长征到陕北之后组建了中国人民抗日军政大学，并为抗大规定了"坚定正确的政治方向，艰苦朴素的工作作风，灵活机动的战略战术"的教育方针和"团结、紧张、严肃、活泼"的作风。在此期间，毛泽东十分重视军事训练，不但规定了军事整训与政治整训并重的原则，而且亲自指导部队多次开展群众性练兵运动，为部队提出了适应我军特点的训练内容和方法。实践证明，只要我们坚持和发展人民军队的建军理论和原则，我军的革命化、现代化和正规化建设水平，就能不断得到提高。

（三）兵民是胜利之本的人民战争思想

中国革命战争是一场波澜壮阔的人民战争。以毛泽东为主要代表的中国共产党人，总结人民革命战争的丰富经验，对人民战争的基本原理，以及实行人民战争的指导路线和方针、原则，做了系统的深刻的论述，形成了具有中国特色的人民战争思想。兵民是胜利之本的人民战争思想是中国无产阶级军事思想的核心，是我军克敌制胜的根本法宝。

1. 人民战争是我军克敌制胜的根本法宝。人民群众是战争胜负的决定力量

人民战争是广大人民群众为了反抗阶级压迫或民族压迫而组织起来进行的战争。毛泽东在《论联合政府》的报告中明确指出："人民，只有人民，才是创造世界历史的动力。"他认为，不管敌强我弱，还是我强敌弱，都必须坚定不移的依靠人民群众，实行人民战争，去夺取战争的胜利。

人民战争是我军制胜敌人的根本法宝。早在一百多年前，恩格斯就曾指出："一个想争取自身独立的民族，不应该仅限于用一般的作战手段。群众起义，革命战争，到处组织游击队——这才是小民族制胜大民族，不够强大的军队抵抗比较强大和组织良好的军队的唯一手段。"毛泽东对人民群众在战争中的地位和作用，作了深刻的论述。土地革命战争时期，毛泽东就指出："革命战争是群众的战争，只有动员群众才能进行战争，只有依靠群众才能进行战争。"千百万真心实意拥护革命的群众，才是"真正的铜墙铁壁"。他明确指出："从长远的观点看问题，真正强大的力量不是属于反动派，而是属于人民。"毛泽东人民战争思想，是建立在历史唯物主义的理论基础之上的，体现了革命战争客观规律和主观指导规律的高度统一，是中国革命战争取得胜利的根本经验的总结，是我军制胜敌人的根本法宝。

2. 人民战争思想的基本原理

战争伟力之最深厚的根源存在于民众之中。1938年5月，毛泽东在《论持久战》中指出："兵民是胜利之本"，"战争的伟力之最深厚的根源，存在于民众之中"。他认为，只要我们动员了全国的老百姓，就能造成陷敌于灭顶之灾的汪洋大海。他深刻指出："军队须和民众打成一片，使军队在民众眼睛中看成是自己的军队，这个军队便无敌于天下，个把日本帝国主义是不够打的。"我军成长、壮大的历史，中国革命战争胜利的历史，充分地证明了毛泽东的科学论断，雄辩地说明，人民群众是进行人民战争的力量源泉，是人民军队赖以生存和发展的靠山，是夺取革命战争胜利的决定力量。

战争的正义性是实行人民战争的政治基础。毛泽东一贯重视战争的政治因素和人心的向背，强调战争的正义性是实行人民战争、取得战争胜利的政治基础。早在土地革命战争时期，毛泽东就在《中国革命战争的战略问题》一文中指出："在保卫革命根据地和保卫中国的口号下，我们能够团结最大多数人民万众一心地作战，因为我们是被压迫者和被侵略者。"历史告诉我们，在正义战争的旗帜下，能够最大限度地唤起民众的同情和支持，能够得到国际社会的广泛同情和支持，能够最大限度地孤立和分化敌人，而且随着战争的发展，正义战争的政治优势愈能得到充分的发挥，再加上其他因素，就能最终取得正义战争的胜利。

战争胜负的决定因素是人而不是武器。在人和武器的关系问题上，毛泽东根据辩证唯物主义和历史唯物主义的基本原理，既反对"唯武器论"，又反对"精神万能论"，主张人和武器的辩证统一论，科学地阐明了人和武器在战争中的地位和作用。他在《论持久战》中指出："武器是战争的重要的因素，但不是决定的因素，决定的因素是人不是物。力量对比不但是军力和经济力的对比，而且是人力和人心的对比。军力和经济力是要人去掌握的。"他的这个观点，科学地分析了人的因素对战争进程和结局的决定性作用，是实行人民战争的重要理论依据。

3. 实行人民战争的指导路线和方针、原则

以毛泽东为代表的中国共产党人，在领导中国革命战争的实践中，创造性地运用

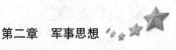

马克思主义的唯物史观，从中国的实际情况出发，总结提出人民战争的指导路线和方针、原则，开拓了人民战争的新途径和新方式，从理论和实践的结合上，解决了在中国的条件下如何广泛、彻底地实行人民战争的问题，丰富和发展了马列主义的人民战争理论。

（1）坚持无产阶级政党的统一领导。革命战争的正义性，是实行人民战争的政治基础，具备着实行人民战争的可能性。但革命战争能否成为真正的彻底的人民战争，则要看领导战争的阶级和集团是否真正代表人民的利益，是否相信和依靠人民群众，是否有一个实行人民战争的指导路线、方针、原则。

（2）广泛深入地动员人民群众。毛泽东历来认为，进行广泛深入的政治动员，使群众认识自己的利益，积极地支持和参加革命战争，对争取革命战争的胜利来说，是一个头等重要的问题。他在《论持久战》中又强调指出："如此伟大的民族革命战争，没有普遍和深入的政治动员，是不能胜利的。"中国革命战争实质上是中国共产党领导的农民战争，要把亿万农民动员起来，就必须解决农民的土地问题，同时还要动员和组织人民群众努力发展生产，不断改善人民群众的物质生活。要通过政治动员，广泛发动群众，为实行全面彻底的人民战争开辟广阔的道路。

（3）创建巩固的人民战争的战略基地。实行人民战争必须有巩固的战略基地。在中国革命战争中，这种战略基地就是农村革命根据地。以毛泽东为代表的中国共产党人，对创建农村革命根据地的必要性和可能性及其途径作了深刻的阐述。他把武装斗争、土地革命和根据地建设紧密结合，开创了具有中国特色的人民战争的新道路。中国人民革命战争的历史，从一定意义上说，就是一部创造、发展农村革命根据地的历史。土地革命战争时期，毛泽东率领湘赣边界秋收起义的武装，创建了井冈山革命根据地。抗日战争爆发后，毛泽东把创建游击战争的根据地提高到重要的战略地位。他认为，没有根据地，游击战争就不能够长期地生存和发展，一切战略任务的执行和战争目的的实现就失去了依托。解放战争时期，根据党中央和毛泽东的指示，实行了"依靠贫农，团结中农，有步骤地、有分别地消灭封建剥削制度，发展农业生产"的土地改革总路线，不仅建立了新的晋察冀和东北根据地，形成了有利的战略态势，而且在我军转入战略进攻时，采取大兵团千里跃进，深入敌人战略纵深地区，建立中原解放区，造成敌我之间内线与外线、有后方与无后方、包围与反包围的犬牙交错的战争形态，为举行战略决战，歼灭敌军主力，创造了有利条件。

（4）以人民军队为骨干，实行"三结合"的人民战争武装力量组织形式。实行人民战争，首先要进行政治动员，同时还必须通过一定的组织形式，把广大军民有效地组织起来，形成有机的整体合力，充分发挥各种武装力量和广大人民群众在战争中的作用。我们党在领导革命战争的实践中，创造了一种科学的人民战争的武装力量组织形式。这就是以人民军队为骨干，实行主力兵团与地方兵团相结合，正规军与民兵、游击队相结合，武装群众与非武装群众相结合的组织形式。实行这种结合，既能解决

作战上的相互配合，又能解决前后方的相互配合，充分发挥人民战争的巨大威力。每一个村庄、工厂、学校都可以成为坚强的战斗堡垒，坚持人自为战，村自为战，城自为战，造成人民战争的天罗地网，陷敌于灭顶之灾，从而使人民军队能够发展壮大，革命根据地获得巩固和发展。

（5）以武装斗争为主，各条战线、各种斗争形式相互配合。战争不仅是敌对双方军事力量的较量，而且是双方政治、经济、科技、文化、外交等各方面的总较量。只有以武装斗争为主，各条战线、各种斗争形式相互配合，形成全面的人民战争，才能最大限度地发挥人民战争的威力。正如毛泽东指出："着重武装斗争，不是说可以放弃其他形式的斗争；相反，没有武装斗争以外的各种形式的斗争相配合，武装斗争就不能取得胜利。"

以武装斗争为主，并同其他斗争形式紧密配合，是我们党实行人民战争的一条基本经验。早在土地革命战争时期，我们党就已经能够把武装斗争这个主要斗争形式，同其他许多必要的斗争形式直接或间接地配合起来。就是说，把武装斗争同工人的斗争，同广大农民及一切人民的斗争，同政权的斗争，同经济战线上的斗争，同锄奸战线上的斗争，同思想战线上的斗争等等斗争形式，在全国范围内或者直接地或者间接地配合起来。

（四）灵活机动的战略战术思想

灵活机动的战略战术，是进行人民战争的作战指导方针、原则和方法，是以毛泽东为主要代表的中国共产党人，根据中国革命战争的特点和规律，在人民战争和人民军队的基础上，总结我军作战的丰富经验，逐步形成、发展和完善起来的。由于中国革命战争是真正的彻底的人民战争，所以我军的战略战术，从本质上说是人民战争的战略战术。它是在承认敌强我弱、敌大我小的条件下，充分地利用敌之劣点与我之优点，充分地依靠人民群众的力量，以求得生存、发展和胜利的战略战术。灵活机动的战略战术思想，是中国无产阶级军事思想的重要组成部分。

1. 保存自己，消灭敌人

每一场战争都有自己的政治目的，即战争的政治本质，同时，每一场战争也都有自己的军事目的，即战争的军事本质，这就是保存自己，消灭敌人。所谓"保存自己"，即是不使敌人解除自己的武装，剥夺自己的抵抗能力；所谓"消灭敌人"，即是解除敌人的武装，剥夺敌人的抵抗能力。正如毛泽东指出："保存自己消灭敌人这个战争的目的，就是战争的本质，就是一切战争行动的根据，从技术行动起，到战略行动止，都是贯彻这个本质的。战争目的，是战争的基本原则，一切技术的、战术的、战役的、战略的原理原则，一点也离不开它。……它普及于战争的全体，贯彻于战争的始终。"

毛泽东在指导早期革命战争的实践中，极其敏锐地抓住这个问题，提出并实行了

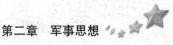

一套行之有效的战略战术原则。正如红四军前委给党中央的信中指出："我们三年来从斗争中所得的战术，真是和古今中外的战术都不同。用我们的战术，群众斗争的发动是一天比一天扩大的，任何强大的敌人是奈何我们不得的。我们的战术就是游击的战术。大至说来是'分兵以发动群众，集中以应付敌人'，'敌进我退，敌驻我扰，敌疲我打，敌退我追'，'固定区域的割据，用波浪式的推进政策。强敌跟追，用盘旋式的打圈子政策'，'很短的时间，很好的方法，发动很大的群众'。这种战术正如打网，要随时打开，又要随时收拢。打开以争取群众，收拢以应付敌人。"

2. 战略上藐视敌人，战术上重视敌人

毛泽东在指导革命战争的实践中，曾经多次地指出，革命者必须在战略上、全体上藐视敌人，敢于同他们斗争，敢于夺取胜利；同时，又要在战术上、策略上，在每一个局部上，在每一个具体斗争问题上，重视敌人，采取谨慎态度，讲究斗争艺术，根据不同的时间、地点和条件，采取适当的斗争形式，以便一步一步地孤立和消灭敌人。他指导革命战争的实践，为我们提供了在战略上藐视敌人，在战术上重视敌人的光辉典范。1927年大革命失败后，当幼小的红军和小块红色根据地处于四周白色政权的包围之中，遭到比自己强大得多的国民党反动军队围攻时，他提出了"星星之火，可以燎原"的光辉论断。他在总结十年内战的经验时指出："我们的战略是'以一当十'，我们的战术是'以十当一'，这是我们制胜敌人的根本法则之一。"抗日战争爆发后，面对日寇的凶狂侵略，出现了"亡国论"和"速胜论"两种错误的观点，而毛泽东却客观地全面地分析敌我双方的一切情况，做出了抗日战争是持久战、最后胜利属于中国的科学论断。日寇投降后，蒋介石在美帝国主义的支持下，倚恃其400多万现代化装备的军队，悍然发动全面内战。毛泽东在和美国记者安娜·路易斯·斯特朗的谈话中指出："一切反动派都是纸老虎。看起来，反动派的样子是可怕的，但是实际上并没有什么了不起的力量。从长远的观点看问题，真正强大的力量不是属于反动派，而是属于人民。"战略上藐视敌人，战术上重视敌人，是我们党在长期的对敌斗争中，创造性地应用辩证唯物主义和历史唯物主义的基本原理，总结丰富的斗争经验，做出的科学理论概括，是我们党指导对敌斗争的极其重要的战略和策略思想，也是人民战争战略战术原则的一个极其重要的指导思想。

3. 坚持积极防御，反对消极防御

毛泽东根据中国革命战争的特点和规律，将积极防御的一般原理创造性地运用于中国革命战争的实践，在广泛深厚的人民战争的基础上，总结长期革命战争的丰富经验，对积极防御理论的内涵和本质做了精辟的阐述，深刻地阐明了积极防御的精神实质。

1936年12月，毛泽东总结土地革命战争的经验写了《中国革命战争的战略问题》一书，发展了古今中外著名军事家的积极防御理论。他在书中说："据我所知，任何一本有价值的军事书，任何一个比较聪明的军事家，而且无论古今中外，无论战略战术，没有不反对消极防御的。只有最愚蠢的人，或者最狂妄的人，才捧了消极防御当

法宝。"并明确指出:"积极防御,又叫攻势防御,又叫决战防御。消极防御,又叫专守防御,又叫单纯防御。消极防御实际上是假防御,只有积极防御才是真防御,才是为了反攻和进攻的防御。"这就不仅对积极防御的精神实质作了科学的概括,而且划清了积极防御和消极防御的界限。

积极防御是我军一贯坚持的战略指导思想。积极防御战略提出于土地革命战争时期,随着革命战争的发展而不断地得到丰富和发展。它不但指导了中国革命战争的全过程,而且是我军一贯坚持的战略指导思想。

土地革命战争时期,从全局来看,我军一直处于战略防御地位,其前期是游击战阶段,基本的原则是"敌进我退,敌驻我扰,敌疲我打,敌退我追"十六字诀;其后期是正规战(带游击性的运动战)阶段,战略方针是诱敌深入,它是十六字诀的发展。抗日战争时期,全国总的战略方针是持久战,我军的战略方针,"基本的是游击战,但不放松有利条件下的运动战"。持久战具体的表现于战略防御、战略相持、战略反攻三个阶段,是战略防御中的战役和战斗的进攻战,战略持久中的战役和战斗的速决战,战略内线中的战役和战斗的外线作战;在第三阶段中是战略的反攻战。解放战争时期,我军的战略方针是:"以消灭国民党有生力量为主而不是以保守地方为主",强调大踏步地前进和大踏步地后退的运动战方针,其战略防御阶段采取了内线作战的方针,战略进攻阶段采取了外线作战的方针。实践证明,积极防御是无产阶级战略思想的核心内容,是我军一贯坚持的战略指导思想,是制定我军战略方针和作战原则的理论依据。

4. 集中优势兵力,各个歼灭敌人

集中优势兵力、各个歼灭敌人的作战原则,是无产阶级战略战术思想的重要组成部分,是我军的基本作战方法,也是我军作战的优良传统。

歼灭战就是歼灭敌人全部或大部的作战,要求每战均要解除敌人的武装,剥夺其抵抗力,俘虏或毙伤其全部或大部人员,摧毁或缴获其全部或大部武器装备。歼灭战是毛泽东作战指导的一贯思想。他在总结土地革命战争的经验时就指出:"对于几乎一切都取给于敌方的红军,基本的方针是歼灭战。只有歼灭敌人的有生力量才能打破'围剿'和发展革命根据地。给敌以杀伤,是作为给敌以歼灭的手段而采取的,否则便没有意义。……对于人,伤其十指不如断其一指;对于敌,击溃其十个师不如歼灭其一个师。"

集中优势兵力,就是要集中主力于主要作战方向,反对军事上的平均主义。"在有强大敌军存在的条件下,无论自己有多少军队,在一个时间内,主要的使用方向只应有一个,不应有两个。"如果主要作战方向和次要作战方向发生变化,集中使用兵力的方向也应随着改变。至于集中兵力的程度,要依当时的具体情况而定,以有把握地歼灭敌人为原则。

各个歼灭敌人,就是在向敌人进攻时,为形成和保持真正的优势,要拣弱的打,

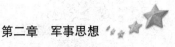

先弱后强，由小到大。首先选择敌人中较弱的一路，集中绝对优势兵力，一战而胜，再及其余，逐次歼灭敌人。

5. 运动战、阵地战、游击战三种作战形式紧密结合

运动战、阵地战、游击战，是我军的三种基本作战形式，都是贯彻积极防御战略、实现战争目的所需要的作战形式。前两种属于正规战，后一种属于非正规战。由于敌我力量对比及其发展变化，特别是战争情况的复杂多变，必须灵活运用三种作战形式，使之紧密结合，互相配合，适应各种战争情况的需要，达到保存自己消灭敌人的战争目的。

运动战，就是正规兵团在长的战线和大的战区上面，从事于战役和战斗的外线的速决的进攻战的作战形式。通俗地说，运动战就是"打得赢就打，打不赢就走"。实行运动战，要求正确处理"走"和"打"的关系，一切的走都是为着打，必须承认的是走以打为条件的。

阵地战，就是依托坚固阵地或野战阵地进行防御，或对据守坚固阵地或野战阵地防御之敌实施进攻的作战形式。它的特点是正规兵团，有固定的作战方向和作战线。正如毛泽东指出："在没有广大兵力，没有弹药补充，没一个根据地打来打去仅只有一支红军的条件下，阵地战对于我们是基本上无用的。"

游击战，是分散流动的作战形式，也是一种群众性的武装斗争形式。它以袭击为主要战斗方式，比正规战具有更大的主动性、灵活性、进攻性、速决性、流动性。主动性，就是游击战争的主动权问题。但就整个中国革命战争来说，正规战是主要的，游击战是辅助的。游击战必须向正规战发展，才能适应革命战争发展的需要。游击战是向正规战发展的基础，正规战是游击战发展的必然结果。

适时进行以作战形式为主要内容的军事战略转变。根据敌我力量的消长状况，战争形势和战略任务的变化，以及地理环境对作战的影响，适时进行以改变主要作战形式为基本内容的战略转变，是中国革命战争的一条重要指导原则。当敌我力量强弱过于悬殊时，宜采取游击战为主要作战形式；在我军力量得到发展的条件下，把游击战转变为正规战争；当我军力量受到削弱或敌人力量过于强大时，则从正规战争转变为游击战争，这是作战形式转变的基本规律。

6. 做好作战准备，不打无准备无把握之仗

做好作战准备，才能立于不败之地。做好作战准备，是贯彻积极防御战略、实现战争目的的一条重要战略战术原则。在中国革命战争中，我军长期处于敌强我弱、敌大我小的不利态势，要以弱胜强，以劣胜优，遵循这条原则，就较一般的战争更为重要。

毛泽东在《论持久战》中指出："错觉和不意，可以丧失优势和主动。因而有计划地造成敌人的错觉，给以不意的攻击，是造成优势和夺取主动的方法，而且是重要的方法。……什么是不意？就是无准备。优势而无准备，不是真正的优势，也没有主动。懂得这一点，劣势而有准备之军，常可对敌举行不意的攻势，把优势者打败。我

们说运动之敌好打，就是因为敌在不意即无准备中。"这段论述明确地告诉我们，优势而无准备，其优势就不能很好地发挥出来，所以不是真正的优势；劣势而有准备之军，对敌举行不意的攻势，可以打败优势而无准备之军。

不打无准备无把握之仗。毛泽东一贯主张作战行动必须十分慎重，要做好充分的准备，不可轻战，不可浪战，不战则已，战则必胜。1953年6月，他在《青年团的工作要照顾青年的特点》谈话中谈到这个问题时曾说："我们历来不打无准备无把握之仗，也不打只有准备但无把握之仗。"解放战争时期，他在"十大军事原则"中还明确提出："不打无准备之仗，不打无把握之仗，每战都应力求有准备，力求在敌我条件对比下有胜利的把握。"不打无准备无把握之仗，是实现战争目的的一个重要作战指导思想。

7. 慎重初战，实行有利决战，避免不利决战

初战是指战争或战役的第一仗，是整个战略行动计划或战役行动计划的有机序幕。初战的胜败，对全局有极大的影响，甚至一直影响到最后一个战斗。因此，必须慎重初战。

慎重初战，无论对进攻或防御都具有普遍的指导意义。毛泽东在指导中国革命战争的实践中，把革命胆略和科学态度相结合，正确处理全局和局部、暂时与长远利益的关系，创造性地继承和发展了前人关于慎重初战的理论。他一贯主张对初战要慎之又慎，不能有丝毫的马虎和鲁莽，必须积极地造成制胜敌人的一切条件，把初战胜利建立在确有把握的基础之上。这些条件就是：积极援助我军的人民，有利作战的阵地，我军主力的全部集中，发现敌人的薄弱部分，使敌人疲劳沮丧，使敌人发生过失，等等。只有在具备了上述两种以上条件时，才算是有利于我不利于敌，才能与敌人开战。这些原则，对中国历次革命战争的作战指导，都发挥了巨大的作用。

为夺取决战的胜利，必须一切从敌我双方的实际情况出发，在知彼知己的基础上，客观全面地分析敌我双方诸因素的对比，把握决战时机。毛泽东在总结土地革命战争的经验时指出："外国的军事家就曾这样说，'战略守势的作战，大都先避不利的决战，使至有利的情况始求决战。'这是完全正确的，我们对此也没有任何的增加。"在《论持久战》一书中，他又指出："一切有把握的战役和战斗应坚决地进行决战，一切无把握的战役和战斗应避免决战，赌国家命运的战略决战应根本避免。"不论是战斗的和大小战役的，还是战略的决战，都要"执行有利决战，避免不利决战"的原则。其基本精神，就是要通过有把握的多次的战役和战斗的决战，为战略决战创造条件，待时机成熟时再进行有把握的战略决战，达到战胜敌人的目的。

8. 战略进攻的作战原则

在解放战争的战略进攻过程中，毛泽东总结我军长期作战的丰富经验，从战争的实际出发，创造性地解决了战略进攻的一系列理论和实际问题，创立了战略进攻的系统理论，极大地丰富和发展了毛泽东军事思想。1947年12月25日，毛泽东在党中央

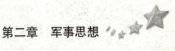

召集的会议上做的《目前形势和我们的任务》的报告，提出了著名的十大军事原则，成为指导我军战略进攻、夺取全国胜利的军事行动纲领。

十大军事原则的内容：一是先打分散和孤立之敌，后打集中和强大之敌。二是先取小城市、中等城市和广大乡村，后取大城市。三是以歼灭敌人有生力量为主要目标，不以保守或夺取城市和地方为主要目标。保守或夺取城市和地方，是歼灭敌人有生力量的结果，往往需要反复多次才能最后地保守或夺取之。四是每战集中绝对优势兵力（两倍、三倍、四倍、有时甚至是五倍或六倍于敌之兵力），四面包围敌人，力求全歼，不使漏网。在特殊情况下，则采用给敌以歼灭性打击的方法，即集中全力打敌正面及其一翼或两翼，求达歼灭其一部、击溃其另一部的目的，以便我军能够迅速转移兵力歼击他部敌军。力求避免打那种得不偿失的、或得失相当的消耗战。这样，在全体上，我们是劣势（就数量来说），但在每一个局部上，在每一个具体战役上，我们是绝对的优势，这就保证了战役的胜利。随着时间的推移，我们就将在全体上转变为优势，直到歼灭一切敌人。五是不打无准备之仗，不打无把握之仗，每战都应力求有准备，力求在敌我条件对比下有胜利的把握。六是发扬勇敢战斗、不怕牺牲、不怕疲劳和连续作战（即在短期内不休息地接连打几仗）的作风。七是力求在运动中歼灭敌人。同时注重阵地攻击战术，夺取敌人的据点和城市。八是在攻城问题上，一切敌人守备薄弱的据点和城市，坚决夺取之。一切敌人有中等程度的守备、而环境又许可加以夺取的据点和城市，相机夺取之。一切敌人守备强固的据点和城市，则等候条件成熟时然后夺取之。九是以俘获敌人的全部武器和大部人员，补充自己。我军人力物力的来源，主要在前线。十是善于利用两个战役之间的间隙，休息和整训部队。休整的时间，一般地不要过长，尽可能不使敌人获得喘息的时间。

十大军事原则，对我军的作战经验作了集中的高度的概括，是一个有机结合的整体，其核心是打歼灭战。十大军事原则是建立在人民战争的基础上的，只有充分地动员和依靠人民群众，实行人民战争，才能充分发挥十大军事原则的威力。

（五）国防建设思想

中华人民共和国成立前，在毛泽东军事思想的形成过程中，就有关于国防建设的论述。中华人民共和国成立后，毛泽东从实际情况出发，适应新形势新任务的需要，总结国防建设和国防斗争的实践经验，创立了国防建设理论。

1. 建设现代化、正规化的国防军

毛泽东指出，我们将不但有一个强大的陆军，而且要有一个强大的空军和一个强大的海军。并亲自领导了我军现代化、正规化建设。在他的亲自主持下，颁布了各种条令、条例，开办了各类正规的军事院校，加强了部队训练，颁布了新中国第一部兵役法，使我军实现了由步兵为主的单一陆军向诸军兵种合成军队的转变。

2. 发展"两弹一星"的国防科技战略

毛泽东指出，我们"不但要有更多的飞机大炮，而且还要有原子弹。在今天这个世界上，我们要不受人家欺负，就不能没有这个东西"。在这个战略思想的指导下，在自力更生的基础上，实行了常规武器与尖端武器相结合的发展模式，并优先发展尖端战略武器的方针，研制、生产出了原子弹、氢弹、卫星和导弹等一系列的新式武器和装备。

3. 积极防御战略思想的新发展

中华人民共和国成立后，毛泽东根据国家安全利益的需要，从国际形势、我国周边安全环境和我国的具体情况出发，确立了我国的国防战略、国防建设的目标和方针。1956年，毛泽东批准了中央军委提出的阵地战结合运动战为未来反侵略战争的主要作战形式的积极防御的战略方针。以后，他又反复强调这一思想。20世纪50年代以后，毛泽东又相继提出"大办民兵师""全民皆兵"和"深挖洞、广积粮、不称霸"的战略思想。

第三节　邓小平新时期军队建设思想

邓小平新时期军队建设思想，是在国际战略形势发生巨大变化、我国进入改革开放的历史阶段这一大背景下逐步形成的，它适应了时代的变化，回答和解决了军队在新的历史阶段所遇到的各种问题，并作为中国特色社会主义理论的组成部分，为新时期军事斗争准备、人民军队建设和推动中国特色军事变革指明了方向，极大的丰富了马克思主义军事理论宝库，为世界的和平与发展事业做出了卓越贡献。

一、邓小平新时期军队建设思想的历史地位和实践意义

邓小平作为中国改革开放和现代化建设的总设计师，在开辟中国特色社会主义道路的历史进程中，以马克思主义军事战略家的气魄开创中国特色精兵之路，创造性地总结和提出了新时期军队建设思想，把我们党的军事指导理论推进到一个新的发展阶段，为当代中国军事发展提供了强大的理论武器。

（一）邓小平新时期军队建设思想，是马克思主义军事理论中国化的伟大成果

邓小平新时期军队建设思想是科学把握时代脉搏和世界军事发展趋势的产物。进入新时期以来，针对改革开放和发展社会主义市场经济给部队建设带来的新情况、新问题，紧紧抓住坚持人民军队性质这个根本问题，对加强军队政治建设提出了许多新要求；着眼现代科技特别是高科技在军事领域的广泛应用，基于对打赢未来战争的思考，提出注重质量建设，走中国特色精兵之路的一整套方针和原则，提出了一系列具

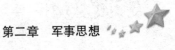

有鲜明时代特征的军事理论观点，由此构成了一个科学的军事思想体系。

邓小平新时期军队建设思想不仅极大地丰富了马克思主义军事理论宝库，而且在马克思主义军事理论中国化的发展进程中具有承前启后的深远意义。

（二）邓小平新时期军队建设思想，是国防和军队建设的科学指南

邓小平立足和平与发展成为时代主题的历史条件，提出并指导国防和军队建设指导思想实现战略性转变，从根本上把国防和军队建设纳入了正确轨道。把时代主题同中国总体发展战略联系起来，从准备"早打、大打、打核战争"的临战状态，转到和平时期建设的轨道上来。使军队服从国家经济建设大局，在经济发展的基础上推进国防和军队建设；正确处理国防和军队应急性建设同长远性、根本性建设的关系，抓住有利时机，坚持国防和军队建设走以现代化为中心的发展道路，把革命化放在军队建设的首位，把正规化提到军队建设的全局上来，以现代化为中心的军队建设总的目标取向，逐步赢得与世界军事强国相比较的优势。

（三）邓小平新时期军队建设思想，是推进中国特色军事变革的强大思想武器

邓小平明确把实事求是称作毛泽东思想的根本点，强调要从变化着的国情军情出发，制定适合时代发展要求的方针政策。邓小平新时期军队建设思想的整个体系，以及它所包含的一系列新思想、新观点和新论断，都体现着解放思想、实事求是的科学精神。这种科学精神，是推进中国特色军事变革的根本保证。在新的历史时期，邓小平把教育训练提高到战略地位，强调全面提高官兵素质，搞好军队体制编制调整改革，提出精兵之路，要求部队各级领导认真贯彻"尊重知识、尊重人才"方针，自觉跟踪世界军事发展大势，积极借鉴和利用世界军事发展成果，是邓小平对外开放思想在军事领域的突出体现。提高军队建设的起点，瞄准更为强大的对手，顺应世界军事革命潮流，把当今世界先进军事理论和先进军事技术拿来为我所用，保持了我军质量建设的正确的发展方向。

二、邓小平新时期军队建设思想的主要内容

邓小平是我国改革开放和现代化建设的总设计师，也是军队建设和改革的总设计师。在邓小平同志主持军委工作的10年中，军队的革命化、现代化、正规化建设取得了巨大的成就。根据国际形势的发展变化和全党工作重点的转移，实现了军队建设指导思想的战略性转变；进行体制改革、精简整编，完成了裁军百万的任务；各级领导班子在坚持革命化的前提下，年轻化、知识化、专业化程度有了明显提高；颁布了一系列条令、条例，全军实行了新的军衔制；加强和改进了教育训练，提高了部队的军政素质；国防科技获得了许多重大成果。

（一）战争与和平的思想

对于战争与和平问题，从20世纪50年代后期开始，我们的观点一直是战争不可避免，而且是紧迫的，总认为战争因素在不断增长，战争危险日渐迫近。粉碎"四人帮"后，中国历史进入改革开放的新时期。国际上，美、苏两个超级大国在全球争霸的战略态势也在发生微妙变化。美苏双方在军事对抗的同时开始谋求通过对话来解决它们之间的争端。世界政治的多极化趋势正在逐步代替第二次世界大战后形成的两极格局。和平与发展成为世界的主题。邓小平同志审时度势，透过国际关系错综复杂的表象，用马克思主义的立场、观点、方法，对国际形势做出了科学的分析和判断。

早在1975年，邓小平同志就讲过，大仗五年打不起来。1980年又讲，大仗五年打不起来。1984年他又指出：仗打不起来这个话，我们多次讲过。过去讲十年，现在过了几年，还可以说十年。1985年五六月间的军委扩大会议上，他在论述军队建设指导思想实行战略性转变时又对这个问题做了进一步分析。他认为打世界战争只有两家有资格，一个是美国，一个是苏联。谁对谁都没有绝对的优势，所以都不敢动。这是邓小平同志认为战争可能避免的一个依据。

世界和平力量的增长超过战争力量的增长。世界战争的危险性虽然未完全消除，但是，和平力量的增长超过了战争力量的增长。这个和平力量，首先是第三世界，第三世界不希望战争。和平力量还包括日本、东欧、西欧。通观全局，战争的危险虽然还存在，但制约战争的力量增长很快，超过了战争力量的增长，世界和平是有希望的，争取较长时间的和平环境是完全可能的。

邓小平说："我们希望至少二十年内不打仗，更希望七十年内不打仗。那我们就可以有时间从从容容地搞我们社会主义四个现代化。""如果真是二十年、三十年不打仗，五十年之间不打仗，这个战争就有可能避免。"随着国际形势的发展变化，我们对战争与和平的认识的转变也经历了一个过程。开始一直认为"战争不可避免，而且是迫在眉睫的"；随后认为"世界战争是不可避免的，但是可以推迟的"；后来认为"新的世界战争是有可能防止的"，"工作做得好，战争是可以避免的"。这个判断无论是对我们的国家还是对我们的军队都非常重要。我们因此就能够安安心心地搞社会主义四个现代化建设，把我们的工作重点转到社会主义现代化建设上来，并确定我军建设的正确原则和方向。

（二）军队建设和经济建设的关系

粉碎"四人帮"后，邓小平多次强调我们的工作要以经济建设为中心，千方百计把国家经济建设搞上去。在进入20世纪80年代的时候，他又明确提出，加紧社会主义现代化建设，争取实现包括台湾在内的祖国统一，反对霸权主义、维护世界和平这三大任务，并且指出，这"三件事的核心是现代化建设"，"主要是必须把经济建设搞好"，要横下心来，始终如一地办好这件事，一切围绕这件事，不受任何干扰。

军队建设和国防建设同国家经济建设相比，国家经济建设是全局。邓小平多次强调，军队要服从国家经济建设这个大局，照顾这个大局，不能妨碍这个大局，不能违背这个大局，不能拖这个大局的后腿。要紧密配合这个大局，在大局下面行动，为大局出力。他说："现在就是要硬着头皮把经济搞上去，就那么一个大局。我们所谓照顾大局，第一个大局就是这个，一切都让路！"

支持和参加国家经济建设是我军的光荣传统。党的十一届三中全会后，邓小平多次提出，全国党政军民都要一心一意地将国家经济建设搞上去，在这个问题上，我们军队也有自己的责任，"军队各个方面都和国家建设有关系，都要考虑如何支援和积极参加国家建设"。这是新时期军队建设的一个重要指导思想。

经济建设是国防建设的物质基础，军队建设和国防建设的规模、质量、速度等都要受国家经济实力的制约。只有集中力量把国民经济搞上去，才有可能为军队现代化建设提供充裕的资金和现代化的武器装备。国富才能兵强。为了加强国防，就得首先加强经济建设。邓小平同志说："军队装备真正现代化，只有在国民经济有了比较好的基础上才有可能"，"到了那个时候，我们经济力量强了，就可以拿出比较多的钱来更新装备"，"就可以使我们的面貌有个比较显著的改变"。经济建设搞上去了，军队现代化建设也就有了物质基础。

（三）积极防御的军事战略方针

打什么样的仗、怎样打仗，是决定军队建设发展方向和目标的核心要素。1977年年底，中央军委全体会议对军事战略方针做出的明确概括是："积极防御，诱敌深入"。为统一对新时期军事战略方针的思想认识，1980年10月15日，邓小平明确指出："我们未来的反侵略战争，究竟采取什么方针？我赞成就是'积极防御'四个字。积极防御本身就不只是一个防御，防御中有进攻。"新的军事战略方针，强调的就是强势防御，就是以防为主、防中有攻、以攻助防，把仗放在坚守防御地幅来打。突出强势防御、坚守防御，不再把诱敌深入作为军事战略方针的基本内容和主要作战样式，对新时期军队建设提出了更高的要求。从这些重要论述中，我们可以领悟到，要实现现代战争意义上的积极防御，其要义在于保持强势和坚固防守，既不能简单地"御敌于国门之外"，更不是把敌人随意地放进来打游击战、运动战。这一方针内在的必然要求，就是把我军建设成为一支强大的现代化军队。只有强大，才能在战争中保持强势；只有实现现代化，才能立足于自己，树立起坚强的敢打必胜的信心。

（四）革命化、现代化、正规化建设的总目标

1977年8月23日，邓小平在军委座谈会上的讲话指出："军队目前存在着相当多的问题。很多同志担心，军队能不能顺利地实现现代化？还有同志担心，军队经过林

彪、'四人帮'这样久的破坏，如果不很快整顿，遇到敌人进攻还能不能打仗？"邓小平同志认为："我们当前以及今后相当长一个历史时期的主要任务是什么？一句话，就是搞现代化建设。能否实现四个现代化，决定着我们国家的命运、民族的命运。"到了1981年9月19日，他在华北某地检阅军事演习部队时，明确地向全军广大指战员发出了"必须把我军建设成为一支强大的现代化，正规化的革命军队"的号召。

1984年11月1日，邓小平做出了世界大战十几年内打不起来的论断。这就从根本上改变了若干年来我军"立足于早打、大打、打核战争"的指导思想，使我军从此走上了和平时期建军的轨道。据此，邓小平提出要裁减军队员额100万，小平说："这是个得罪人的事情哪！我来得罪吧，不把这个矛盾交给新的军委主席。"

在革命化方面，邓小平反复强调和要求这支军队必须能够永远坚持毛泽东建军思想，坚持无产阶级政治方向；置于党的绝对领导之下，始终坚持四项基本原则，坚持全心全意为人民服务的根本宗旨；集中到一点，就是政治上合格，思想上过硬，保证党对军队的绝对领导。

在现代化方面，就是建设一支用优良武器装备武装起来，掌握先进军事科学理论和军事技术，具有现代条件下自卫作战能力的现代化军队。

在正规化方面，他反复强调治军要严，要加强军队的纪律性，实行统一指挥，统一制度、统一编制、统一纪律、统一训练，增强组织性、计划性、准确性和纪律性。他提出充实纪律建设的内容，制定行政管理法规，改革体制、编制和组织指挥，强调通过正规化训练提高部队的"五种能力"，把军队搞精干，以精兵合成、平战结合和提高效能为原则，加速把我军建设成为一支机构精干、指挥灵便、装备精良、训练有素、反应快速、效率很高、战斗力很强的精兵。

（五）走中国特色的精兵之路

加强质量建设，走有中国特色的精兵之路，是实现我军现代化的正确选择。1978年5月13日，邓小平同总参谋部领导谈话时，针对"文化大革命"对军队建设的破坏，曾形象地指出："我们军队的状况，还是一九七五年讲的，就是三种状况：软、懒、散；五个字：肿、散、骄、奢、惰。"他语重心长地说："这么庞大的指挥机构，指挥战争是要打败仗的。"

邓小平以"消肿"为突破口，邓小平大刀阔斧地裁减军队员额，由此推进中国特色的精兵之路。三次精简整编，人民解放军兵员总额从1975年前高峰时的611万，减到1985年的300万。如此大规模的裁军，会不会削弱军队的战斗力？邓小平慨然作答："即使战争要爆发，我们也要消肿。肿，就是表现我们指导战争的能力不高。"他反问道："虚胖子能打仗？"

邓小平指出，中国军队过去"只讲数量，不讲质量。现在改变了，讲质量，讲真正的战斗力。搞少而精的、真正顶用的"。

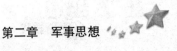

在编制问题上，他强调精干；强调指挥灵便和有利于合成；强调随着作战方式和武器装备的变化不断进行调整，以形成更高的作战效能。与几次裁军相同步，陆军航空兵部队、海军舰载机部队、电子对抗部队等新兵种，以及预备役部队相继成立；随着集团军的组建，陆军中特种兵比例超过了步兵。

在装备问题上，他强调："一定要争取有更多的时间，把装备搞上去"；用裁减员额省下的钱更新装备；"在现有的国力下加速改进军队的装备"。他还指出，发展装备"科研要走在前面。不单是尖端武器、常规武器有科研问题，就是减轻战士身上带的东西的重量，同样有科研问题。现在一个战士要背几十公斤，怎么打仗呀？到时候，非战斗减员不知有多少呢！这不是小事，也是装备问题，也要研究、定型"。

在加强教育训练，提高人的现代化素养上，邓小平更是考虑得很深很细。他反复强调"要把训练放在战略问题的一个重要位置上"，"要把军队的教育训练提高到战略地位"；强调"要努力学习现代化战争知识和其他许多必要的政治文化科技知识"；强调办好学校、训练干部应形成制度，学校应注重学习现代条件下的诸军兵种联合作战，"不但高级干部要学，连排干部也要学，都要懂得现代化战争"；还强调"政治干部要学军事"。

（六）科技工业发展和国防后备力量建设

邓小平一直重视国防科技工业的发展，他曾指出："如果六十年代以来中国没有原子弹、氢弹，没有发射卫星，中国就不能叫有重要影响的大国，就没有现在这样的国际地位。这些东西反映一个民族的能力，也是一个民族、一个国家兴旺发达的标志。"1982年1月，邓小平同志指出："国防工业有四句话：军民结合，平战结合，以军为主，以民养军。其中，以军为主改为军品优先，其他三句话不变。"军民结合"十六字"方针，深刻揭示了国防科技工业发展的客观规律，为新时期发展指明了方向，开辟了广阔的前景。

军队的体制、编制，既要考虑到平时，又要考虑到战时，这是邓小平同志关于精简整编的重要原则之一。邓小平同志说："真正打起仗来，也不在乎我们是三百万，或四百万、五百万。因为那个时候五百万也不够。"关键在于搞好平战结合，平时少养兵，战时多出兵，把常备军搞精干，把国防后备力量搞强大。为了提高战时快速动员能力，1982年开始组建预备役师。1986年8月，预备役部队列入中国人民解放军建制序列，其师、团级单位授予番号、军旗，并建立中国共产党的委员会，实行党领导下的首长分工负责制。1997年1月，预备役军官正式佩戴军衔。经过10多年的建设和磨砺，我军预备役部队已发展成为一支包括步兵、炮兵、装甲兵、工程兵、通信兵、防化兵等兵种和空军、海军部分专业技术军种在内的国防新旅，成为社会主义现代化建设和保卫国家安全的重要力量。

（七）保持人民军队性质和新形势下发扬优良传统

在新的历史时期，在军队建设上出现了许多新情况、新问题。1978年6月邓小平在全军政工会议上的讲话中指出："我们是历史唯物主义者，研究和解决任何问题都离不开一定的历史条件。从民主革命到社会主义革命，我们经历了二十多年的战争，又经历了二十多年的和平环境，这是一个很大的变化。""如果我们不去分析和解决新的历史条件下存在的问题，我们就不能够恢复和发扬政治工作的优良传统，就不能够在没有打仗的情况下提高部队战斗力。"邓小平认真总结过去的历史教训，避免残酷斗争、无情打击的历史悲剧重演，邓小平明确指出："我们不能再走老路，不能再搞什么政治运动"，提倡通过经常性的思想政治工作，进行正面疏导和自我教育，从而解决了毛泽东等老一辈无产阶级革命家没有遇到或没有解决好的问题。

邓小平多次指出，我们这个军队有好传统好作风，现在要发扬这些传统和作风。我军的优良传统与作风，是我们的传家法宝，继承和发扬我军的优良传统与作风，这不仅是我军革命化建设的重要任务，保持老红军政治本色的需要，也是实现四个现代化的需要。军队的优良传统和作风是一种无形的战斗力和无价的精神财富。嘱咐全军要发扬优良传统，保持老红军的本色。

第四节　江泽民国防和军队建设思想

江泽民担任中央军事委员会主席期间，国际国内形势发生了极其深刻的变化。军事上，海湾战争爆发，标志着现代技术特别是高技术条件下的局部战争已经正式登上历史舞台。对台斗争形势严峻，世界军事的新变革，向我军提出了打赢高技术局部战争的历史性课题。进一步扩大改革开放，发展社会主义市场经济，向我军提出了新的建军和治军的问题。"打得赢，不变质"就成为了贯穿江泽民国防和军队建设思想的两条主线。

一、江泽民国防和军队建设思想的地位作用

江泽民国防和军队建设思想，是以他为核心的党的第三代领导集体在创造性地实践邓小平军队建设思想过程中集体智慧的结晶。这些论述坚持、丰富和扩展了邓小平军队建设思想，是新形势下我军现代化建设和做好军事斗争准备的理论指南。

（一）继承和发展的时代成果

党的三代领导集体的军事思想一脉相承，又各有不同的历史烙印。就本质而言，江泽民国防和军队建设思想是以江泽民为核心的第三代领导集体，将马克思主义军事理论的基本原理同新形势下国防和军队建设的具体实践相结合的经验结晶，是毛泽东军事思想、邓小平新时期军队建设思想的继承和发展，是"三个代表"重要思想在新

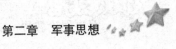

形势下我国国防和军事领域的集中体现，是"三个代表"重要思想的"军事篇"。

（二）建设和治军的创新成果

江泽民国防和军队建设思想的精髓突出表现在：解放思想、实事求是、开拓创新、与时俱进，在马克思主义军事理论的发展史上具有重要的历史地位。可以说，卓有建树地开创了中国国防和军队建设的新局面，全面、系统和深刻地揭示了和平时期建军治军的特点和规律。学习江泽民国防和军队建设思想，要认真研究解决时代提出的新课题，总结新经验，使理论指导实践的过程，成为国防与军队建设理论和实践不断创新发展的过程。

（三）国防和军队的科学理论

理论的生命力来自实践。江泽民担任军委主席期间，我国的国防和军队所处的历史条件发生了一系列重大的变化，出现了许多新情况和新问题。国际战略格局的变化，世界军事变革的挑战，我国安全形势的新情况，对台斗争的严峻形势，向我军提出了"打得赢"高技术局部战争的历史性课题。国家进一步扩大改革开放，发展社会主义市场经济，向我军提出了坚持人民军队的性质、本色、作风"不变质"的历史性课题。江泽民国防和军队建设思想是新形势下指导国防和军队建设的科学理论。

二、江泽民国防和军队建设思想的主要内容

江泽民立足新的历史条件，把解决好"打得赢、不变质"两个历史性课题郑重提到全军面前。

（一）加强国防现代化建设，打赢高技术条件下的局部战争

1. 从国际关系全局和国家发展大局，谋划"打得赢"

如何谋划"打得赢"：一是科学分析国际战略形势，正确把握战争与和平的关系。对世界局势的科学判断和正确把握，是我们党谋划国防和军队建设的基本依据。江泽民对国际战略形势的发展以及战争与和平问题做出了基本判断，指出："总体和平、局部战乱，总体缓和、局部紧张，总体稳定、局部动荡，将是今后一个时期国际局势发展的基本态势。"面对国际战略形势的发展变化和我国安全环境面临的复杂态势，当代军队建设既要努力提高打赢战争的能力，又要努力提高遏制战争的能力。二是加强军队建设，提高国家战略能力。我国安全环境面临的复杂态势，迫切要求我们必须把维护国家安全统一和发展利益，摆在更加突出的战略位置。

2. 确立新时期积极防御的军事战略方针，把军事斗争准备的基点放在打赢高技术条件下的局部战争上

中华人民共和国成立以来，我军的军事战略方针主要经历了从"积极防御"到

"积极防御，诱敌深入"再到"积极防御"，以及"打赢高技术条件下的局部战争"四个阶段。在军事战略方针的调整演变过程中，有一个核心思想是稳定不变的，那就是"积极防御，后发制人"。

江泽民在1993年的中央军委扩大会议上，明确提出了新时期军事战略方针：把军事斗争准备的基点放在打赢现代技术特别是高技术条件下的局部战争上，加速人民解放军的质量建设，提高应急作战能力。新时期军事战略方针的提出，实现了两个根本性转变，即"在军事斗争准备上，由应付一般条件下的局部战争向打赢现代技术特别是高技术条件下局部战争转变；在军队建设上，由数量规模型向质量效能型、人力密集型向科技密集型转变"。

3. 坚持和发展人民战争思想，发挥人民战争的整体威力

首先，人民战争是我军克敌制胜的法宝。江泽民指出："无论武器装备如何发展，战争形态如何变化，人民战争都是我们克敌制胜的法宝。"其次，开展国防教育，增强国防意识。江泽民指出，要重视在全体人民中进行国防教育，增强国防意识。国防教育要作为公民的终身教育，要坚持不懈地抓下去，坚持全民国防观念，完善国防动员体制，加强国防后备力量建设。紧紧依靠最广大的人民群众建设军队、建设国防，是我国国防和军队建设必须始终遵循的一个根本原则。无论武器装备如何发展，战争形态如何变化，人民战争都是我们克敌制胜的法宝。我们要结合新的历史条件和新的实践，坚持和创造性地发展人民战争的思想。

4. 确立科技强军的思想，实现"两个转变"

为争夺新世纪的军事制高点，各大国正在加快军事革命的步伐，纷纷把军事战略调整的重心放在军队的质量建设上。我国能否适应这一趋势，把我军的质量建设搞上去，这关系到我国在世界格局中能否占据更加有利的战略地位，关系到我军能否打赢未来可能发生的高技术局部战争。

加强军队质量建设的关键是实施科技强军战略。实施科技强军战略，核心内容是把依靠科技提高战斗力摆在国防和军队建设的战略位置，增强国家的军事科技实力，全面提高军队建设的科技含量。江泽民指出：我们必须抓住难得的国际机遇，加快国防科技和武器装备的发展，争取尽快使我军的主战装备上一个台阶，尽快缩短与世界先进水平的差距。他提出要把依靠科技进步和创新作为提高军队战斗力的基础，坚持自力更生为主，有选择地引进关键的装备和技术，以锻造自己的"杀手锏"，切实提高我军武器装备的先进水平。

部队要做到政治合格、军事过硬、作风优良、纪律严明、保障有力。通过严格的训练，要适应高技术战争的主要特点和样式，抓好战略、战役和战术各个层次的诸军兵种联合作战训练，提高联合作战能力。

5. 培养和造就大批高素质新型军事人才

为了确保"打得赢"，江泽民把提高军人素质摆到了十分突出的地位。他指出：

"军队的现代化，人员素质是个至关重要的因素"，"人才是兴军之本，必须把培养和造就大批高素质的人才作为军队现代化建设的根本大计来抓。"他号召全军，要把军队这所大学校办得更好，努力培养和造就大批高质量人才。

6. 加快发展"杀手锏"，实现武器装备现代化

1991年，江泽民在七届人大四次会议上对军队代表团说，现代化战争就是打现代化，我们要尊重科学，重视武器，更根据国家财力的可能，努力提高军队武器装备的现代化水平。

发展武器装备，提高军队作战能力。江泽民指出："在当今世界上，一个国家如果不随着经济和社会的发展，努力增强国防实力，提高军队的素质和武器装备水平，在现代技术尤其是高技术条件下的作战能力不强，一旦战争发生，往往陷入被动挨打的地位，国家利益、民族尊严和国际威望就要受到极大损害。"加强武器装备建设事关国家的安危、民族的振兴，是我们义不容辞的历史责任。

提高武器装备的科技水平，要有制敌的"杀手锏"。必须抓住几个真正对军队现代化建设全局具有重大影响和决定性意义的项目，必须要有能对强敌起到震慑作用的"杀手锏"武器装备。尽快搞出一批能够克敌制胜、切实顶用的高新技术武器装备，逐步形成我们自己的独有优势和特色体系。

（二）坚持人民军队的性质、本色和作风，保证"不变质"

解决"不变质"的历史性课题，必须坚持党对军队的绝对领导不动摇，必须始终把思想政治建设摆在军队各项建设的首位。

1. 党对军队的绝对领导是我军永远不变的军魂

坚持党对军队绝对领导的原则是我军的优良传统。我军一直是在党的绝对领导下战斗、成长起来的。我党在第一次大革命血的教训中，深刻地认识到枪杆子里面出政权的道理。江泽民郑重指出：我们军队的军魂就是党对军队的绝对领导。他要求中国人民解放军在任何时候、任何情况下，都要听从党中央、中央军委的指挥，永远忠于党、忠于社会主义、忠于祖国、忠于人民。

2. 把思想政治建设摆在全军各项建设的首位

随着改革开放的不断深入和社会主义市场经济的进一步发展，人们的价值取向、价值标准、价值追求等都呈现出多样化的特点，拜金主义、享乐主义、极端个人主义有所抬头。江泽民指出，我们必须高度重视军队的思想政治建设，必须把它摆在全军各项建设的首位。思想政治建设是永葆人民军队革命本色的可靠保证。打赢未来高技术条件下的局部战争，需要大力加强武器装备建设，但坚定的革命理想信念、自觉的牺牲奉献精神所产生的巨大力量，是任何物质的东西都无法替代的。必须坚持下去。

3. 在继承优良传统的基础上大胆改革创新

在全军部队广泛开展"四个教育"。1994年12月，江泽民指出，加强军队思想政

治建设，要在全军认真开展爱国奉献教育、革命人生观教育、尊干爱兵教育和艰苦奋斗教育。这"四个教育"，是加强新时期军队思想政治建设的基础课，对引导官兵树立正确的世界观、人生观、价值观，保证部队的高度稳定和集中统一有着深远的指导意义。

4. 按照"五句话"总要求全面加强军队建设

江泽民从增强军队战斗力和军队根本职能出发，明确指出："部队要做到政治合格、军事过硬、作风优良、纪律严明、保障有力。"这是实现我军建设总目标的总要求。

江泽民提出的"五句话"总要求是对新时期军队建设总目标的具体化和规范化，是现代战争对军队建设提出的客观要求。"政治合格"，就是要始终坚持党对军队的绝对领导，模范贯彻执行党的理论、纲领和路线方针政策，坚持人民军队的性质、本色和作风，始终做党、人民和社会主义国家利益的忠实捍卫者。"军事过硬"是军队建设总要求的核心内容，也是新形势下履行人民军队根本职能的基本前提和可靠保证。"作风优良"和"纪律严明"是军队建设总要求的重要内容，是人民军队特有的优良传统和特殊优势。"保障有力"是对军队后勤保障建设方面的总要求，也是军队建设不可缺少的重要内容之一。而在"五句话"的总要求中，最本质、最重要的方面是"政治合格"与"军事过硬"，这两方面也是江泽民最为关心的问题，它直接关系到"打得赢"与"不变质"两大历史性课题，是完成这两大根本任务的关键所在、核心问题。

第五节 胡锦涛国防和军队建设思想

胡锦涛国防和军队建设思想是胡锦涛关于国防和军队建设及有关军事问题的科学理论体系。他着眼新的时代特征和我军建设新的阶段性特征，着眼时代条件、立足国情军情、指导军事实践、创新理论发展的必然结果。

一、胡锦涛国防和军队建设思想的地位作用

胡锦涛国防和军队建设的重要论述，是科学发展观在军事领域的生动体现，是中国化的马克思主义理论与时俱进的最新成果。这一最新成果在马克思主义理论体系中占有十分重要的地位，在国防和军队建设中发挥重要的作用。

（一）创新当代中国马克思主义的创新军事理论

胡锦涛国防和军队建设重要论述，着眼于时代的发展变化，对我国国防建设、军队建设和军事斗争准备的重大课题做出的科学回答，是马克思主义军事理论的基本原理同新世纪新阶段国防和军队建设具体实践相结合的产物，是科学发展观重要思想在我国国防和军事领域的集中体现，是科学发展观重要思想的"军事篇"，是当代中国马克思主义的创新军事理论。

（二）新世纪新阶段国防和军队建设实践经验的科学总结

胡锦涛同志立足于新世纪新阶段国防与军队建设的客观实际，提出国防和军队建设必须跟上世界军事变革和发展的潮流，积极借鉴各国特别是发达国家国防和军队建设的有益经验。强调必须进一步解放思想，在实践中不断丰富和发展我国的军事理论，为军事斗争准备服务。提出要以时不我待的紧迫感，认真履行新世纪新阶段军队的历史使命，积极推进中国特色军事变革，加快我军由机械化向信息化转变，全面提高我军的威慑和实战能力，为国家的安全统一和全面建设小康社会提供坚强有力的安全保障。

（三）新世纪新阶段加强国防和军队建设的指导方针

胡锦涛同志在指导国防和军队建设中，始终注意把握和处理好两个方面的重大关系：一个是国防建设与经济建设的关系，强调国防建设和经济建设要相互促进、协调发展，不能顾此失彼；一个是军队革命化、现代化、正规化建设之间的关系，强调军事工作、政治工作、后勤工作和装备工作要协调发展，武器装备、人才队伍、体制编制要协调发展。提出的国防和军队建设要贯彻"五个统筹"。始终紧紧抓住"用科学发展观统筹国防和军队现代化建设"；紧紧抓住"三个提供、一个发挥"的历史使命；紧紧抓住筑牢党对军队绝对领导的"军魂"意识；紧紧抓住军事变革和军事创新；紧紧抓住强化战斗精神、打赢信息化战争。

二、胡锦涛国防和军队建设思想的主要内容

胡锦涛国防和军队建设思想，着眼全面履行新世纪新阶段军队历史使命，以推动国防和军队科学发展为主题，以加快转变战斗力生成模式为主线，以打赢信息化条件下局部战争能力为核心，形成了一个科学的理论体系。

（一）坚持科学发展观

2005年4月1日，胡锦涛在军委民主生活会上明确提出坚持在国防和军队建设中贯彻落实科学发展观的要求。2010年年底，胡锦涛同志进一步提出以推动国防和军队建设科学发展为主题的重大战略思想，全面阐明了科学发展观对国防和军队建设的总体要求。

坚持以人为本，是科学发展观的本质和核心。在军队建设中，必须充分尊重官兵的主体地位和创造精神，心系基层、情系官兵，切实维护官兵权益，不断改善官兵的物质和文化生活条件。军队建设贯彻以人为本，要符合军队作为武装集团的特殊性，适应遂行作战任务的要求。

全面贯彻落实科学发展观，必须抓好国防和军队建设的"五个统筹"，即统筹中国

特色军事变革与军事斗争准备，统筹机械化建设与信息化建设，统筹诸军兵种作战力量建设，统筹当前建设与长远发展，统筹主要战略方向与其他战略方向。进一步实施科技强军战略，着力推动军事理论创新、军事技术创新、军事组织体制创新和军事管理创新，加快转变战斗力生成模式，充分发挥官兵的主体地位，坚持军民结合、寓军于民，实现国防和军队建设全面协调可持续发展。

（二）有效履行新世纪新阶段我军历史使命

2004年12月24日，胡锦涛在军委扩大会议上向全军提出了新世纪新阶段我军历史使命。这一历史使命可以概括为"三个提供、一个发挥"，即：为党巩固执政地位提供重要的力量保证，为维护国家发展的重要战略机遇期提供坚强的安全保障，为维护国家利益提供有力的战略支撑，为维护世界和平与促进共同发展发挥重要作用。2007年8月1日，胡锦涛同志在庆祝中国人民解放军建军80周年暨全军英雄模范代表大会上的讲话中郑重强调："人民解放军的全部工作，都要围绕有效履行这一历史使命来展开，各项建设都要围绕提高履行历史使命的能力来进行。"

（三）抓好思想政治建设

着眼时代发展和形势任务变化对思想政治工作提出的新要求，把解决思想问题与解决实际结合起来，把促进思想进步与保持心理健康结合起来，把加强思想教育与完善政策制度结合起来，从端正部队风气入手，努力营造有利于官兵奋发向上、健康成长的内部环境；要把以人为本作为重要的建军治军理念，尊重官兵的主体地位和创造精神，发挥他们在军队建设中的主体作用，把推动部队建设与促进官兵全面发展有机统一起来。不断强化官兵的军魂意识，坚决抵制"军队非党化、非政治化"和"军队国家化"等错误政治观点，使全军始终做到坚定不移地听党的话、跟党走。

（四）加强军队全面建设

坚持以现代化建设为中心，着眼于建设信息化军队、打赢信息化战争，科学统筹军队建设和改革的全局，优化结构，整合资源，抓住重点，努力发展应对多种安全威胁、完成多样化军事任务的能力。从我国的国情和军情出发，按照国防和军队现代化建设"三步走"的战略构想，以建设信息化军队、打赢信息化战争为战略目标，坚持以机械化为基础，以信息化为主导，推进机械化和信息化的复合发展。要适应世界军事发展新趋势和我国发展新要求，推进军事理论、军事技术、军事组织、军事管理创新。

以正规化建设为保障。我军正规化建设面临着信息化和市场经济不断发展带来的深刻影响。要加强对新形势下治军特点和规律的认识，着力解决正规化建设中的突出问题。要把从严治军作为全局性、基础性、长期性工作紧抓不放，完善军事法规体系，依照条令条例和规章制度规范军队各项建设和工作，使军队建设进一步走上法制化轨道。

（五）依靠科技进步加快转变战斗力生成模式

胡锦涛强调，我们必须进一步实施科技强军战略，推进军队建设由数量规模型向质量效能型、由人力密集型向科技密集型转变，把军队战斗力生成模式切实转到依靠科技进步特别是以信息技术为主要标志的高新技术进步上来，不断提高官兵的科技素质，充分发挥科技进步和创新对战斗力提高的巨大推动作用。2010年12月，胡锦涛向全军提出"以加快转变战斗力生成模式为主线"的重要战略思想。

把军队战斗力生成模式转到依靠科技进步上来，必须大力发展高新技术及其物化了的武器装备。把军队战斗力生成模式转到依靠科技进步上来，必须提高全军官兵的科技素质。把军队战斗力生成模式转到依靠科技进步上来，还必须着力解决体制编制、政策制度等方面的深层次矛盾和问题。因此，实现军队战斗力生成模式的转变，一个很重要的方面是改革调整政策制度，为战斗力生成模式转变提供可行的组织制度保障。

（六）积极开展信息化条件下军事训练

积极开展信息化条件下军事训练的目标，是提高信息化条件下一体化联合作战能力。围绕积极开展信息化条件下军事训练这一战略任务，胡锦涛提出了"四个坚持"的基本要求，即坚持从信息化条件下的实战需要出发从难从严训练，坚持把军事训练的根本着眼点放在提高官兵综合素质上，坚持走科技兴训之路，坚持以改革创新推动训练发展。这"四个坚持"分别回答和解决了军事训练转变的出发点、着眼点、路径和动力等问题。

（七）加强国防科研和国防工业自主创新，深化后勤改革

胡锦涛说，要努力提高武器装备和国防科技发展的自主创新能力，力争在一些基础性、前沿性、战略性技术领域取得重大突破，推动我军高新技术武器装备的自主式发展、跨越式发展、可持续发展。

深化后勤改革是推进国防和军队建设、打赢未来信息化战争的重要基础和保障。要加强后勤力量综合集成建设，形成科学的保障体系；要适应未来作战需要，建立三军联合保障、军民一体化的综合保障模式；要加快后勤信息化建设步伐；要深化后勤政策制度改革，加快军人工资福利待遇、采购制度、预算管理制度、军队住房制度、医疗服务保障制度的改革，以满足国防和军队建设的需要和军事斗争准备的需要。

（八）坚持依法治军、从严治军

胡锦涛要求全军坚决贯彻从严治军方针，高度重视军事法制建设，严格执行条令

条例和各项规章制度；从严治军要从领导机关抓起，从领导干部特别是高中级干部做起。要把依法治军、从严治军统一起来，加强军事法规建设，把军队建设进一步纳入法制化轨道。胡锦涛要求，各级党委要充分认清科学管理在军队建设中的重要地位和作用，正视我军管理水平存在的差距，加强现代管理知识学习，掌握现代管理科学的基本理论和方法，更新管理观念，提高管理能力，积极探索具有我军特色的科学管理模式，向科学管理要效益，向科学管理要战斗力。胡锦涛同志多次强调，各级党委要按照《军队基层建设纲要》确立的标准和要求，全面加强基层建设。

（九）走中国特色军民融合式发展路子

胡锦涛指出，积极探索新形势下军民结合、寓军于民的新途径新方法，全面推进经济、科技、教育、人才等各个领域的军民融合，要逐步建立起军民结合、寓军于民的经济社会发展体系。实现军民结合、寓军于民，需要党和国家从经济社会发展全局通盘考虑，完善有利于军民统筹协调的体制机制，制定相应的法规政策和军民通用技术标准，在经济社会发展规划中兼顾军事需求，逐步建立起军民结合、寓军于民的经济社会发展体系。

要加大依托国民教育培养军事人才和从社会引进专业技术人才工作的力度，更好地满足军队建设日益增长的高素质人才需求。也就是说，军队人才培养要依托国民教育，努力实现"寓才于民"。依托社会保障资源办的事就要实现社会化保障。他还要求"积极推进军队后勤保障和其他保障的社会化"。军队的后勤保障特别是生活保障必须社会化，以减轻部队"办社会"的负担，其方向是扩大军队社会化的保障范围。

第六节　习近平强军思想

习近平着眼于中华民族伟大复兴这个最高利益，立足国家安全和发展战略全局，围绕强军兴军，提出一系列重大战略思想、重大理论观点、重大决策部署，深刻阐明了新形势下国防和军队建设带根本性方向性全局性的重大问题。为在新的历史起点上全面推进国防和军队建设提供了科学指南。

一、习近平强军思想的科学含义和时代背景

习近平强军思想与毛泽东军事思想、邓小平新时期军队建设思想、江泽民国防和军队建设思想、胡锦涛国防和军队建设思想，既一脉相承又与时俱进，是习近平新时代中国特色社会主义思想的"军事篇"，是强军实践经验的智慧结晶，是马克思主义军事理论中国化时代化的新飞跃，是人民军队的强军之道、制胜之道，升华了我们党对军事指导规律的认识，把马克思主义军事理论和当代中国军事实践提升到新境界，为我军实现强军目标、迈向世界一流提供了科学指南和行动纲领。

（一）当今世界正发生前所未有之大变局

国际形势正处在新的转折点上，国际体系进入加速演变和深刻调整时期，国际力量对比正在发生近代以来最具革命性的变化。一是国际战略格局发生重大变化，导致国际力量加快分化组合，大国关系进入全方位角力新阶段。二是全球治理体系发生重大变化，全球治理正向各国通过制定国际规则、相互协调关系和利益的方式演进。三是全球地缘政治棋局发生重大变化，世界经济和战略重心向亚太地区转移。四是综合国力竞争发生重大变化，新一轮科技革命、产业革命、军事革命加速推进，这将从根本上影响世界发展进程和走向。

（二）我国安全形势正在发生新的深刻变化

随着我国快速发展壮大，一些西方国家的焦虑感不断上升，对我国的戒备和防范心理越来越重，千方百计对我国发展进行牵制和遏制，加紧对我国进行意识形态攻势。我们同西方敌对势力之间的斗争复杂尖锐。

随着国家推进全方位对外开放，"一带一路"建设深入实施，走出去的深度、广度、节奏前所未有，我国国家利益快速向海外扩展和延伸，维护国家安全和发展利益的压力增大。"台独"势力分裂祖国的危险始终存在。一些社会矛盾特别是热点敏感问题诱因多样化，燃点低、爆点多，维护社会大局稳定压力增大。这些都给我们维护国家政治安全和社会稳定增加了新的难度。

（三）军事技术和战争形态出现革命性变化

军事领域发展变化广泛而深刻。这场军事领域发展变化，以信息化为核心，以军事战略、军事技术、作战思想、作战力量、组织体制和军事管理创新为基本内容，以重塑军事体系为主要目标，正在推动新军事革命深入发展。新概念武器向实战化方向发展，武器装备远程精确化、智能化、隐身化、无人化趋势明显，战场不断从传统空间向新兴领域拓展，高超声速武器将从根本上改变传统的战争时空观念，战争形态加速由机械化向信息化演变。

二、习近平强军思想的地位作用

（一）开辟了马克思主义军事理论发展的新境界

习近平强军思想把马克思主义军事理论同新时代军事实践结合起来，提出以"十个明确"为主要内容的一系列重大思想，形成一个科学理论体系。贯穿的全部理论和实践主题是强军兴军，核心要求是实现强军目标、建设世界一流军队，实践指向是走中国特色强军之路，从各个方面实现了党的军事指导理论重大创新，为发展马克思主

义军事理论做出了原创性贡献，实现了马克思主义军事理论中国化时代化的新飞跃。

（二）党的十八大以来伟大军事实践的宝贵结晶和根本引领

习近平强军思想深刻回答了新时代"人民军队听谁指挥、怎样铸牢军魂""为什么强军、怎样强军""打什么仗、怎样打胜仗"等基本问题，丰富发展了我们党建军治军思想和方针原则，指引了人民军队的强军新征程。提出建设一支听党指挥、能打胜仗、作风优良的人民军队，是实现"两个一百年"奋斗目标、实现中华民族伟大复兴的战略支撑，强调坚持总体国家安全观，人民军队要坚决维护中国共产党领导和我国社会主义制度，维护国家主权、安全、发展利益，维护地区和世界和平，进一步明确了国防和军队建设在全面建设社会主义现代化强国中的地位作用，拓展和规定了我军新时代使命任务。

（三）国防和军队现代化各领域全过程的全面贯彻深化

着眼于打赢明天的战争，强化科技是核心战斗力的思想，扭住智能化这个重要发展方向，加快自主创新步伐，加强军事人才培养体系和军事人力资源政策建设，努力建设创新型人民军队。完善和发展中国特色社会主义军事制度，增强官兵法治素养，提高国防和军队建设法治化水平。紧盯前沿紧盯对手，加快提高全域作战能力。坚持富国和强军相统一，深入推进军民融合发展，实现经济建设和国防建设综合效益最大化。

三、习近平强军思想的基本内容

习近平站在实现中华民族伟大复兴中国梦的时代高度，鲜明提出建设一支听党指挥、能打胜仗、作风优良的人民军队这一党在新形势下的强军目标。回答了为什么要强军、强军目标是什么、怎样走中国特色强军之路这个重大课题，为在新的起点上推进国防和军队建设提供了根本引领。

（一）建设一支听党指挥、能打胜仗、作风优良的人民军队

习近平指出，军队要像军队的样子，不只是面子，而是面子里子都要有样子。总结我军历史和现实需要，"军队的样子"就是要坚决听党指挥，要能打仗、打胜仗，要保持光荣传统和优良作风。强军目标强调的这三条，决定着军队发展方向，也决定着军队生死存亡。建军治军抓住这三条，就抓住了要害，就能起到纲举目张的作用。

听党指挥是灵魂。习近平指出，听党指挥是我军建设的首要，是我军的命脉所在，是我们党长期执政、国家长治久安的根本法宝，也是一切敌人最惧怕我们的一点。新形势下，必须铸牢听党指挥这个强军之魂，毫不动摇坚持党对军队绝对领导的根本原则和制度，认真贯彻落实军委主席负责制，维护权威、听从指挥，确保部队绝对忠诚、绝对纯洁、绝对可靠。

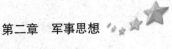

能打胜仗是核心。军队首先是一个战斗队，必须坚持一切建设和工作向能打胜仗聚焦。以前能打胜仗不等于现在能打胜仗。从这些年军队现代化建设和遂行军事斗争准备任务的情况看，"两个能力不够"的问题还没有得到完全解决。新形势下，必须扭住能打仗、打胜仗这个强军之要，牢固树立战斗力这个唯一的根本的标准，更加坚定自觉地抓备战谋打赢，提高我军信息化条件下威慑和实战能力，做到召之即来、来之能战、战之必胜。

作风优良是保证，关系军队的性质、宗旨、本色。作风优良才能塑造英雄部队，作风松散可以搞垮常胜之师。习近平指出："我军要强起来，作风必须过硬。"新形势下，必须夯实依法治军、从严治军这个强军之基，把作风建设作为军队一项基础性长期性工作抓紧抓实，坚持全心全意为人民服务的根本宗旨，发扬艰苦奋斗精神，纯正部队风气，巩固发展良好内外关系，确保我军根基永固。

（二）贯彻新形势下军事战略方针

战略问题是一个政党、一个国家的根本性问题。新的历史条件下，习近平着眼于国家发展战略和安全战略新要求，与时俱进创新军事战略指导，领导制定新形势下军事战略方针，确立了统揽军事力量建设和运用的总纲。

1. 军事战略方针要为巩固党的执政地位、实现国家发展战略和安全战略服务

习近平指出："充实和完善军事战略方针这件事情最为重大，关系国防和军队建设、改革和军事斗争准备全局，关系未来战争胜负，关系我们党执政地位巩固和国家长治久安。"随着时代发展和国家安全环境变化，我军职能使命不断拓展。新的历史时期军队使命是：坚决维护中国共产党的领导和中国特色社会主义制度，坚决维护国家主权、安全、发展利益，坚决维护国家发展的重要战略机遇期，坚决维护地区与世界和平，为全面建成小康社会、实现中华民族伟大复兴提供坚强保障。

2. 毫不动摇地坚持积极防御战略思想

积极防御战略思想是我们党军事战略思想的基本点，是我军一贯坚持的总方针和克敌制胜的法宝。在长期革命战争实践中，人民军队形成了一整套积极防御战略思想。

积极防御的内涵是随着时代的发展而不断发展的，这就要求我们坚持积极防御战略思想，同时深刻把握国家安全内涵和外延的发展变化，进一步丰富发展积极防御的时代内涵，进一步拓宽战略视野、更新战略思维、前移指导重心，整体运筹备战与止战、维权与维稳、威慑与实战、战争行动与和平时期军事力量运用，注重深远经略，塑造有利态势，综合管控危机，坚决遏制和打赢战争。

3. 加强现代战争作战指导

战略是指导战争全局的方略。近年来，世界军事技术领域发生新的重大变化，涌现出很多具有革命性影响的作战力量和手段，战争基本形态加速向信息化战争演变。我军多年没打仗了，对现代战争是个什么样子、怎么打、怎么指挥，要本着对历史负

责、对国家和民族负责的精神，深化对打什么仗、怎么打仗问题的研究，努力提高战争指导水平。

习近平指出："研究作战问题，核心是要把现代战争的特点规律和制胜机理搞清楚。"现代战争中，制信息权成为夺取战场综合控制权的核心，一体化联合作战成为基本作战形式，平台作战、体系支撑，战术行动、战略保障成为现代战争的显著特点。战争形态变了、作战方式变了，我们的战争思维和作战理念必须与时俱进。面对信息化战争快速发展的大势，必须创新基本作战思想。坚持灵活机动、自主的作战原则，你打你的、我打我的。

不论形势如何发展，人民战争这个法宝永远不能丢。要把握新的时代条件下人民战争的新特点新要求，创新内容和方式方法，充分发挥人民战争的整体威力。坚持兵民是胜利之本，推动战争动员以人力动员为主向科技动员为主转变，把战争潜力转变为赢得战争的强大实力。

4. 调整优化军事战略布局，推动军事斗争准备战略指导创新发展

根据战争形态演变和国家安全形势，将军事斗争准备基点放在打赢信息化局部战争上，突出海上军事斗争和军事斗争准备，有效控制重大危机，妥善应对连锁反应，坚决捍卫国家领土主权、统一和安全。

军事战略指导重心前移，是适应新的国家安全形势做好军事斗争准备的客观需要。根据我国地缘战略环境、面临安全威胁和军队战略任务，构建全局统筹、分区负责，相互策应、互为一体的战略部署和军事布势；应对太空、网络空间等新型安全领域威胁，维护共同安全；加强海外利益攸关区域国际安全合作，维护海外利益安全。

5. 努力实现更高质量更高效益更可持续的发展

更加注重聚焦实战。必须坚持战斗力这个唯一的根本的标准，坚决纠正同实战要求不符的一切思想和行为，确保部队建设发展经得起实战检验。

更加注重创新驱动。习近平指出，"抓创新就是抓发展，谋创新就是谋未来。"要把创新摆在军队建设发展全局的核心位置，推进军事理论、技术、组织、管理、文化等各方面创新，不断提高创新对战斗力增长的贡献率。

更加注重体系建设。要牢固确立信息主导、体系建设的思想，以对作战体系的贡献率为标准推进各项建设，统筹机械化、信息化建设，统筹各战区、各军兵种建设，统筹作战力量、支援保障力量建设，全面提高我军体系作战能力。

更加注重集约高效。军队建设发展要精准，做到精准谋划、精准规划、精准部署、精准落实、精准检验。解决什么问题，怎样解决问题，怎样叫解决了问题，都要贯彻精准原则。加快推进以效能为核心的军事管理革命，健全以精准为导向的管理体系，提高国防和军队发展精准度。

更加注重军民融合。军民融合发展是实现发展和安全兼顾、富国和强军统一的必由之路。要加快形成全要素、多领域、高效益的军民深度融合发展格局，促进经济建

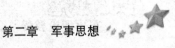

设和国防建设协调发展、平衡发展、兼容发展。

6. 充分发挥政治工作生命线作用，全面加强军队党的建设

政治建军是人民军队的立军之本。习近平指出："古田是我们党确立思想建党、政治建军原则的地方，是我军政治工作奠基的地方，是新型人民军队定型的地方。"古田会议确立了马克思主义建党建军原则，确立了我军政治工作的方针、原则、制度，提出了解决把以农民为主要成分的军队建设成为无产阶级性质的新型人民军队这个根本性问题的原则方向。使我们这支军队实现了浴火重生、凤凰涅槃。坚持党对军队绝对领导，是人民军队的命脉所在，是我军的军魂和命根子，关系我军性质和宗旨、关系社会主义前途命运、关系党和国家长治久安。我军是党领导的人民军队，必须牢牢掌握在党的手中，必须做到绝对忠诚、绝对纯洁、绝对可靠。军委实行主席负责制是宪法规定的，认真贯彻落实军委主席负责制，就是要坚持全国武装力批由军委主席统一领导和指挥，国防和军队建设一切重大问题由军委主席决策和决定，中央军委全面工作由军委主席主持和负责。做到守土有责、守土负责、守土尽责。

强化政治意识、大局意识、核心意识、看齐意识，坚决向党中央和中央军委看齐。最核心的就是把毫不动摇坚持党对军队绝对领导扎根在思想上、落实在行动上。

我们必须把军队党的建设摆在更加突出的位置，坚持党要管党、从严治党，全面加强军队党的思想建设、组织建设、作风建设、反腐倡廉建设和制度建设，把党的政治优势和组织优势转化为推动部队建设的强大力量，为实现党在新形势下的强军目标提供坚强思想和组织保证。

7. 牢固树立战斗力这个唯一的根本的标准，全面实施改革强军战略

牢固树立战斗力这个唯一的根本的标准，是有效履行我军根本职能的要求。打仗和准备打仗是军人的天职。要真正使战斗队意识在官兵头脑中深深扎根，把战斗力标准在全军进一步牢固确立起来、长期坚持下去。

大力提高军事训练实战化水平。实战必先实训。平时多流汗，战时少流血。坚持从实战需要出发从难从严训练部队，以真打的决心抓训练，紧盯作战对手抓训练，着眼胜敌制敌抓训练，坚持仗怎么打兵就怎么练，打仗需要什么就苦练什么，部队最缺什么就专攻精练什么。不断提高部队复杂困难条件下可靠遂行任务的能力。

（1）深化国防和军队改革是为了设计和塑造军队未来。推进领导掌握部队和高效指挥部队有机统一，形成军委管总、战区主战、军种主建的格局。调整军委总部体制、实行军委多部门制，由四总部改为十五个职能部门，使军委机关成为军委的参谋机关、执行机关、服务机关。把七大军区调整划设为东部、南部、西部、北部、中部五大战区，组建战区联合作战指挥机构，健全军委联合作战指挥机构；组建陆军领导机构，健全军兵种领导管理体制，成立火箭军，着力构建军委—战区—部队的作战指挥体系和军委—军种—部队的领导管理体系。

着眼于深入推进依法治军、从严治军，抓住治权这个关键，构建严密的权力运行

制约和监督体系。习近平指出，一些部门和领域正风反腐形势仍然复杂严峻，这其中一个很大的问题，就是用权太任性，权力成了"自由落体"。按照决策、执行、监督既相互制约又相互协调的原则区分和配置权力，重点解决军队纪检、巡视、审计、司法监督独立性和权威性不够的问题。

着眼于打造精锐作战力量，优化规模结构和部队编成，推动我军由数量规模型向质量效能型转变。精兵作战、精兵制胜，关键在一个"精"字。坚持精简高效的原则，裁减军队员额30万，精简机关和非战斗机构人员，使军队更加精干高效。调整改善军种比例，优化军种力量结构，根据不同方向安全需求和作战任务改革部队编成，推动部队编成向充实、合成、多能、灵活方向发展。推进以效能为核心的军事管理革命，树立现代管理理念，完善管理体系，优化管理流程，不断提高军队专业化、精细化、科学化管理水平。

着眼于抢占未来军事竞争战略制高点，充分发挥创新驱动发展作用，培育战斗力新的增长点。国防科技发展是具有基础性、引领性的战略工程。必须选准突破口，超前布局，加强前瞻性、先导性、探索性、颠覆性的重大技术研究和新概念研究，积极谋取军事技术竞争优势，提高创新对战斗力增长的贡献率。适应建设航天强国、网络强国的战略要求，成立战略支援部队，打造维护国家安全的新型作战力量。

着眼于开发管理用好军事人力资源，推动人才发展体制改革和政策创新，形成人才辈出、人尽其才的生动局面。人才发展体制改革和政策创新，是这轮改革的一项重头戏。坚持党管干部、党管人才，完善人力资源分类，整合人力资源管理职能，加强军事人力资源集中统一管理，努力使军事人力资源能够转化为实实在在的战斗力。深化军队院校改革，健全院校教育、部队训练实践、军事职业教育三位一体的新型军事人才培养体系。抓紧推进政策制度特别是文职人员制度、军衔主导的等级制度、军官职业化制度的改革，深化军人医疗、保险、住房保障、工资福利等制度改革，完善军事人力资源政策制度和后勤政策制度，建立体现军事职业特点、增强军人职业荣誉感自豪感的政策制度体系，更好凝聚军心、稳定部队、鼓舞士气。

着眼于贯彻军民融合发展战略，推进跨军地重大改革任务，推动经济建设和国防建设融合发展。现在，融不起来、深不下去的问题一直没有得到很好解决，必须打破军民二元分离结构，健全统一领导体制，为推动军民深度融合发展提供体制机制保证。完善民兵预备役、国防动员体制机制。在国家层面加强对退役军人管理保障工作的组织领导，健全服务保障体系和相关政策制度。下决心全面停止军队有偿服务。

（2）构建中国特色现代军事力量体系。习近平指出，"努力构建能够打赢信息化战争、有效履行使命任务的中国特色现代军事力量体系"。2015年12月31日，中国人民解放军陆军领导机构、中国人民解放军火箭军、中国人民解放军战略支援部队成立大会举行，习近平授予军旗并致训词，这是构建中国特色现代军事力量体系的战略举措。

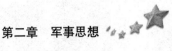

8. 把军民融合发展作为兴国强军的一项国家战略

推动军民深度融合发展，是一个重大的战略工程，是一项长期的艰巨任务。习近平强调，军地双方都要深化认识，更新思想观念，打破利益壁垒，做到应融则融、能融尽融。必须树立一盘棋思想，站在党和国家事业发展全局的高度思考问题、推动工作，坚决防止"大利大干、小利小干、无利不干""我的地盘我做主"、挤压排斥竞争对手等不良问题和倾向。要自觉在大局下行动，大局要求从国计民生考虑就服从国计民生的需要，要求从国防建设考虑就服从国防建设的需要，按照职责和分工抓好军民融合发展工作任务。

军队要视人民为亲人、把驻地当故乡。自觉服从服务于党和国家工作大局，利用自身资源和优势，发挥战斗队工作队生产队作用。各级党委和政府要增强国家安全意识和国防意识，把关心支持国防和军队建设当作分内之事，满腔热情为军队建设、为广大官兵排忧解难，为国防和军队现代化建设创造良好条件。为部队多办好事、实事，切实维护军人合法权益，为实现强军目标提供坚强后盾。

第三章　国际战略环境

第一节　国际战略环境概述

战略环境是一个国家制定战略方针的客观基础和主要依据之一，对国际战略环境的客观分析和科学评判是实现战略意图的基础和前提条件。

一、战略

战略，即筹划和指导战争全局的方略，具体地说，是指根据对国际形势和敌对双方政治、军事、经济、科技、地理等诸因素的分析和判断，科学地预测战争的发生与发展，制定作战方针、作战原则和作战计划，筹划战争准备，指导斗争实施所遵循的原则和方法。

（一）战略的含义

不同历史时期的战略有着不同的内容和特点，其决定的因素主要有战略思想、战略环境和军事力量三个方面。战略制定者基于对一定历史时期内上述情况的综合分析，提出军事斗争的基本对策和保障国家安全的基本方法，就是这个时期军事战略的基本内容。

军事战略是国家总体战略的重要组成部分。一个国家要生存和发展，必须根据社会发展的要求和现实斗争的特点，从总体上对各个领域的活动和斗争进行运筹和指导。军事战略是国家总的路线、方针、政策和策略、原则的集中反映。在不同的历史条件下，国家有不同的历史任务和建设发展目标，实现目标的方式也不尽相同，因此，军事战略在国家总体战略中所处的地位和作用也不完全一样。军事战略只有符合国家战略的总体要求，并与其他领域的战略相协调，才能获得实现既定目标的可靠条

件，进而才能为共同实现国家战略的总体目标发挥应有的作用。

（二）战略的基本特点

任何事物都有其区别于其他事物的本质属性。战略也因其特定的研究对象、内容和表现形式不同，而具有其自身的鲜明特点。

1. 全局性

全局性是战略的首要特点。在空间上，战略是国家关于军事问题的最高决策，战略应当统筹军事斗争的各个方面和各个部分，处于军事领域的最高层次，因此，作为国家的军事战略，客观上要求把整个国家的整个军事斗争作为全局。在战争条件下，各项战争准备工作的落实，各种战争力量的运用，各种作战活动的指挥与协调，以及各项作战保障工作的组织与实施等，都要在战略的指导下进行。在和平条件下，各种军事力量的建设，各种方式军事斗争的开展，未来作战的准备与运筹，军队各项改革工作的进行以及对未来发展的预测等，也都要以战略为基本依据。否则，就会偏离方向，导致国家整个战略的失败。因此，军事领域的工作必须将战略作为统揽全局的总纲领。

在时间上，战略指导必须贯穿于整个军事斗争的各个阶段、各个环节以及全部过程。在一定的历史条件下的战略，应当对该时期的军事斗争全过程进行整体的筹划，确定其总的战略目的和任务、战略指导的基本思想、原则和战略方针等。在总揽全局的基础上，立足现实，着眼未来，对军事斗争的发展趋势进行预测，恰当地划分战略阶段，明确各阶段的具体战略方针和战略任务，并根据客观情况的发展变化，适时进行战略调整，使战略指导始终符合发展的客观实际。

2. 对抗性

对抗性是战略的一个显著特点。军事战略的制定具有针对性，最终目的是使对方屈服于自己的意志，带有明显的对抗性质。作为军事斗争最高形态的战争是一种有组织、有计划的暴力行为，是敌对双方以军队或其他武装组织为骨干而展开的激烈较量，军事战略的指导作用贯穿于战争整个过程。国家本身是阶级矛盾、阶级斗争的产物，国家战略的政治性质是其本质属性，这是其对抗性产生和依存的基础。战略谋划应该正确地分析和判断各方面情况，确定适当的战略目标，有针对性地建立和运用军事斗争的力量，把握斗争规律，采取灵活多样的斗争形式和方法，做到知己知彼、扬长避短，以期获得理想的斗争结果。

战略的对抗性在实践中主要表现为针对国家安全所面临的威胁，全面筹划和运用国家的军事力量去夺取军事斗争的胜利。战略的对抗性要求国家根据所处安全环境和斗争对象的特点建设规模适度、能有效维护国家利益的军事力量，保证战略目标的实现。战略的对抗性要求它的决策者和执行者不仅有高瞻远瞩的雄才大略，而且要有运筹帷幄的卓越的组织指挥才能，只有这样才能在敌我对抗中按照战略要求，充分发挥

军事力量的作用，夺取最终的胜利。

3. 谋略性

谋略即计谋、策略、权谋，是指通过对当前和长远的问题思考而制定的解决对策和方案。战略是基于客观情况而提出的克敌制胜的斗争策略，谋略性是战略的另一个突出特点。从实践的意义上说，战略手段的选择有高度的灵活性。战略重点和枢纽的把握、战略方针的确定、军事力量和斗争方式的运用以及战略的调整和转变等，都是计谋、策略、艺术的结合，是智与谋的生动表现。战略是主观和客观相结合的产物，其谋略是人的自觉能动性的高度体现，是指导军事斗争取得胜利的一个重要因素。

（三）战略的分类

为了揭示战略的本质特征，发现其遵循的客观规律，有必要了解战略的分类。对战略进行科学分类有助于人们全面正确地认识战略，揭示其发展的内在规律，为决策者研究和制定恰当的战略提供参考，为战略策略的全面落实打下良好基础。

与其他事物一样，战略也是多种矛盾的统一体，不同的侧面有不同的个性特征，所以按照不同的标准对其进行分类，会得到不同的结果。按照所处历史时期的不同，分为古代战略、近代战略和现代战略：按照军事行动的基本形式特点，分为进攻战略和防御战略；按照军事行动目的出发点，分为扩张战略和自卫战略；按照军事行动的性质，分为歼灭战略、消耗战略、瘫痪战略，以及军事竞争战略、遏制战略；按军事行动的方式，分为实战战略、威慑战略，以及实战和威慑相结合的战略；按照作战持续时间，分为速决战略和持久战略；按照使用武器类型，分为常规战争战略和核战争战略；按照军种，分为陆军战略、海军战略和空军战略等。

二、战略环境

战略环境是制定战略的客观基础，主要包括国际和国内的政治、经济、军事、外交、科技、地理等方面的客观条件及其所形成的战略态势。

（一）国际战略环境

国际战略环境，是一个时期内世界各主要国家在矛盾斗争或合作共处中的全局状况和总体趋势。它是国际政治、经济、军事形势的综合体现，关系到国家的生存与发展，影响一个国家军事斗争的对象、任务和目标，因而是各个国家在国际环境中生存必须首先考察和关注的外部环境和条件。对于一个国家战略制定者来说，最值得注意的是以下几个方面。

1. 时代特征

时代特征反映了世界发展总进程中的矛盾领域和斗争状况。时代特征是世界性的、阶段性的，它所反映的是世界的总貌，是整个世界在一定历史阶段的总的标志。

2. 世界战略格局

世界战略格局反映了一定时期内国际的力量对比、利益矛盾和需求，以及基本战略关系。

3. 世界主要国家的战略动向

世界各国之间由于战略利益和政策的异同，既可能是对手，也可能是朋友。各国战略动向，既互为条件、相互依存，又相互影响和制约。其中，一些实力较强的世界性和地区性大国所推行的战略，对其他国家的战略有不同程度的影响。

4. 当代世界战争与和平的趋势

战争是解决利益矛盾和冲突的最激烈手段。只要战争根源还存在，战争与和平始终就是国际安全面临的两大问题。对于一个国家的主权和安全来说，来自外部的战争威胁是最严重的威胁。

5. 边界周边安全环境

周边安全形势中最值得注意的是周边国家与本国的利益矛盾、对本国的政策企图、与本国密切相关的军事力量及其部署等直接影响本国安全的情况和因素。

（二）国内战略环境

国内战略环境是指对筹划、指导战争全局有重大影响的国内社会环境与自然环境。它包括政治、经济、军事、科技等方面的情况和地理条件，其中最重要的是国家的政治环境、经济状况和综合国力等。

1. 地理环境

地理环境包括国家的地理位置、幅员、人口、资源、地形、气候以及行政区划、交通、要地等状况。地理环境不仅是制定战略的重要客观依据，而且是影响战争胜负的重要因素。加强对地理环境的研究与认识，是使战略指导符合客观实际的一个重要环节。

2. 政治环境

国内政治环境，涉及的范围较广，但对战略影响最大的有两个方面：一方面是国家的政治法律制度与基本国策，另一方面是政治安全形势。国家的政治、法律制度和基本国策是国内政治环境的本质和核心，对军事斗争全局的筹划指导具有决定性的影响。

3. 综合国力状况

综合国力是军事斗争特别是战争的物质基础和重要条件。一切军事斗争和军事活动，归根结底都要依靠综合国力，特别是经济、科技和军事实力的支撑，并受其制约。战略指导者必须立足于国家综合国力的实际状况，筹划、指导军事力量的建设与运用。

第二节 国际战略格局的现状

国际战略格局是指国际社会中国际战略力量之间在一定历史时期内相互联系、相互作用而形成的具有全球相对稳定的力量对比结构及基本态势。构成要素主要是国际战略力量。国际战略力量的行为能力主要是综合国力。

从现在起到2020年，和平与发展这两大战略问题还不可能得到根本解决，国际战略格局依然将保持"一超多强"的基本结构，但"一超"与"多强"以及"多强"之间的相互关系将出现新的趋势和一些微妙变化，加上新兴力量中心的逐步崛起，世界多边主义的趋势将有所加强，美国总统特朗普主导的"美国优先"政策有滑向单边主义的危险。

一、美国独霸世界愿望强烈

美国是当今世界唯一的超级大国，拥有一支全球进攻性军事力量并企图建立以美国为领导的单极世界，充当世界领袖。其战略构想是：以美洲大陆为依托，以北约和美日军事同盟为两大战略支柱，从欧、亚两大陆向全球进行新的战略扩张，把美国的领导作用扩展到全世界，遏制新的全球性竞争对手的出现，长期保持美国唯一的超级大国的霸主地位。美国在经济、科技、军事、政治、文化等方面的实力都很突出：

经济实力：两极格局结束后，美国经济持续十年大幅增长，经济实力占世界的30%以上。美国能长期维持在世界经济中的龙头老大地位，靠的是技术含量、知识产权、高档工业制成品以及金融行业的主导地位。

科技实力：美国在所有高科技领域都处于领先地位；美国的科技投入占世界总投入的40%；美国的科研设施是最先进的；美国拥有世界上最顶尖的人才；世界上最好的前40所大学中，美国占了30所。在美国留学的科学家、工程师中70%选择留在美国工作；诺贝尔奖获得者有70%被美国公司和大学雇用。

政治实力：美国三权分立的政治制度、民主价值观等，在发达国家有着影响力，在许多发展中国家也有一定的影响力。

文化实力：美国文化借助经济贸易、科技成果、文化产品、人员交流以及信息传媒工具的技术优势向全球大举渗透。一些国家大街小巷的商品广告、美式快餐、影视音像、手机文化，无不印有美国文化的印记。文化实力常常用于对其他国家进行文化渗透，是"和平演变"的重要手段之一。

军事实力：美国的军事实力无疑是世界上最强大的，对其他战略力量占有明显的优势。它的军事优势主要表现在常规力量、战略核力量、各种形式的军事同盟、遍布全球的军事部署、作战力量的综合集成能力和丰富的实战经验上。

虽然美国的综合国力和军力远远超过其他国家，但是也不能在世界上为所欲为。

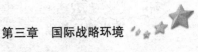

首先，几乎所有国家，包括它的盟友，都不赞成建立以美国为核心的世界新格局。其次，当今世界存在许多尖锐矛盾和复杂问题，美国无法独立解决所有问题。如美军在《国防战略报告》中承认："在伊拉克、阿富汗战争中，美军阵亡超过6200人，受伤超过46 000人。"这使得美军的战争信心也受到打击，将过去"同时打赢两场战争"的目标缩水为"一场半"。美国前国防部长盖茨在西点军校演讲时提出了三个"永远不要"："除非不得不战，永远不要开战；永远不要单独作战；永远不要长期作战。"但目前来看，美国的战争机器很难闲下来，美国仍是全球主要的战争策源地。

二、欧盟努力维持全球影响力

欧盟，是由欧洲共同体发展而来的政治经济联盟，总部设在比利时首都布鲁塞尔，现拥有28个成员国，正式官方语言24种。欧盟领土总面积438万平方千米，共有人口大约5.07亿，欧盟是具有全球影响力的一支力量。目前，欧盟的重要成员国英国正在推动"脱欧"进程。

政治上，欧盟的前身欧洲共同体严格来讲只是一个经济组织。"冷战"结束后，欧盟开始向政治经济联合体转变，逐渐成为了一个集政治、经济、外交于一体的实体。欧洲议会、欧洲法院、欧洲联盟委员会三足鼎立。欧盟各成员国要遵守共同指定的统一法律，并将部分国家主权，如货币、金融政策和边界控制等，交给欧盟统一管理。但欧盟无权行使各成员国的主权，每个成员国也有相对的独立性，如自行决定外交政策，有自己的军队等。欧洲经济共同体和后来的欧洲联盟在1973年至2013年期间进行了八次扩大，成员国从6个增至28个。

经济上，欧盟是具有世界影响的重要经济体。欧盟拥有世界最大的资本输出和商品与服务出口数量。并且随着欧盟的不断扩大和其经济一体化程度的逐步深化，欧盟的经济实力将进一步加强。

外交上，欧盟在国际舞台上发挥着积极的作用。目前有160个国家向欧盟派驻了外交使团，欧盟也已在120多个国家及国际组织所在地派驻了代表团，在一些国际机构如世界贸易组织中，欧盟代表成员国发出声音并行使权利。拥有一个共同的对外政策是欧盟努力的目标，但是仍然有相当长的一段路要走。出于各自的国家利益，欧盟成员国间常在国际问题上采取不同的政策。例如，2003年在如何对待美国发动的伊拉克战争问题上，支持战争的英国和反对战争的法国、德国之间就产生过严重的分歧。

军事上，绝大多数的欧盟成员国为北大西洋公约组织成员。法国、德国是欧盟主要的军事大国，其中法国的军事力量最为强大。法国不仅拥有先进的常规武器还保留了完全独立的核威慑力量和完整的国防工业体系。德国作为"第二次世界大战"的战败国，武装力量发展受限。但德国仍然凭借其强大的科技和工业基础发展出了很多先进的武器装备，其中枪械、装甲车辆和常规潜艇等领域都具有世界领先的水平。此外，欧盟中的意大利、西班牙、波兰、瑞典等国也拥有可观的军事实力。

长期以来，欧盟由于没有自己独立的军事防务力量而被视为"经济上的巨人、政治上的矮子、军事上的侏儒"，冷战时期，欧洲是美苏两极对抗的主要战场，欧盟各国为了自身安全纷纷加入了以美国为首的北约，在军事上完全依赖美国。冷战结束后，欧盟决心尽快组建自己的军事力量，以尽快摆脱美国的控制，并保证欧洲一体化进程的顺利发展。当前欧盟建立了一支60 000人的快速反应部队。

抵制美国的单边主义，争当国际战略格局中的重要一极，是欧盟实施共同外交和安全政策的重要出发点。但是，欧美力量仍然相差悬殊，欧盟自身安全暂时还离不开美国。并且，欧盟内部在外交和防务等重大问题上也时常不能达成一致，因此，欧盟各国还需要消除内部政治分歧，才可能建立起真正可靠的防务力量。

三、俄罗斯力图回归大国地位

苏联解体之后，俄罗斯的实力和国际影响力大大削弱。但是，总体而言，俄罗斯依然是一个全球意义上的大国。它继承了苏联在联合国安理会常任理事国的席位，以及苏联76%的领土和70%的国民经济总资产，幅员横跨欧亚两大洲，国土总面积1707.54万平方千米。自然资源极其丰富，物质技术基础雄厚，燃料动力、冶金、机械制造、化学和交通发达，科技实力较强，人民受教育程度较高，在航空、航天、核能、生物工程和新材料等领域居世界先进水平之列，仍具有巨大的发展潜力。俄罗斯依靠着足以与美国匹敌的强大的军事实力保持着在苏联地区的领导地位和在全球事务中的影响力，维护其大国地位。为了捍卫国家利益、重振昔日大国雄风，俄罗斯奉行积极防御的军事战略，将机动作战作为主要作战样式，并规定必要时军事力量可以进入敌方境内。同时，俄罗斯放弃不首先使用核武器的承诺，保留首先使用核武器的权利。其核战略转向地区性威慑，打击手段以海基为主，并努力建成攻防兼备的核打击体系。

美国依然将俄罗斯视为霸权威胁和主要对手。北约东扩、东欧反导、俄格冲突、中亚角力等方面的斗争，都显示出美俄战略角力的深化。对此，俄罗斯的地缘战略是阻止北约东扩，稳定独联体地区，并加强与亚太国家的合作，以维护其地缘战略空间。俄格冲突表明，俄罗斯在必要时会使用武力来维护它在该地区的利益红线。面对强硬的俄罗斯，即便是美国都对其退让三分，时任美国国务卿的赖斯说："我们虽然尊重格鲁吉亚，但我们不会因为格鲁吉亚跟俄罗斯交战。"欧洲国家鉴于对俄罗斯能源的依赖，亦不敢得罪俄罗斯。

俄罗斯作为全球性大国的能力在相当程度上是依然存在的。但它在经济上只相当欧洲中等国家的水平，军费投入不足美国的1/10，实力与国际影响力均无法和苏联时期相比。经济结构失衡、过度依赖石油天然气等，是俄罗斯当今经济发展的重要障碍。同时俄罗斯还存在人口状况逐步恶化的问题，人口出生率远低于死亡率，在20世纪90年代甚至出现了人口骤降。人口危机导致的劳动力不足也是其发展的重要制约因素。俄罗斯虽然展示出一贯强硬的印象，但其内部整合、蓄力待发的路程还很漫长。

四、日本强烈要求改变现状

日本在"第二次世界大战"战败后制定了"和平宪法"，奉行"重经济、轻军备"路线，经济快速发展，于20世纪80年代一跃成为世界第二大经济强国。随着经济和科技实力的迅速增强，作为战败国的日本并不甘心在国际政治和军事体系中的"非正常"地位，加快走向国际政治大国和军事大国的步伐。

在政治上，由于日本是战败国，其政治外交能力和军事外交能力受到极大的削弱和限制，所以日本曾长期实行"典型的小国外交"。但随着日本经济取得了举世瞩目的成就，日本并不满足于经济大国的地位，提出建立世界性的政治大国，并获得与其经济地位相适应的国际政治影响力。近些年来，日本抓住美国实力相对下降、谋求世界霸权力不从心的时机，一方面继续加强日、美关系，积极充当美国的"有力伙伴"，依靠美国提高自己的国际地位；另一方面则主动参与地区和国际事务，力争成为联合国安理会常任理事国，提高日本在国际体系中的话语权，妄图趁机改变战后国际政治体系。

但是，近年来随着日本右翼势力的不断增长，日本开始在历史问题上不断"美化"侵略，对"南京大屠杀""慰安妇"等战争罪行拒不认罪，不断参拜供奉有许多第二次世界大战战"甲级战犯"的靖国神社，同时还修改历史教科书，试图掩盖历史真相。此外，日本在钓鱼岛等问题上的立场和做法，严重侵犯了中国的国家主权和核心利益，公然违背《开罗宣言》《波茨坦公告》等国际条约和国际法，野蛮践踏世界反法西斯战争的胜利成果，是对战后国际秩序的严重挑战，激起了世界上所有爱好和平、主持正义的国家和人民的反对。这样一个罔顾历史、不负责任的日本越来越引起世界各国尤其是周边国家的反感，无疑自己为谋求世界政治大国地位制造了很多难以逾越的障碍。

在军事上，日本"和平宪法"第九条明确规定，日本没有交战权和宣战权，不设军队，只能拥有基本防御能力的自卫队。战后的日本正是在这一宪法的控制下走上了经济重建、快速发展的和平道路。但是，随着经济实力的增强和国际战略环境的变化，在美国的放纵与支持下，在"质重于量"和"海空优先"的建军方针指导下，日本逐渐建立起了一支规模不大、装备精良、训练有素、战力较强的武装力量，武器装备的先进水平和军事人员的训练素质都居于世界一流水平。日本的军事工业体系为"寓军于民"，不仅军事科技先进，而且战争潜力巨大，尤其是其囤积着大量的武器级核材料，可以随时根据国家需要制造出核武器。这个宪法上规定"没有正规军"的国家，军费曾长期位居世界第二位，其谋求世界军事大国的野心昭然若揭。

近些年来，西方国家经济增长疲软，美、英、法等西方传统军事强国纷纷裁减军

队、压缩军费开支，日本却不降反升。2015年其国防预算已接近5万亿日元，连续3年呈现增长态势。美国启动亚太再平衡战略，日本与美国一拍即合，相互利用，共同鼓吹"中国威胁""朝鲜威胁"，发展先进的进攻性武器，扩充军备。在不断深化美日军事同盟关系的同时，日本开始参与海外军事行动，设立海外军事基地，修改"武器出口三原则"，向其他国家出售先进武器，还企图解禁"集体自卫权"，日本"和平宪法"几乎名存实亡，日本军国主义威胁明显复苏，值得世界人民警惕。

五、中国走向世界舞台中心

作为世界上最大的发展中国家和社会主义国家，中国奉行独立自主的和平外交政策，以和平共处五项原则为基准，不与任何国家结盟，不干涉别国内政，不搞霸权主义和强权政治，坚决捍卫国家主权和领土完整。在保持国内政治稳定、经济持续发展、社会稳定和民族团结的前提下，中国努力在国际舞台上发挥更大的作用，构建和谐世界，致力于建立公正合理的国际政治经济新秩序，坚决反对霸权主义和强权政治。毫无疑问，中国的和平崛起，是当今世界经济普遍低迷的强劲动力，是世界力量多极化中大国力量平衡的重要保障，是维护世界和平的重要力量。

中国作为正在和平崛起的大国，坚持走中国特色社会主义现代化发展道路，其政治作为和经济发展全世界有目共睹，亿万中国人在实现中华民族伟大复兴的"中国梦"的召唤下紧紧团结在以习近平为总书记的党中央周围，正为国家的富强和民族的振兴而奋勇前进。中国必将为世界的发展增添更多的活力，必将为世界政治平衡、经济发展和和平事业做出更大的贡献。

根据2018年中国"两会"国务院政府工作报告公布的数据，中国GDP增速依旧保持强劲势头，2017年国内生产总值达到82.7万亿元，增长6.5%，在世界主要经济体中名列前茅，对世界经济增长贡献率超过30%。2013年以来，中国政府全面推进新的政治、经济、军事和外交工作布局，其中"一带一路"和亚洲基础设施投资建设银行简称亚投行引人注目，其中的政治意义不言而喻。"一带一路"是指"丝绸之路经济带"和"21世纪海上丝绸之路"的简称，它将充分依靠中国与有关国家既有的双多边机制，借助既有的、行之有效的区域合作平台，旨在借用古代"丝绸之路"的历史符号，高举和平发展的旗帜，主动地发展与沿线国家的经济合作伙伴关系，共同打造政治互信、经济融合、文化包容的利益共同体、命运共同体和责任共同体。"一带一路"的建设会为上海合作组织、欧亚经济联盟、中国—东盟（10+1）等既有合作机制注入新的内涵和活力。"一带一路"得到了周边国家和世界主要经济体的拥护，它将是繁荣区域经济，打通和加强中欧经济发展的强大枢纽。

"亚投行"是中国发挥大国作用的重要一步，它不仅助推中国经济的高速发展，而且提升了中国的国际地位，彰显了和平崛起的中国负责任的大国形象。"亚投行"是一个政府间性质的亚洲区域多边开发机构，重点支持基础设施建设，总部设在北京。

截至2018年5月2日，法国、德国、意大利、韩国、俄罗斯、澳大利亚、埃及、瑞典等国先后已同意加入"亚投行"，这使"亚投行"已达到86个成员国或地区（中国台湾）。

当今，中国正在全面推进深化改革，中国在世界舞台上的声音将会越来越有力量。2018年中国国防支出增长8.1%，达到11 069.51亿元（约1700亿美元），目前中国正在全面建设一支能打仗、打胜仗的现代化军队，全面推进国防和军队改革，整合国防资源，革新体制，研发新装备，为国内稳定、社会发展构建起强大的现代化国防。中国军队它不仅是中国国内安稳和平的钢铁长城，同时也是维护世界的和平与发展的重要力量。2015年3月底，也门撤侨，中国政府扮演着极为重要的角色，中国海军第十九批护航编队临沂舰抵达也门亚丁港，在中国驻亚丁总领事馆积极配合下，顺利地完成了撤侨任务，进一步显示了中国政府在国际事务和地区热点事件中发挥着越来越重要的作用。

在实现中华民族伟大复兴的"中国梦"引领下，随着全面深化改革的深入进行，中国的综合国力将会保持强劲稳定的增长。和平崛起的中国将会担负起更多的国际责任，将会扮演更加重要的大国角色。中国将是世界和平发展中不可缺少的重要组成部分，它必将成为维护世界和平与发展，反对霸权主义和强权政治的重要力量。

六、其他力量的增长

（一）东盟

东盟是东南亚国家联盟的简称，是东南亚一些国家为了加强各国之间的合作、维护其共同利益而成立的区域性组织。东盟前身是由马来西亚、菲律宾和泰国于1961年成立的东南亚联盟，1967年三国与印尼、新加坡在曼谷发表宣言，正式宣告东盟成立。截至2014年年底，东盟共有10个正式成员国，涵盖了整个东南亚地区，人口超过5亿，面积达450万平方千米，并和中国、美国、日本等10国形成对话伙伴关系。目前，东盟已成为东南亚地区广泛涉及经济、政治、安全等一体化的合作组织，建立起一系列合作机制，在国际和地区事务中发挥了重要作用，对国际战略格局产生了重要影响。东盟在经济领域一体化发展程度较快，自由贸易区建设得到了较大发展，并在2010年与中国建成了中国-东盟自由贸易区，是发展中国家最大的自由贸易区，在经济规模上仅次于欧盟和北美自由贸易区。东盟的政治一体化进程也不断发展，各成员国于2007年签署了具有普遍法律意义的《东盟宪章》，对各成员国进行约束，并据此设置和调整了一系列组织机构，对东盟的相关事务进行协商和决策，并决定于2015年建成东盟共同体。在安全领域，东盟各国也加强了合作，对地区和国际重大安全问题进行磋商，但是由于各种复杂原因，在许多问题上分歧严重。如南海问题，菲律宾、越南等国家为了自己的利益，企图将自己与中国的分歧强行凌驾于东盟各国之上，遭到

了其他国家的反对。

（二）印度

印度位于南亚，是世界四大文明古国之一，是世界第二人口大国，也是世界上发展最快的发展中国家之一。2014年印度国内生产总值已达2万亿美元，位居世界第9位。印度的金融和软件业比较发达，目前已成为世界上主要的资讯服务业生产国和电脑软件出口国。印度在经济上取得了不俗的成就，在政治和军事领域也发挥着重要的作用，对国际战略格局具有较大影响。印度是"金砖国家"之一，也是"不结盟运动"创始国之一，实行以不结盟为基础的全方位务实外交，在国际和地区事务中发挥着重要作用。印度一直把谋求强大的军事力量作为争当世界一流大国的重要标志，试图称霸南亚、控制印度洋，跻身世界军事强国行列。长期以来，印度依靠其快速发展的经济实力，利用有利的国际环境和地缘政治优势，不断引进世界先进武器装备和技术，大力推进其军事力量的现代化建设。目前，印度兵力120多万，位居世界第四位，也是有核国家，印度的国防预算不断高速增长，2014—2015财年增长12%，达383亿美元。印度由于国防工业能力较弱，一直是世界上最大武器进口国之一，重要武器装备和技术大多来自俄罗斯。近年来，美国出于拉拢印度制约中国的需要，美、印政治军事关系不断增强，将对世界战略环境产生了新的重要影响。

（三）巴西

巴西国土面积851万平方公里，人口约2亿，是拉美最大和人口最多的国家，面积和人数都居世界第五位。巴西有丰富的自然资源和完整的工业体系，是全球发展速度最快的国家之一，2014年的国内生产总值已达2.2万亿美元，位居拉美第一位，是世界第七大经济体。巴西作为重要的发展中国家，是"金砖国家"之一，也是南美洲国家联盟和20国集团的成员国，在国际和地区事务中正发挥着越来越大的影响力。巴西奉行独立自主的外交政策，主张和平解决国际争端，重视与发展中大国的合作，支持世界多极化和国际关系民主化，努力成为未来世界战略格局中的重要"一极"。巴西积极促进南方共同市场的发展，并以此为依托，联合安第斯国家共同体，推动成立南美国家联盟，深化南美及拉美地区的一体化进程。巴西主张加强联合国的作用，积极参与各项维和行动，并主张推动安理会的改革，争取成为安理会常任理事国之一。巴西的军事力量也相当强大，2014年军费达319亿美元，总兵力约28万人，是拉丁美洲地区最强的一支军事力量，不仅拥有航母，还试图研制核潜艇，不断增强其军事实力。

除了美国、欧盟、英国、俄罗斯、日本、中国、东盟、印度、巴西等这些在世界或地区事务中具有重要影响力的国家或国家集团之外，还有许多国家和国家集团也在国际战略格局中发挥着重要作用，如阿拉伯国家联盟、澳大利亚、墨西哥、南非等。

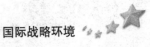

总之，在世界格局多极化的发展趋势下，各国纷纷进行战略调整，尤其是广大的发展中国家和中小国家参与国际事务的权利得到增强，一定程度上削弱了超级大国控制国际局势的能力，有利于世界的和平和稳定。然而，国际战略格局的转换不是很快就可以形成的，这就决定了新旧格局的交替必然是一个长期、复杂、曲折的渐进过程。在新旧格局的转换过程中，各种力量将呈现出相互竞争又相互依存、既相互制约又相互借助，既充满斗争又协调合作的多极互动局面。

第三节　中国周边安全环境

周边安全环境是指在一定时期内一个国家的周边地区对该国的安全构成影响的外部条件和内部因素的集中反映，是周边地区以主权国家为主体的各种力量长期存在的合作与竞争、和平与对立等互动作用所形成的结果，是一个国家对其周边国家或集团在一定时期内对自己国家主权、领上完整是否构成威胁、有无军事入侵、渗透颠覆等情况综合分析和评估。它是关系国家和民族兴衰存亡的大事，是制定国防战略的首要依据。

一、中国的陆疆与海疆

（一）中国陆疆

我国地处亚洲东方，是东亚大陆的核心板块。我国陆地接壤国家14个，即俄罗斯、哈萨克萨克斯坦、吉尔吉斯斯坦、塔吉克斯坦、蒙古、阿富汗、巴基斯坦、印度、尼泊尔、不丹、缅甸、老挝、朝鲜和越南。陆地边界线总长2.2万余千米。与9个国家的大陆架或200海里专属经济区相连接，这些国家是朝鲜、韩国、日本、越南、文莱、菲律宾、马来西亚、印度尼西亚。海岸线总长1.8万千米。同时，还与美国等许多国家隔海（洋）相望。我国既是一个陆地型大国，也是一个海洋型大国，陆地国土面积为960万平方千米，仅次于俄罗斯和加拿大，居世界第三；海洋国土面积300余万平方千米，陆海相连，总面积1260万平方千米。我国疆域辽阔，美丽富饶。

（二）中国海疆

我国濒临黄海、东海、南海，拥有内海渤海，还拥有漫长的海岸线和6500多个岛屿。根据联合国《海洋法公约》，应划归我国管辖的海洋国土，除内海、领海、毗连区外，还包括大陆架和经济专属区，共计300余万平方千米。辽阔的海洋国土蕴藏着丰富的渔业资源、油气矿产资源和海洋能源。守护我们的海洋国土，开发利用我们的海洋资源是历史赋予我们的神圣职责和权利。我国人民对于祖辈用汗水和生命开垦和保卫的每一寸土地有着深厚的感情，守土意识非常强烈。而对海洋和海洋权益则

缺乏应有的关注，对海洋国土的丢失和海洋资源被掠夺，缺少应有的"疼痛感"，与西方发达国家相比，反差相当明显。

海权是国家的一种综合力量，是国家安全的门户。中华人民共和国成立之前100多年我国被侵略和掠夺的历史告诉我们，没有海权，国家无安宁可言；海洋及海洋国土是我国经济发展的战略资源，与我们中华民族今后的生存与发展息息相关。科学家预言，21世纪将是海洋世纪，在海洋经济时代，谁拥有海洋，谁能在海洋开发中占有优势，谁就能在世界上取得更多的利益、更大的生存权力。事实上当今世界为争夺海洋国土和海洋权益的斗争日趋激烈，越来越多的国家将目光投向海洋，海洋上的经济争夺、军事斗争已向我们提出了严峻挑战。我们是社会主义国家，我们不要别人的一寸土地、一滴海水，但也绝不容许他人侵占我国的滴水寸土！这就要求我们全国人民强化海洋国土意识，抓住机遇，发展经济，不断增强我国的综合国力，在捍卫我国领土主权和海洋权益的斗争中，掌握主动权，在公正合理的基础上解决与有关国家的争端。

二、中国周边安全形势

在冷战结束以前，中国同周边地区的关系出现过三种格局或者模式，它们是古代时期的中国为中心的模式或者"华夷秩序"，近代时期西方列强为中心的模式，第二次世界大战后的美、苏两个超级大国为中心的模式或"冷战模式"。冷战结束后，中国同其周边地区的关系进入一个崭新的历史时期，但是新模式还处于形成之中。

（一）安全环境总体有利

1. 亚太地区安全形势保持基本稳定

中国是一个亚洲大国，亚太地区的安全形势，直接影响到中国的安全环境。多年来，亚太地区的经济发展呈现前所未有的良好态势，特别是东亚地区，一直是世界经济增长最快的地区，并有望在今后一个较长时期内继续保持其发展势头。一个平等、多元、开放、互利的地区合作局面正在形成，多边安全对话与合作逐步深化。上海合作组织进入务实发展的新阶段，为开创建立新型国家关系模式做出了贡献和示范。中国、俄罗斯等国以上海合作组织为主要平台，有力地促进了中亚地区的稳定和经济发展。东盟作为容纳东南亚地区所有国家的区域性合作组织，近年来积极稳步地推进共同体建设，在国际事务特别是在促进该地区安全与稳定方面发挥了越来越重要的作用。随着其自身的发展壮大，东盟与区域外的合作也在不断加强，以东盟与中日韩（10+3）为主渠道的东亚合作，已成为内容日益丰富、机制不断完善的合作体系，在促进东亚地区和平、稳定、繁荣方面，将继续发挥重要作用。东亚峰会为东亚合作提供了新的平台，东南亚区域合作取得重要进展，印巴关系相对缓和。目前，虽然朝鲜半岛局势通过多方协调和努力，其紧张局势有望得到缓和。

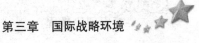

2. 中国与各邻国睦邻友好关系发展顺利

中国在坚持"和平共处五项原则"基础上与一切国家发展友好关系，特别注重发展与邻国的睦邻友好关系。目前，中国与所有邻国的关系得到全面改善。早在20世纪60年代，中国就先后与缅甸、尼泊尔、巴基斯坦、蒙古、阿富汗、朝鲜6国签订了边界条约或协定。1991年，中国与老挝签订了《中老边界条约》。

20世纪90年代以来，中国分别与俄罗斯、哈萨克斯坦、吉尔吉斯斯坦签订了国界协定，与哈萨克斯坦的国界问题已经得到解决。中、俄、哈、吉、塔5国领导人多次会晤，签署了《关于边境地区加强信任及相互裁减军事力量的协定》。

中国同越南、印度实现了关系正常化，加强双方的政治、经济、文化友好交往，实现了国家领导人互访。中越边界线长1347千米，边界谈判是从20世纪90年代开始的，双方签署了《关于解决中华人民共和国和越南社会主义共和国边界领土问题的基本原则协议》，1999年签署了《中越边境条约》。中越陆地边界问题得到了较好的解决。印度是南亚七国之一，中印双方签署了《关于在中印边境实际控制线地区军事领域建立信任措施的协定》。近年来，中国与韩国、日本等国在经济贸易和文化等领域也进行了广泛的交流与合作。

3. 我国周边地区的热点问题有了不同程度的降温

在新形势下，我国周边地区的热点问题主要是朝鲜半岛问题和印巴之间的对立。朝鲜半岛是东亚各国利益的交汇点，各大国都不希望朝鲜半岛出现危机。朝鲜半岛问题的根源在于南北对立的分裂局面，具体表现为朝鲜与韩国的对立和朝鲜与美国的对立。美国与朝鲜签订了《核框架协议》后，双方的对立局面有所缓和；同时，朝鲜半岛核问题经过两轮北京"六方会谈"的举行，进一步推动了和平解决朝鲜半岛核问题的进程，明确了采取协调一致步骤解决问题的方式，为最终和平解决朝鲜半岛核问题奠定了基础，对朝鲜半岛的稳定起到积极作用。朝鲜与韩国首脑会晤签署《南北共同宣言》后，双方也开始从对峙走向对话，打破了严重僵持的局面，虽然双方和谈的进程将是长期的和复杂曲折的，但通过对话解决包括朝鲜半岛核问题在内的所有问题是双方的共同愿望，相互间的气氛逐渐缓和，南北双方的经济交往和民间往来也逐渐增多。

我国周边地区的另一个热点是印度与巴基斯坦的对立。印度与巴基斯坦的两国关系曾有一定程度的缓解与改善。印巴两国政府都认识到必须改善两国关系，创造一个更加和平的周边安全环境，有利于集中精力促进自身经济发展，稳定国内局势，维护各自的执政地位。由于两国存在深刻的各种矛盾，实现持久和平仍需时日。总的看来，我国周边安全环境总的形势是趋于和平与稳定。

4. 中国的国际地位和国际影响不断提高

中国的快速发展和不断强大是安全环境总体有利的内在因素。经过30多年的改革开放，中国经济发展取得了举世瞩目的成就，社会发展取得了巨大进步，政治稳定、

民族团结、人民生活水平不断提高，综合国力显著增强。中国坚定不移地实行对外开放，广泛开展全球范围的合作，与主要大国的务实合作关系继续发展，同广大发展中国家的全面交往深入发展，与各国互利共赢的格局逐步形成。中国日益活跃的对外经济活动，包括资源市场和销售市场的开拓，不仅有利于自身的发展，也带动了相关国家和地区的发展。中国高举和平、发展、合作的旗帜，始终不渝走和平发展道路，代表着和平合作的国际政治发展趋势和国际关系民主化的时代潮流，政治和外交有声有色地展现出自己独特的风格，在解决朝核危机、国际反恐怖等问题上发挥了重要作用，赢得了崇高的国际威望。当今世界，中国的国际角色发生了四个方面的深刻变化，即由落后的发展中国家，正在变为迅速复兴并对地区和世界事务越来越具有重要影响力的发展中大国；由国际体系的外在者或旁观者，变为积极参与者和改造者；由国际社会的次要角色，正在成长为重要角色；由国际社会忽略和偶尔借重的对象，变为被国际社会重视和解决重大国际问题不可缺少的对象。国际政治、经济及安全领域中的中国因素空前增大，世界的"中国因素"与中国的"世界因素"都在增长。随着中国经济社会又好又快地发展，中国的安全环境将进一步获得改善，并将对亚洲乃至世界的安全与发展发挥更大的作用。

5. 促进地区稳定的多边安全机制不断发展

东盟地区论坛（ARF）是东亚地区最重要的官方安全对话与合作机制，东盟地区论坛成立于1994年，截至2014年，共有27个成员国和地区，囊括了东亚所有的国家和地区，自成立以来共举行了21届外长会议，就亚太地区政治安全问题开展建设性对话，为在亚太地区建立信任措施、核不扩散、维和、交换非机密军事情报、海上安全和预防性外交六大领域开展合作；1989年成立的亚太经济合作组织（APEC）是亚太地区最具影响力的经济合作官方论坛，到2014年，共有21个正式成员国和3个观察员，这一组织在推动区域贸易投资自由化、加强成员间经济技术合作等方面发挥了不可替代的作用，2014年，APEC峰会在北京怀柔雁栖湖举行，峰会的主题是共建面向未来的亚太伙伴关系，中国国家主席习近平主持峰会；1996年在上海成立的上海合作组织，到2017年共有8个成员国、4个观察员、6个对话伙伴，上海合作组织的成立宗旨是：加强成员国之间的相互信任与睦邻友好，鼓励成员国在政治、经济、科技、文化、教育、能源、交通、环保和其他领域的有效合作，联合致力于维护和保障地区的和平、安全与稳定，建立民主、公正、合理的国际政治经济新秩序。这些地区多边安全机制的形成与发展为我国周边安全环境的和平与稳定提供了重要保证。

（二）相对稳定的安全环境中存在着不安全因素

1. 西方军事强国对我国周边安全环境的综合影响

在世界军事强国中，美国对我国的安全环境影响最大。在诸多国家关系中，中美关系是最重要的。从主流看，中美建交后的关系是向前发展的，中美关系具有发展中

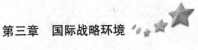

的曲折，曲折中的发展的特点。但是，由于政治及战略利益，美国对我国的安全威胁应该是综合的、长期的、带有根本性的。其主要表现在：在政治上加紧对我国实施"西化""分化"战略；在军事上加强对我国遏制和防范；利用台湾问题对我国进行战略牵制。

（1）在政治上，加紧实施"西化""分化"战略。美国是当今世界最大的全球霸权主义国家。冷战结束后，美国称霸世界的野心进一步膨胀，视中国为其称霸的主要障碍，明确将中国列为2015年后美国全球战略对手之一，竭力鼓吹宣扬"中国威胁论"，散布在21世纪西方世界必然会与中国发生冲突的谬论，主张西方世界联合起来对中国的发展实行遏制，妄图对中国进行"西化"和"分化"。

（2）在军事上，对我国全面遏制和防范。美国将中国视为战略上的竞争对手。近年来，美国利用其绝对的经济和军事优势，加紧在我国周边地区投棋布子，军事战略重点由欧洲移向亚洲的趋向日益明显，加强对我国进行预防遏制的战略部署。美国通过强化军事同盟和对我国周边国家进行军事渗透，逐步缩小对我国的军事包围圈。

（3）利用台湾问题对我国进行战略牵制。美国政府支持"台独"势力与大陆对抗，企图分裂中国，牵制和消耗中国的军事力量，以达到长期威胁中国安全、遏制中国发展的战略目标。美国在台湾问题上的立场和政策，是我们实现祖国统一的严重障碍，也是诱发台湾政局动荡的重要根源。

另外，日本对我国安全的潜在威胁也不容忽视。从历史的、发展的角度看，日本对我国的安全存在着现实和潜在的威胁，这是一个不争的事实。主要表现在：一是日本与我国战略利益矛盾日益突出，将我国列为潜在对手；二是日本的国防战略由防御性向进攻性转变；三是日本右翼倾向严重，军国主义根基雄厚；四是加强对与我国有争议的岛屿和海域的控制。目前，中日关系友好大局未变，日本军力规模有限，因此在短时期内日本对我国现实威胁不是很大。

2. 祖国统一面临严峻形势

近年来，特别是民进党执政以后，变本加厉地推动"台独"活动，引起了台海局势的紧张，威胁地区安全。美国在台海形势中，一直扮演着明里不支持"台独"，反对改变台海现状，暗里纵容"台独"势力膨胀的角色。日本的反华势力和亲台势力也加紧了与"台独"势力的勾结。

2016年1月16日，民进党候选人蔡英文以56.12%的得票率当选新一届台湾地区领导人，也成为台湾地区首位女性领导人。蔡英文在就职演讲中称，"我们会继续深化与包括美国、日本、欧洲在内的友好民主国家的关系，在共同的价值基础上，推动全方位的合作"，"我们会积极参与国际经贸合作及规则制定，坚定维护全球的经济秩序，并且融入重要的区域经贸体系"，民进党始终以权谋意识而非战略意识来处理对外关

系，除了坚持亲美路线外，就是用日本作为美国之外的政治保险，亦是一种秉性使然的"台独"心态。蔡英文当局执政两年来，精心谋划地经营对日外交，希冀构建台日"命运共同体"和台日特别伙伴关系，其目标设定是依靠日方为其"台独"背书，抵御来自大陆的强大压力。

"第二次世界大战"结束以来，台湾问题一直是以美国为首的外部敌对势力干涉中国内政，对中国施加压力的一个战略性的筹码。冷战结束以后，虽然世界处在一个和平与发展的新时期，但是，国际敌对势力出于各自的战略利益，仍然把台湾当作遏制中国的一个重要筹码，明里暗里支持台湾当局的"台独"势力。

3. 存在海洋权益争端

在中国周边安全环境中，维护海洋权益的斗争具有较大的复杂性和敏感性。中国是个陆地大国，也是个海洋大国，毗连海域自然延伸面积约有470万平方千米。由于历史的和现实的原因，中国与海上邻国均有海域划界和岛屿归属问题之争。

（1）关于东海大陆架和钓鱼岛的争议。东海位于中国、日本、韩国三国之间，总面积约77万平方千米。日本与中国是相向不共架国，中国大陆架一直延伸到冲绳海槽。根据东海大陆架的实际情况，参照《联合国海洋公约》的有关条款和各国海域划界的实践，冲绳海槽构成了中国东海大陆架与琉球大陆架的自然分界线，因此，应按大陆架自然延伸的原则，以冲绳海槽中心线为界，划分中国与日本在东海大陆架边界。但是日本方面却主张按东海的中心线平分划界。这样，中日间便产生了20多万平方千米的争议区。

中日在东海还存在着钓鱼岛归属问题之争。钓鱼岛群岛位于我国台湾东北约120海里处，由钓鱼岛、黄尾屿、赤尾屿、南小岛、北小岛及一些礁石组成。其中最大的岛屿钓鱼岛海拔360余米，面积约4.3平方千米。

对钓鱼岛问题，在中日邦交正常化谈判时，双方都同意"搁置争议，以后再说"。但是，事后日方却采取放任态度，批准日本一些右翼团体在岛上建立航标灯，甚至出动舰艇进入钓鱼岛海域驱赶中国台湾渔民。

（2）关于南海海域及南海诸岛的争议。南海总面积约360万平方千米。南海诸岛包括东沙、西沙、中沙和南沙四大群岛，分布于南海的中心部位，扼太平洋和印度洋的咽喉，不仅地理位置非常重要，而且蕴藏着丰富的矿产和水产资源。其中南沙群岛是南海诸岛中分布面积最广、岛礁数量最多、处于最南端的一组群岛。南沙群岛由230个岛屿、礁滩和沙洲组成，分布在24.4万平方千米的海域中。

南沙群岛历来是中国的领土，在20世纪60年代以前，南海毗邻国家对此从未提出异议。但是自发现南海蕴藏丰富的油气资源后，周边国家开始窥觎这一海域。菲律宾、越南和马来西亚一反承认南沙是中国领土的立场，占领了南沙群岛众多岛礁，并不断扩大侵占行动。上述国家又单方面宣布了大陆架和200海里专属经济区范围，把

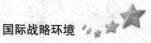

南沙群岛的全部或部分岛礁划入自己的版图，并加紧在南沙海域进行资源开发，致使南沙争端日益突出。除此之外，中国在东海、黄海与周边一些国家在海域划分上的矛盾一时也还难以解决。

4. 边界争端尚未全部解决

从总体上说，中国与周边国家的陆上边界问题大多得到了解决。现在和我国存在陆上边界争议的主要国家就是印度。

中印边界全长约2000千米，分为东、中、西三段。中印两国存在大片领土争端，争议面积共达12.5万平方千米。近些年，印度国内极端民族主义势力不断发展，印度军队在中印边界地区加强部署，咄咄逼人，不时制造事端。如1999年在错那地区浪波乡发生的历时82天的"东章对峙"、2013年在中印边界西段天南河谷（德普桑峡谷）地区的"帐篷对峙"、2014年楚木惹地区发生千人级别武装对峙和2017年发生洞朗对峙等，虽然没有酿成流血冲突，但也不得不让我们对印度的军事冒险提高警觉。

5. 影响边疆地区安全的其他因素

中国是一个多民族的国家，共有56个民族。由于实行正确的民族、宗教政策，中国各族人民团结一致、齐心协力，共建中华民族美好家园。但是，境内外一小撮民族分裂主义分子，在国际上某些反华势力的操纵、唆使下，置民族大义、国家利益于不顾，为迎合某些西方大国对中国进行的"西化""分化"的和平演变战略，采取政治斗争与暴力对抗相结合的方式，进行民族分裂活动，严重影响了中国边疆地区的安全与稳定。

6. 在我国周边国家中，存在多处热点地区

自第二次世界大战结束以来，在我国周边地区发生的战争、武装冲突和其他形式的军事对峙几乎从未间断。从20世纪50年代初期的朝鲜战争，到20世纪六七十年代的越南战争，都是空前惨烈，参与国家众多，甚至影响到现在。现在东北亚的地缘安全格局仍然是朝鲜战争的直接结果。近一段时间以来，虽然各方表现出了灵活性，朝核危机的解决也出现了积极势头，但要彻底解决仍需时日。

印度与巴基斯坦在分治之后，陆续发生过三次战争，在克什米尔地区更是冲突不断。克什米尔问题包含着太多的复杂因素，诸如领土争端、民族矛盾、教派冲突、国内政党斗争、政局变化、外部环境的影响等，这些因素交织在一起，成了一个难解之结。因此，克什米尔问题的彻底解决前景不明。

在阿富汗，内战持续了几十年，再加上"9·11"恐怖袭击事件之后，美国以"防恐"为借口，出兵这个战乱频繁的国家，战争并没有带来和平与稳定，阿富汗仍然是世界上恐怖事件最多的国家之一。

在东北亚，俄罗斯与日本关于北方四岛的归属未予确定，韩国与日本存在独岛的争议。

三、总体国家安全观

（一）安全观的由来

由于长期以来从属于"国际政治学"或"国际关系学"的"安全研究"把"国家"作为安全的唯一主体，因而现在人们说到"安全观"时所指的通常都是"国家安全观"。因此，所谓的"新安全观"指的也就是"新的国家安全观"。当然，由于人们在"冷战"结束前后对"安全主体"认识的扩展，"安全观"不能说是完全等同于"国家安全观"，因为现在人们开始关注以国际区域为主体的"地区安全"问题，开始关注"人类安全"问题，甚至开始关注"个人安全"和"国民安全"问题。与"旧国家安全观"一样，"新国家安全观"也不是一个具有统一思想体系，甚至不是一个具有相同观点的国家安全观，而是对新近时期出现的各种国家安全观的总称，主要指在冷战末期或冷战结束后新近出现或者受到重视和广泛关注的各种国家安全观。

（二）国家总体安全观的提出

2014年4月15日，习近平总书记在国家安全委员会第一次会议上，首次提出"总体国家安全观"。总体国家安全观体系完整，内涵丰富。一是确立走中国特色国家安全道路，就是毫不动摇地坚持党对国家安全工作的绝对领导，以人民安全为宗旨，以政治安全为根本，以经济安全为基础，以军事、文化、社会安全为保障，为促进国际安全工作指明了方向。二是明确提出做好国家安全工作的科学方法，就是既重视外部安全又重视内部安全，既重视国土安全又重视国民安全，既重视传统安全又重视非传统安全，既重视发展问题又重视安全问题，既重视自身安全又重视共同安全。这五个方面的统筹，为筹划指导国家安全工作提供了思想方法和工作方法。三是丰富拓展国家安全工作的主要领域，就是构建集政治安全、国土安全、军事安全、经济安全、文化安全、社会安全、科技安全、信息安全、生态安全、资源安全、核安全于一体的国家安全体系。这是一个领域的安全，为系统推进国家安全工作明确了实践抓手。四是科学运筹国家安全战略的总体布局，就是成立国家安全委员会，制定实施《国家安全战略纲要》，加快国家安全立法，建设高素质的国家安全专业队伍，建设巩固国防和强大军队，推进国家安全保障能力建设。这一系列的重大举措为有效实施国家安全战略打牢了坚实基础。

（三）国家总体安全观的基本特征

1. 坚持辩证思维方法

马克思主义哲学中蕴含着丰富的唯物辩证法思想，揭示了人类社会发展的一般规律，是指导中国共产党不断前进的有着强大生命力的思想武器。掌握科学的辩证思维方

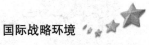

法才能真正理解和把握马克思主义的精髓，习近平强调，"必须不断接受马克思主义哲学智慧的滋养，更加自觉地坚持和运用辩证唯物主义世界观和方法论，增强辩证思维、战略思维能力，努力提高解决我国改革发展基本问题的本领"。

总体国家安全观作为中国共产党对实现和维护国家安全问题的科学认识，坚持以马克思主义的科学思维方法为指导并运用于认识和解决国家安全问题的具体实践当中，尊重、遵循和利用客观规律性与普遍联系性，充分认识到国家安全面临的各种问题和威胁的多样性、复杂性与相互关联性，认识到必须以总体性和系统性的思维方法思考国家安全战略问题，统筹认识和处理国家安全与发展稳定、内部安全与外部安全、自身安全与共同安全的关系。

2. 具有鲜明中国特色

当代中国总体国家安全观既尊重历史又立足于现实国情，充分吸收和传承中华民族优秀传统文化中关于国家安全思想的合理与有益成分，从中国处于社会主义初级阶段这个最大的现实国情出发，立足和服务于中国实现和维护国家安全的现实需要，成为在思维逻辑、语言风格、体系内涵和目标追求等方面具有鲜明中国特色的国家安全观念。

第一，总体国家安全观的思想认识和具体主张体现维护和发展中国特色社会主义的现实需要。从总体国家安全观提出的主要依据和背景来看，初级阶段是当代中国的鲜明特征，建设和发展中国特色社会主义事业的伟大实践，决定了实现国家总体安全是巩固和完善中国特色社会主义制度与道路的必然要求和重要目标，要求总体国家安全观在指导新时期国家安全工作的认识和实践当中必须体现和反映出这样的要求和目标追求。从理论属性看，总体国家安全观具有鲜明的马克思主义属性，这既与中国特色社会主义道路相适应，也是区别于西方国家安全理论学说的主要特点。中国特色社会主义理论体系是中国社会主义建设和发展事业的指导思想，在形成和发展过程中应对中国社会主义初级阶段的基本国情和当代中国所面临的现实安全威胁形成了丰富的国家安全思想。总体国家安全观坚持以中国特色社会主义理论体系为指导，继承中国特色社会主义理论体系中关于国家安全的基本认识，服务和服从于中国特色社会主义建设事业，致力于实现和维护社会主义国家的安全，使自身具有鲜明的中国特色社会主义的理论印记。

第二，总体国家安全观体现了中华优秀传统文化中安全思想的精髓。中华民族的优秀传统文化是我们宝贵的精神财富，其中蕴含着丰富的国家安全理念和方略，"积累了丰富的治国理政经验，其中既包括升平之世社会发展进步的成功经验，也有衰乱之世社会动荡的深刻教训"，这些经验和教训可以为我们今天认识和改造世界、治国理政提供有益启迪。总体国家安全观作为引领当代中国国家安全工作的精神指引，从中华传统文化中充分汲取养分，将中国传统文化中治国安邦的思想和智慧精华借鉴、吸收和运用到维护和实现国家安全的治国理政实践当中。中国传统文化有着深厚的忧患意识与安危观念，习近平强调要做好国家安全工作，必须把增强忧患意识和居安思危作为重大原则来坚持。总体国家安全观继承了传统文化中生于忧患死于安乐、居安思危和转危为安的辩证安危观，突出强调国家安全是头等大事，要以底线意识和底线思维开展国家安全工作，强调要从最坏处做准备，避免国家安全工作出现根本性和颠覆性的失误；中国传统文化强调民为邦本，重视民众对于实现国家政权安定的重要作用，总体国家观汲取了中国传统文化中民本思想的营养，又同马克思主义的群众观点和政党学说相结合，强调把人民安全作为国家安全的宗旨并置于国家安全体系的中心地位；总体国家安全观秉持中国传统文化推崇的"和"文化和以大同理念为中心的天下观，强调通过合作推动共同发展，打造人类命运共同体和实现世界各国共同安全的目标。

3. 符合时代发展潮流

当代中国总体国家安全观准确认识和把握和平与发展的时代主题，精准分析判断国内外安全局势和现实威胁，准确判断中国在国际体系中所处的位置，阐明中国构建国际政治经济新秩序的主张和应该发挥的作用，具有鲜明的时代特征。

第一，顺应时代主题要求，准确把握中国基本国情。和平与发展依然是当今世界的时代主题，要和平求发展已经成为世界各国的共同愿望与追求。安全是实现发展的根本保证，和平与发展这两大时代主题的实现都与安全有着密不可分的联系，因此总体国家安全观强调既重视安全问题又重视发展问题。与此相适应，总体国家安全观的目标追求突出强调求和平求发展和实现共同安全；总体国家安全观立足中国的基本国情，强调国家安全是头等大事，应该妥善处理好发展与安全的关系。在中国共产党第十八届中央政治局进行第一次集体学习之际，习近平就强调"社会主义初级阶段是当代中国的最大国情，最大实际。我们在任何情况下都要牢牢把握这个最大国情，推进任何方面的改革发展都要牢牢立足这个最大实际"。改革开放使国家经济社会发展和人民生活水平得到显著提高，中国已经进入全面深化改革的攻坚阶段和全面建成小康社会的战略决胜时期，但初级阶段的国情没有变，特别是在中国经济发展进入新常态的情况下，发展仍然是解决所有问题的关键，实现国家安全迫切需要发展提供坚实的依靠。

第二，对安全威胁的清晰认识和对安全目标的明确追求。在对安全威胁的认识上，总体国家安全观兼顾传统安全与非传统安全，反映了当前国家面临军事入侵等传统安全威胁下降和非传统安全威胁持续上升的现实。在国家安全直接受到外来入侵传统安全威胁的可能性降低的同时，暴力恐怖活动以及经济社会转型期的社会差别、社会矛盾和社会冲突等非传统安全威胁给国家安全和人民安全带来的严峻挑战和冲击不断显现。因此，总体国家安全观突出强调了人民安全和社会安全等非传统安全的重要性，把建设平安中国作为国内安全的目标追求，提高社会治理水平，维护社会安定有序，有效预防和化解社会矛盾，提升人民安全感，实现安居乐业；总体国家安全观既重视内部安全又重视外部安全，反映了当今世界各国发展利益与安全利益相互交织和

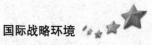

依赖于外部整体安全形势的现实。当前国家安全面临的问题呈现出与以往不同的表现形式和特点，国家安全不仅仅局限在国家领土的有限空间里，国际安全环境及其变化对国家安全也产生重大影响。不稳定的周边安全局势、全球性的非传统安全威胁、国际秩序和国际治理体系暴露出的问题相互交织、牵一发而动全身，形成了中国巨大的外部安全挑战。总体国家安全观在安全目标设定与追求上，主张以符合时代发展潮流和世界各国普遍期望的全新安全理念去代替狭隘的国家安全观念和被时代所淘汰的国家安全实现方式，坚持合作共赢与共同发展的安全理念，坚持以互利共赢取代零和博弈和单赢，倡导构建命运共同体和实现共同安全取代霸权与强权。总之，总体国家安全观立足于和平与发展时代主题和各国之间密切的利益联系现实，扩展了对中国国家安全时空领域的认识，准确把握中国国内安全环境发生的重大变化和国际安全形势的发展变化趋势，以全新的目标追求应对复杂国际安全局势的挑战，回应了世界各国对共同安全的关切。

第四章 军事高技术

军事高技术是应用于军事领域的高技术，具体地说，军事高技术是建立在现代科学技术成就的基础上，处于当代科学技术前沿，对武器装备发展起着巨大的推动作用的高技术的总称。

第一节 军事高技术概述

一、军事高技术的概念

军事高技术的发展，提高了武器装备的威力与效能，彻底改变了传统的战争形态、作战方式、军队组织与军事战略，引发了新的军事变革。

（一）高技术

高技术也称为高新技术，是指科学技术领域中处于前沿或尖端地位，对促进经济和社会发展、增强国防力量有巨大推动作用的技术群。高技术是动态的、发展的，具有战略性、创新性、渗透性等特征。人们习惯把高技术分成军事高技术和民用高技术两类。

当代高技术主要包括新能源技术、生物技术、信息技术、新材料技术、航空航天技术和海洋技术等。信息技术是当今高技术群体的核心。这六大技术之间又互相渗透、交叉，不断涌现出新的高技术学科和技术，并运用在军事上。

（二）军事高技术

军事高技术是高技术的重要组成部分，是诸多高技术中，为了满足国防现代化的需要而发展起来的高技术群。

二、军事高技术的分类

军事高技术包括两类，即军事基础高技术和军事应用高技术。

（一）军事基础高技术

军事基础高技术是指支撑高技术武器装备发展的基础技术。主要包括军用微电子技术、军用计算机技术和人工智能技术、军用信息技术、军用生物技术、军用光电子技术、军用海洋技术、军用新材料技术、军用航天技术、军用核技术、军用定向能技术等几个方面。

1. 军用微电子技术

微电子技术是指制造和使用微电子器件、元件和电路，实现电子系统功能的技术领域，它是以大规模集成电路为基础发展起来的新技术。微电子技术是军用高技术的核心和基础，对整个军事高技术的发展起着巨大的推动作用。

2. 军用计算机和人工智能技术

电子计算机标志着现代科学技术发展的又一个重大突破。在军事上，计算机是战略、战役、战术武器以及航天系统的信息处理中心，是军队自动化指挥系统的核心，是实施战场指挥管理和武器控制的主要装备。当前，计算机技术的趋向是：计算机性能越来越高，计算机网络化与大众化使计算机渗透到人类生活的各个方面，人们将通过书写、文字、手势等非常自然的方式来应用计算机。

3. 军用信息技术

信息技术是为了实现获取、交换、处理、运用信息等功能的所有技术的总称。军用信息技术主要包括信息理论、信息搜集、信息处理、信息传递、信息存储、信息检索和信息管理等。它的核心技术是计算机、通信和控制。

4. 军用生物技术

生物技术在军事上的应用主要包括以下几个方面：

（1）开展生物电子学研究，研究生物芯片，进而使生物计算机像人脑那样具有学习、记忆、逻辑思维能力；

（2）利用基因工程，通过基因转移和重组，培养毒性大、耐力强、有抗药性的新的致病微生物，制造基因武器；

（3）开发生物传感器，提高对毒剂、炸药和麻醉剂的实时探测和识别能力；

（4）利用微生物在各种条件下逐渐形成并完成生物化学转变的能力，生产具有特殊用途的产品，或者解决危险废物和战略金属回收问题；

（5）研制特种生物材料，如具有密封使用且有良好化学和机械性能的生物弹性体、新型的生物黏合剂、新型生物润滑剂等。

5. 军用光电子技术

军用光电子技术是以激光器和先进探测为基础，由光学技术、电子技术、精密机械技术和计算机技术等密切结合而形成的一项军事高技术。它具有探测精度高、传递信息快、信息容量大、抗干扰和保密性强的优点。目前，已经广泛应用于侦察、通讯、预警、跟踪、制导、火控、导航、识别、显示、信息、隐身和光电子对抗等领域。实践证明，军用光电子技术已经成为高技术兵器发展的一种主要支撑技术。

6. 军用海洋技术

军用海洋技术主要包括海水淡化、海水提铀、海底采矿以及海底工程建设技术。随着海洋技术的发展，海底将成为建造巨大军事基地的理想场所，水下基地将部署大量遥感设备和各种高效自动杀伤武器，并利用低频、超低频通信技术和卫星系统联网指挥作战。

7. 军用新材料技术

新型材料是国防高技术发展的物质基础和突破口。当前军用新型材料研究开发的重点有复合材料、高温材料、功能材料、隐身材料和超导材料。

8. 军用航天技术

军用航天技术是指为军事目的服务的航天技术。它主要是利用卫星和其他航天器所携带的各种遥控器、无线电接收机、通信设备和其他观测设备，执行侦察、预警、通信、导航、测绘和气象测报等军事航天任务。

9. 军用核技术

军用核技术的重点在于发展核武器。核武器是利用核材料的原子弹瞬间释放巨大能量对目标造成杀伤破坏作用的一类武器的总称。核武器通常由核战斗部、投射工具和指挥控制系统等部分组成。核战斗部又称核弹头，核爆炸威力的大小取决于核弹头。核武器的射程和命中精度则取决于投射工具和指挥控制系统。现代核武器朝着小型化、实用化、多弹头、多用途的方向发展。

10. 军用定向能技术

定向能技术又称束能技术，是利用强激光、高能粒子束、强微波的能量，产生高温、高压、电离、辐射等综合效应，以"能束"的形式定向发射，借以摧毁或损伤目标的技术，并以此制成定向能武器。

（二）军事应用高技术

军事应用高技术是直接应用于武器装备研制和生产的技术，以及军队充分发挥武器装备效能的综合使用技术。军事应用高技术按其完成的军事任务可分为：战略武器装备技术、战役战术武器装备技术、后勤保障装备技术、军事工程技术、军事系统工程技术等；按其功能可分为：侦察监视技术、伪装隐身技术、夜视技术、电子对抗技术、精确制导技术、军事航空航天技术、军用计算机技术、军队指挥自动化技术、核

生化武器技术、新概念武器技术等。

高技术武器装备是以一种或多种军事高技术为基础研制而成的武器装备。其主要包括：开发新型武器系统，研制新一代武器装备和对现有武器装备的技术改造等。军事高技术对武器装备的发展起着巨大的促进作用：一是提高了武器装备的全天候作战能力和杀伤效果；二是提高了武器装备相互使用的合成作战能力；三是提高了武器装备的生存能力；四是加快了新武器装备的研制和生产，使武器装备更新换代的周期缩短。

（三）军事高技术的主要特点

军事高技术是高技术的重要组成部分，它既具有高技术的共同特征，又有其自身的特点。军事高技术与一般技术相比，具有以下几个特点：

1. 高智力

高技术是知识密集型技术，其发展和运用都必须依靠创造性的智力劳动，依靠富有创新意识、创新能力的高素质人才，体现了高智力的特性。

2. 高速度

高技术产业是目前发达国家经济中最活跃也是增长最快的领域。高技术产业的成功，不仅表现在产值、产量的发展高速度上，而且还突出表现在产品性能更新的高速度。

3. 高竞争

高技术的竞争性，决定了谁先掌握并应用高技术，先研发出新武器装备并抢先用于战场，谁就能占据战争的主动权。

4. 高保密

高技术本身具有极强的综合性和技术辐射性，隐含着巨大的潜力，更加强调保密。高技术的保密，对于民用技术来说，保的是"金钱"，对于军事技术，则保的是"生命"。

5. 高效益

新型武器装备往往是军事高技术的物化，是军事高技术的综合集成。战争实践证明，军事高技术成果一旦转化为新型武器装备，不仅能够大大提高部队战斗力，而且能够逐步改变作战样式甚至战争形态。

6. 高风险

高技术研究本身蕴含着巨大的风险。高技术竞争的失败，对民用技术而言，就意味着企业投资的失败，对军事技术而言，则意味着国家利益将受到损害。

7. 高投资

高技术的研究开发，需要昂贵的设备和较长的研制周期，因而需要耗费巨额资金。据目前统计，一般高技术企业用于研究开发的经费占其产品销售额的比例高达

10%—30%，而科研成果产业化的投资又比研究开发投资高出5倍至20倍，形成高技术产业后的设备更新投资还会越来越大。

三、军事高技术对现代作战的影响

军事高技术的发展，对现代作战的武器装备、作战方式、作战理论、作战指挥和军队建设等都产生了重大的影响，使其形成了一些崭新的特点。

（一）军事高技术对武器装备的影响

军事高技术对武器装备的影响最明显，它的发展速度与质量将直接影响武器装备的改进和发展。军事高技术的应用，使得各类武器的发展转向重量轻、体积小、射程远、速度快、威力大、精度高、机动能力强的方向发展，从而极大地提高了武器的杀伤效能，已被广泛应用于战略、战役和战术的各个领域的C⁴ISR系统把各类武器系统联为一体，把各军兵种联为一体，促使战场指挥控制一体化，实现了信息的获取、传输、处理和显示的自动化，武器管理及控制指挥的自动化、作战指挥及决策的自动化，提高了武器系统的综合作战能力和自动化水平。通过抗毁加固、灵活机动、防探测等高技术手段，提高了武器装备的生存能力。红外及夜视、雷达成像、热成像、毫米波和红外技术的应用，提高了武器全天时、全天候的作战能力。

（二）军事高技术对作战方式的影响

高技术在军事上的广泛应用，使战争形态和作战方式发生了重大变化。除已经出现的以高技术为主要手段的"伊拉克式""叙利亚式"等局部战争和军事冲突外，还可能出现诸如外层空间的军事冲突和更多的小型局部战争。

现代局部战争的实践表明，电子战、信息战、导弹战、空战已成为高技术战争的主要作战样式。此外，还可能出现化学战、生物战、激光战、机器人战等形式，在空中、陆地、海洋甚至太空中展开，所以说未来的作战方式将更加多样复杂。

（三）军事高技术对作战理论的影响

军事高技术的运用推动了军事理论的发展。在迅速崛起的高技术猛烈冲击下，第二次世界大战以来形成的传统作战理论逐渐失去了指导意义，作战理论的变革势在必行，如海军、空军和核武器的出现推动了"制海论""制空论""核威慑论"的建立。美国的"空地一体""精确闪击"作战理论和苏联的"大纵深和立体作战理论"都是以高技术武器装备为基础的。另外，如美国的"战略防御计划""高边疆"战略、"新高地"战略都是以高技术为前提的。高技术为军事理论的发展提供了物质基础，军事理论又为高技术的开发起到了导向作用。

（四）军事高技术对作战指挥的影响

现代军事高技术的发展和应用，使武器装备的射程、威力、精度都几乎达到了各自的极限。交战双方的差别，在很大程度上取决于其对作战能力的指挥控制水平上。

未来战争，以计算机为核心的网络将把所有的通信系统、探测装置和武器系统连成一体，作战将从"以平台为中心"转向"以网络为中心"。网络中心站的体系分为三级：第一级为战术级，网络用户数量在24个之内，信息传输时间为零点几秒，信息精确度达到武器控制级；第二级为战区级，网络用户数量在500个之内，信息传输时间为几秒，精度达到部队的控制所需的要求；第三级为战略级，网络用户数量在1000个之内，信息传输时间为几分钟，精度达到部队的协同所需的要求。各级指挥官利用网络交换大量信息，感知整个战场的态势，阐述指挥意图，制订作战计划，解决各种问题。

（五）军事高技术对军队建设的影响

随着军事高技术的广泛应用，部队装备的高技术武器装备的数量和种类不断增加，对军队建设将产生影响。

1. 军队的规模缩小

军队的数量、质量与战斗力之间的关系发生根本性变化，质量上升至主导地位，数量逐渐减少，战斗力大幅度提高。

2. 军队的结构不断优化

为适应高技术武器系统作战功能一体化的需要，军兵种之间出现新的划分，组成新的军兵种和部队。部队编成趋向一体化、多能化、小型化。

3. 作战指挥系统"扁平网络化"

取代高度集中的"树状"指挥体系的是扁平型的"网状"指挥体系。即减少指挥层次，缩短信息流程，充分发挥横向网络的作用，使尽可能多的作战单元同处于一个信息流动层次。

4. 军队人员结构和素质大幅提升

为适应掌握高技术武器装备的需要，不断提高作战人员使用高技术武器装备的能力，对军人品格、素质、能力、学历等要求都有新的标准，军队将成为人才密集型群体。

四、正确认识军事高技术

高技术兵器的使用，使作战效能大大提高，显示出其在战争中的巨大优越性。高技术兵器成为打击飞机、坦克、军舰等重型兵器的致命武器，又是攻击部队集结地、机场、码头、仓库、交通枢纽、指挥通信中心等军事目标的有效武器，已成为现代战争中最有效的武器装备。

但是高技术武器装备并非完美无缺，自身都存在着固有的缺陷。其主要表现在以下几个方面：

（1）精确制导武器的缺陷。一是对精确的侦察系统严重依赖，可以通过攻击太空、空中、地面侦察设备，使其难以为制导武器提供制导帮助。二是一些精确制导武器抗干扰能力不高，如对于雷达制导武器、红外制导武器、激光制导武器等，可使用干扰器、金属箔条、红外激光诱饵、曳光弹等干扰器材进行有效干扰。三是激光制导炸弹、红外制导炸弹不能全天候使用。

（2）隐身兵器虽有一般兵器所没有的突出优点，但也有其明显弱点。一是隐形飞机、坦克、舰艇等兵器，其机动性较一般同类兵器明显降低。二是隐身兵器载弹数量有限，攻击后劲不足。三是操作使用复杂，战场修复困难。四是隐形飞机自卫能力差。

（3）装备夜视器材的高技术兵器存在视场窄、分辨能力差，受气象、战场条件、地形影响的不足。

（4）激光武器存在容易暴露白己，不能全天候工作，搜索目标困难，效能不稳定的不足。

（5）巡航导弹巡速慢、航线相对固定，被对手截击的机会多。此外还存在发射平台容易暴露，制导方式不足等缺点。

（6）电子干扰机存在干扰距离有限，干扰覆盖范围有限，干扰频率范围有限和干扰手段有限等不足。

（7）反辐射导弹存在依赖性强，分辨角大，攻击企图容易暴露等缺陷。

（8）C⁴ISR是一个庞大的网络系统，存在通用性、可靠性差，抗摧毁和生存能力低等弱点。如果采取"点穴"的办法，打击、干扰和破坏某些关键子系统，就可以造成其指挥紊乱、控制失调、武器装备效能降低，从总体上削弱其优势。

由此可见，高技术武器装备也有两面性，其既有巨大的优点，又有不少的缺点。对于高技术武器装备的优长和缺陷，我们要有科学的认识，我们既要看到其先进的一面，又要看到其脆弱的一面，只有这样，我们才能扬长避短，打敌要害，战胜敌人。

第二节 军事高技术运用

军事高技术引发了一场前所未有的新军事革命，它使得军事领域出现许多革命性的变化。军事高技术直接用于武器装备并使之具有某种特定功能的应用技术，主要包括精确制导技术、隐身与伪装技术、侦察监视技术、电子对抗技术、军事航天技术、军队指挥自动化技术、核生化武器技术和新概念武器技术。

一、精确制导技术

（一）精确制导技术

1. 精确制导技术的基本概念

精确制导技术是以高性能光电探测器为基础，采用先进的信息处理与目标识别等方法，控制和导引武器准确地命中目标的技术。由这类技术构成的制导系统即为精确制导系统。精确制导武器是高技术武器装备的典型代表，也是信息化战争中最为典型的信息化武器，其数量多少和质量优劣已经成为衡量一支军队质量建设水平高低和战斗力强弱的标志。精确制导技术广泛运用于导弹、航空炸弹、炮弹、鱼雷、地雷等方面。

2. 精确制导技术的分类

制导技术的制导方式有很多种，按控制信号的来源和产生方式可分为遥控制导、寻的制导、惯性制导、地形匹配与影像匹配制导、全球定位系统制导和复合制导。

遥控制导。导引系统的全部或部分设备安装在弹外制导站，由制导站执行全部或部分的测量武器与目标的相对运动参量并形成制导指令的任务，再通过弹上控制系统导引制导武器飞向目标，这种制导方式称为遥控制导。

寻的制导，又称为自寻制导。寻的制导是由弹上的导引头（或称目标跟踪器）感受来自目标的辐射或反射能量，自动跟踪目标并形成制导指令、控制导弹飞向目标的技术。寻的制导通常按有无照射目标的能源和这种能源所处的地点区分为被动寻的制导、主动寻的制导、半主动寻的制导三种基本类型。

惯性制导。利用惯性测量设备测量导弹运动参数的制导技术，称为惯性制导。惯性制导是将惯性制导系统全部安装在弹上，主要有陀螺仪、加速度表、制导计算机和控制系统。

惯性制导是一种自主制导技术，它不需要弹外设备的配合，也不需要外界提供目标的直接信息，仅靠弹上设备独立工作，不与外界发生关系，因此抗干扰性强、隐蔽性好、不受气象条件的影响。惯性制导的主要缺点是制导精度随飞行时间（距离）的增加而降低，因此工作时间较长的惯性制导系统，常采用其他制导方式来修正其积累的误差，这样就构成复合制导。

地形匹配与影像匹配制导。地形匹配与影像的含义是将导弹飞行时测出的数字序列，同预存的数字序列进行比较，若一致，则匹配，说明导弹按预定弹道飞行；若不一致，则不匹配，弹载计算机便自动地计算出实际航迹与预定航迹的偏差，并发出指令调整导弹姿态。地形匹配制导与惯性制导配合，可大大减小惯性制导的误差。

全球定位系统（GPS）制导。美国为满足各军种导航需要，于1987年开始发展导航型全球定位系统，简称GPS全球定位系统。精确制导武器利用GPS系统可以大大提

高制导精度。

复合制导。制导从发射到命中目标一般要经历三个飞行阶段：初始段、中段和末段。若在其中某段或某几段采用一种以上制导方式，即称为复合制导或组合制导。

（二）精确制导武器

1. 精确制导武器的概念

精确制导武器是采用制导技术，直接命中率大于50%的武器，直接命中的含义是指制导武器的圆概率误差（CEP）小于该武器弹头的杀伤半径。

2. 精确制导武器的分类

（1）导弹。导弹是依靠自身动力装置推进，由制导系统导引和控制其飞行路线并导向目标的武器或武器系统。导弹一般由战斗部、动力装置、制导系统和弹体结构系统四部分组成。

（2）制导炸弹。制导炸弹是指投放后能对其弹道进行控制并导向目标的航空炸弹，它是在普通航空炸弹的基础上增加制导装置而成的。目前制导炸弹主要有激光制导炸弹和电视制导炸弹。

（3）制导鱼雷。制导鱼雷是进攻性水中兵器，通常由潜艇或水面舰艇发射，执行反潜和反舰任务。

（4）制导地雷。制导地雷是指具有自动辨认目标能力，能主动攻击一定范围内活动装甲目标的新型地雷。

除以上几种类型外，还有制导炮弹等。

3. 精确制导武器的弱点

（1）除惯性制导外，使用的其他各种制导系统都可能被干扰。

（2）系统组成复杂，任何一个部分或部分间结合出现的故障和差错，都会影响武器整体的效能。

（3）作战使用时技术保障环节较多，任何一个环节或其相互配合出现差错均影响作战效能的发挥。

（4）战场环境以及气象条件都影响其作战效能。

4. 对抗精确制导武器的手段

（1）干扰欺骗手段。主要技术途径是干扰精确制导武器的制导系统。对于雷达制导系统，可发射干扰辐射，施放箔条干扰弹、诱饵弹，设置假目标等。对于红外制导系统，可施放红外诱饵弹、红外干扰烟幕，发射强红外干扰辐射等。对于激光制导系统，可发射激光束使来袭导弹偏离攻击方向，或施放能干扰激光束的宽波段烟幕气溶胶。

（2）摧毁手段。主要有三种：第一种方式是摧毁敌方精确制导武器的发射系统，第二种方式是摧毁制导武器的侦察预警、指挥控制系统，第三种方式是拦截、摧毁已经发射的精确制导武器。

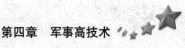

（3）防护手段。降低已方目标被敌侦察发现的概率，提高其生存能力。技术途径有：利用地形、地物，采用伪装手段；电波"静默"；采取隐身措施；利用不良气候条件；施放烟幕；对目标进行加固，提高目标的机动能力。

5. 精确制导武器对现代战争的影响

（1）使作战样式发生深刻变化。精确制导武器在现代战争中的大量使用，使战争发生了许多变化，主要有：使超视距、多模式、多目标精确打击成为可能；使战场前后方界限模糊，战场呈现流动状态，提高了全天候、全天时的作战能力。

（2）大大提高了作战的效能。在越南战争中，美国为了轰炸河内附近的一座大桥，曾出动了600多架次飞机，投掷数千吨炸弹，损失飞机18架，仍未能炸毁该桥。改用研制成功的激光制导炸弹，只出动了12架飞机，就将大桥炸毁而且飞机无一损失。

（3）成为改变军事力量对比的杠杆。精确制导武器正在成为现代军事战争基本的火力打击力量，正成为改变战争双方军事力量对比的杠杆。

6. 精确制导武器的发展趋势

（1）提高精确制导武器的飞行速度和突防能力。

（2）提高导弹的抗干扰的能力和全天候作战能力。现代战争是信息化的战争，实战中精确制导武器所处的电磁环境很复杂，这就要求制导系统在现代电子对抗条件下具有很强的抗干扰能力。

（3）逐步向重量轻、体积小方向发展。精确制导弹药的体积太大，限制了飞机携带量和作战效能。为了解决这一问题，美国在研制一种重250磅的小型灵巧的联合直接攻击弹药，采用常规高效炸药，威力相当于2000磅的炸药。B-2A型战略轰炸机可以带100枚小型灵巧的联合直接攻击弹药，从而提高了作战的效能。

（4）力求实现模式化、通用化。模式化就是将精确制导武器分成若干个组件，每个组件都采用标准件。通用化即为一弹多用，这不仅可降低费用，还可以大大缩短研制周期。

（5）进一步提高精度，实现智能化。武器的命中精度是确保其杀伤威力和作战效能的主要指标。未来作战中，对武器的命中精度提出了更高的要求，特别强调提高首发命中的概率，以防止敌人的反击。

二、隐身与伪装技术

（一）隐身技术

1. 隐身技术的基本概念

隐身技术又称为隐形技术，或可以称为目标特征控制技术，是通过降低武器装备等目标的信号特征使其难以被发现、识别、跟踪和攻击的综合性技术。

2. 隐身技术的分类

隐身技术包括主动（有源）隐身技术和被动（无源）隐身技术两大类。这里介绍被动隐身技术。

（1）隐身外形技术。外形是目标暴露的主要特征，现代兵器对外表形状处理得如何，将直接影响到反光和雷达侦察效果。

（2）隐身结构技术。世界各国对兵器隐身结构的研究，是以整体结构和局部结构为对象，探索其结合规律的合理形式，达到减小目标被探测特征的目的。隐身结构技术的种类有以下五种：

防电子探测隐身结构技术：主要包括减小电缆的电磁反射，避免电子设备天线的被动反射，对电子设备进行屏蔽等。

防声波探测隐身结构技术：主要包括改进发动机和辅助机的设计，采用减音和隔音装置等。

防可见光探测隐身结构技术：主要包括控制自身的亮度和颜色，控制目标的发动机喷口的火焰和烟迹信号，控制目标照明和信标灯光，控制目标运动构件的闪光信号。

防雷达探测隐身结构技术：主要包括合理设计发动机进气和排气系统；减小辐射源数量，尽量消除外露突起部分；采用遮挡结构；缩小兵器尺寸。

防红外探测隐身结构技术：主要是通过改造红外辐射源来抑制目标的红外辐射。

（3）隐身材料技术。在兵器隐身的发展过程中，隐身材料占有极为重要的地位。它是隐身兵器不可缺少的物质基础。目前已经研制出的隐身材料类型有很多：一是吸波、透波材料。二是吸热、隔热材料。三是吸声、阻尼声材料。

3. 隐身武器

隐身武器是把隐身技术应用于武器装备上而形成的新式武器。隐身武器装备是应用隐身技术研制的不易被敌方雷达、红外、电子、可见光和电波探测系统发现的武器。就隐身武器的现状而言，全面采用隐身技术的隐身飞机、隐身导弹已经投入战场使用；部分采用隐身技术的隐身坦克、隐身舰船等可望通过加大隐身技术含量在未来高强度的局部战争中以全新的面貌出现在战场上。

（1）隐身导弹。导弹作为导弹战的主体兵器，其隐身性能如何，将直接影响到导弹战的成败。隐身导弹的目的是减小被拦截概率，增强突防和攻击能力。导弹隐身主要是通过采用雷达吸波材料以及特殊的头部外形设计以减少雷达散射面积，改进发动机以及尾气排放装置以降低导弹的红外特征来实现的。

（2）隐身飞机。隐身飞机是研制最早、发展最快、隐身技术含量最高的隐身兵器。隐身飞机之所以能有效地对付雷达、红外、电子、可见光和声波的探测，就是由于它综合运用了各种隐身技术，降低飞机的雷达截面积、红外辐射特征，控制飞机的可见光目视信息特征以及降低飞机的噪声等。

它的发展经历了利用单一技术对飞机进行局部隐身和运用综合技术对飞机进行全

面隐身两个阶段。

（3）隐身坦克。坦克作为地面作战的主要突击兵器，坦克需提高防护能力，尤其要提高防电磁波的"隐身"能力，以避免被对方红外、雷达等高技术侦察器材发现，减少遭到导弹、制导炮弹等攻击时的损失。

（4）隐身舰船。随着飞机的迅速发展和出色表现，极大地促进了隐身战舰的发展。目前美国海军装备的"洛杉矶"级潜艇、"海狼"级潜艇都可谓是隐身潜艇。"美洲狮"级隐身护卫舰是由美国与法国联合研制，现已进入海上试验阶段；俄罗斯充分利用其在舰艇隐身技术处于世界领先水平的优势，精心打造超级隐身军舰。

4. 隐身技术对作战的影响

（1）隐身技术使侦察与反侦察以及电子对抗更加激烈。现代战争中，由于手段越来越先进，交战双方装备的电子器材也越来越多，侦察与反侦察的斗争也越来越激烈。一方面，诸如隐身飞机、隐身机器人等用于战场侦察，使空中侦察和地面侦察更加隐蔽；另一方面，隐身技术给伪装增添了新的内容，可使得器材隐去雷达特征，发热器材隐去红外特征，震动设备隐去噪声特征，从而使敌方侦察探测系统更难以进行侦察。

（2）隐身武器装备突防能力得到提高，使得战争突发性增大。传统的伪装隐蔽技术大都是被动式的，而现代的隐身技术则是主动式的，主要用于对付敌人的防御武器，其结果改变了袭击兵器的传统的防突方式，使战争的突然性增大。

（3）隐身技术对侦察探测以及防御提出了更高的要求。为了及早发现隐身目标，必须提高探测系统的性能，增大探测范围。为了防止隐身兵器的突入，防御一方必须加大雷达探测范围和探测密度，或增加预警飞机的巡逻范围和密度，这使得战场范围随着增大。

（二）伪装技术

1. 伪装技术的概念

伪装技术是指通过利用电子的、电磁的、光学的、热学的、声学的技术手段降低或消除目标的显著性特征，改变目标的背景差、形状差、温度差、亮度差，使敌方难以发现和识别。军事伪装有各种不同的分类，按其在战争中的运用范围可分为战略、战役和战术伪装；按其所对付的侦察器材，可分为雷达波段伪装可见光以及红外波段伪装、防声测伪装等。另外，按所采用的技术，可分为传统伪装和高技术伪装。传统伪装措施包括烟幕伪装、人工遮障伪装、迷彩伪装、天然伪装、对重点目标的伪装、植物伪装、假目标伪装、灯火伪装与音响伪装等。现代伪装技术主要包括防光学侦察伪装、防雷达侦察伪装以及防红外侦察伪装。

2. 传统伪装技术的分类

（1）烟幕伪装。烟幕伪装是利用发烟器材人工造成烟幕屏障，以隐蔽目标和迷惑敌人。

（2）人工遮障伪装。人工遮障是隐形伪装的重要方法，它是利用制式器材或就便器材制作和设置的妨碍敌人侦察监视的伪装设施。遮障的方式有四种，即天然遮障、掩盖遮障、隔绝遮障和干扰遮障。

（3）迷彩伪装。迷彩伪装即利用特制的涂料、染料和其他材料，改变目标和背景的颜色，降低目标与背景的反差，歪曲目标的主要特征，将目标融合于背景之中，从而达到隐蔽目标的目的。

（4）天然伪装。指的是充分利用地形、地物、暗夜和能见度不良的气候条件（雾、雨、风、雪等），隐蔽目标或降低目标的显著性。

（5）对重点目标的伪装。在作战中，对于机动道路、桥梁、渡口、大型固定装备等关系国际民生的重要目标，要实施重点遮蔽。

（6）植物伪装。植物伪装是利用种植植物、采集植物和改变植物颜色等方法对目标实施伪装的措施。由于简易有效，在现代战争中仍经常使用。

（7）假目标伪装。假目标主要是指仿造的兵器（如假飞机、假坦克、假军舰等）、人员工事、桥梁等形体假目标，使用假目标能迷惑敌人。

（8）灯火伪装与音响伪装。灯火与音响伪装技术是通过消除、降低和模拟目标的灯火与音响暴露特征，以隐蔽目标或迷惑敌人所采用的伪装技术。

3. 现代伪装技术的分类

（1）防光学侦察伪装。防光学侦察伪装是指利用天然遮障、人工遮障、伪装材料、烟雾以及布置人工斑点等来减少目标的暴露特征，防止敌人光学侦察的发现。

（2）防雷达侦察伪装。防雷达侦察伪装是指消除和模仿雷达波伪装，雷达波近似直线传播，因此，利用地形、地貌等防雷达伪装的最佳途径。

（3）防红外侦察伪装。一是消除目标与背景的红外辐射差别，二是模仿红外辐射差别。

4. 军事伪装技术对作战的影响

（1）军事伪装技术是对付敌方侦察的主要手段。在现代战争中，伪装的重要性已今非昔比。由于海、陆、空、天多维的高技术侦察手段已经使整个战场处于"透明"状态，要对付现代高技术侦察，除了伪装之外，暂时还没有更好的办法。

（2）军事伪装技术在战争中是有力的防御盾牌。尽管现代侦察手段和打击兵器性能优越，但伪装是进行防御的非常有效的手段，它能有效地降低敌方的侦察效果和攻击的命中率，减少损失，成为强有力的防御盾牌。

三、侦察监视技术

（一）侦察监视技术的基本概念

侦察监视技术就是指发现、识别、监视、跟踪目标并对目标进行定位所采用的技术。侦察是军队为了获取军事斗争特别是战争所需敌方或者有关战区的情况而采取的措施，是实施正确指挥、取得作战胜利的重要保障。侦察的直接目的在于探测目标，具体可分为发现目标、区分目标、识别目标、定位目标、监视目标以及对目标进行跟踪。

1. 发现目标

通过把目标与其背景做比较，或依据周围背景的某些不连续性，将潜在的目标提取出来，即确定目标在某个地方。

2. 区分目标

确定目标的种类，主要是根据目标的外形和运动特征加以区分。

3. 识别目标

识别目标的目的是辨别目标的真假。所发现的目标可能是真目标也可能是假目标，真目标中有敌方的目标也有友方的目标，是坦克还是装甲车或汽车灯，必须通过侦查加以识别和区分。

4. 定位

按照一定的精度确定目标的位置、高度和距离，强调空间上的准确件。

5. 监视目标

对目标进行严密的监视，强调观察在时间上的连续性。

6. 跟踪目标

对于已经发现并已经识别的特定目标，特别是处在运动中的目标要进行连续不断的监视。

（二）侦察与监视技术装备分类

侦察与监视技术根据运载侦察与监视技术设备平台的活动空域，可分为：航天侦察与监视装备、航空侦察与监视装备、地面侦察与监视装备和水中侦察与监视装备，按侦察任务、范围和作用可分为战略、战役和战术侦察与监视三类，根据事实侦察与监视技术的原理可分为光学、电子和声学侦察与监视三类。

1. 航天侦察与监视装备

航天侦察与监视技术是指使用有侦察设备的航天器在外层空间进行侦察，获取侦察情报的技术。其使用平台主要有卫星、空间站、宇宙飞船和航天飞机等，常用的侦察监视设备有可见光照相机、多光谱照相机、空外装置、合成孔径雷达技术。航天侦察与监视装备可分为以下几类：

（1）电子侦察。电子侦察卫星上装有侦察接收机和磁带记录器，当卫星飞经地方上空时，将各种频率的无线电波信号记录在磁带上，在卫星飞经本国地面上空时，回放磁带以快速通信方式将信息传回。其任务有两个，一是侦察敌方雷达的位置、使用频率等性能参数，为战略轰炸机、弹道导弹的突防和实施电子干扰提供数据。二是探

视地方军用电台和发信设施的位置，以便于窃听和破坏。电子侦察卫星的高度一般在300—1000千米，运行周期一般为90—105分钟。

（2）照相侦察。在各种侦察卫星中，照相侦察卫星是空间侦察任务的主要承担者。其侦察设备包括可见光相机、红外相机、多光谱相机、微波相机以及电视摄像机等，它们各有特点和用途。其中可见光相机能够获得最佳的地面分辨率，照片直观，易于判读；红外相机可以揭露一部分伪装；多光谱相机便于识别更多的目标；微波相机不受气候影响，可昼夜工作，并具有一定的穿透地表层、冰块的能力。

（3）导弹预警。导弹预警卫星主要任务是监视地面导弹的发射情况，它是把红外探测装在地球同步卫星上，可以昼夜监视地球上大约1/3的地面，只要导弹一发射，卫星上的红外探测器在90秒内，就能测出导弹尾焰产生的红外辐射信号，3—4分钟内便可以将预警信息传到指挥中心，对洲际导弹可取得25分钟的预警时间，对潜射导弹可取得14分钟的预警时间。

（4）海洋监视。海洋监视卫星主要用来对海上舰船和潜艇进行探测、跟踪、定位、识别，并监视其行动，以获取军事情报，它包括电子侦察型和雷达型两种。前一种实际就是电子侦察卫星，只不过监视对象不是陆上的雷达和电台，而是水中舰船发出的无线电信号；后一种卫星上装有大孔径雷达，可以不依赖对方发射信号而主动搜索目标，其精度比电子侦察型更高。由于所要覆盖的海域广阔，探测的目标又多是活动的，因此海洋监视卫星的轨道比较高，并多采用几颗卫星组网的侦察体系，以达到连续监视，提高探测概率和定位精度的目的。

2. 航空侦察与监视装备

航空侦察与监视技术就是利用侦察设备接收并记录各种目标的电磁辐射，经加工处理后，从中取得有价值的信息。其使用的平台主要是飞机侦察平台，包括有人驾驶侦察机、无人驾驶侦察机、侦察直升机和预警机。平台上实施侦察与监视的主要设备有可见光照相机、多光谱照相机、激光扫描相机、红外扫描装置、电视摄像机、合成孔径雷达、机载预警雷达等。

（1）有人驾驶侦察机。从设计上分为两类：一类是专门设计的侦察机，专门设计侦察机不仅生存能力强，而且侦察容量大，精度高，但技术复杂，研制周期长，成本高，目前使用数量受限。一类是各型飞机改装的侦察机，由各型飞机改装的侦察机数量就比较多。有人驾驶侦察机是航空侦察的主力，它可以携带可见光航空相机、红外航空相机、监视成像雷达、电视摄像机、电子侦察设备等。有人驾驶侦察机反应灵活，机动性好，能及时、准确地完成对战场情况的侦察，能够为各种指挥员提供作战指挥所需的大面积、远纵深的情报，并能直接引导突击兵力摧毁目标。

（2）无人驾驶侦察机。无人驾驶侦察机能携带可见光照相机、电视摄像机、前视红外遥感器等侦察设备，既能进行高空或地空摄影，也能及时把侦察图像传送回地面，还能距敌一定距离进行侦察。无人驾驶侦察机比有人驾驶侦察机具有更多的优

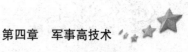

点：一是成本低；二是可靠性高，能用以完成危险性比较大、不易使用有人驾驶侦察机的侦察任务；三是体积小，发动机功率低，红外辐射少，不易被发现和击落，因此可减少飞行员的伤亡；四是机动很灵活，可用卡车运到没有机场的地方起飞，也可装进运输机空运至前线起飞。

（3）侦察直升机。侦察直升机可依靠视觉和各种化学观察设备进行直接观察，还普遍装备了航天照相机、电视摄像机、红外扫描装置等侦察与监视设备。用侦察直升机进行战场侦察，直升机可以在狭小的场地上起降，如林中空地、室内广场、舰艇甲板等，能够紧靠指挥员以及司令部驻扎，便于根据他们的需要进行侦察，能在很低的高度上实施侦察，且飞行速度不快，有利于对地面进行更细致、准确的侦察，提高获得情报的可靠性，同时便于从己方区域对敌人整个战术纵深内的活动目标进行跟踪。

（4）预警机。预警机是空中预警和控制系统的简称，是空中侦察与监视系统的一个重要组成部分，预警机通常由载机以及监视雷达、数据显示与控制、敌我识别、通信、导航和无源探测7个电子系统组成，具有低空性能好、监视范围大、生存能力强指挥控制能力强和灵活机动等特点，能够集预警和指挥、控制、通信功能于一体起到活动雷达站和空中指挥中心的作用。

预警机是为了适应低空防御的需要而产生的。在和平时期，预警机可用来进行空中执勤，监视地方行动；在作战时，预警机不仅可以加大预警的距离，使截击机的拦截线向外大大延伸，而且可以把参战部队紧密地连成一个整体，统一控制战区内所有的防空武器，有效地指挥三军作战。

3. 地面侦察与监视技术

地面侦察与监视是一种传统的侦察与监视方式，它是在陆地上进行侦察与监视。地面侦察与监视手段很多，除了常规的光学侦察（如望远镜、潜望镜、侦察经纬仪、测距机等）外，主要还包括无线电侦察、雷达侦察、地面传感器侦察等。

（1）无线电侦察和无线电技术侦察。无线电侦察又称为通信侦察，它以监视地方无线电和电话系统获取情报为目的，无线电技术侦察以接收地方非通信电子信号获取情报为目的。信号有：雷达电台与武器控制和指导系统发射的电子信号。通过对所接收的各种信号进行分析和处理，就可了解敌方发射台和部队的有关情报，如台、站的方位和坐标，指挥所、部队和其他军事目标的配置等。俄军电子侦察团能担负宽300千米—400千米、纵深500千米地域的侦察任务，1小时能对670部雷达进行定位，并测出其性能，同时还能侦听60—80个无线电通信网。

（2）雷达侦察。雷达侦察就是使用雷达设备进行的侦察。它是利用物体对无线电波的反射特征来发现目标和测定目标距离、方位和运动速度的一种侦察手段。雷达侦察目标的距离、方位和速度，探测距离远、精度高，可以昼夜全天探测人员、车辆、飞机、航船、导弹等目标。又可分为：弹道导弹预警侦察雷达和地面侦察雷达。

弹道导弹预警侦察雷达。是远距离搜索雷达，用于发现洲际、中程和潜地弹道导

弹，测定其瞬时位置、速度以及发射点和弹着点等参数，从而提供弹道导弹来袭的情报。弹道导弹预警侦察雷达通常架设在国土边缘地区，用若干部雷达组成预警网，每部雷达负责指定的方位观测区，用数传通信系统与预警指挥系统中心联系在一起完成国土的全方位预警。

地面侦察雷达。地面侦察雷达可分为三类：第一类是短距离（3千米—5千米）单兵使用雷达可单人背或支在三角架上，重量不足10千克，携带方便。由于它的功率低，天线矮，只能探测2千米以内的车辆，一般作为报警装置，测距误差少于50米。第二类可由几人携带或安装在车辆上，重量有几十千克，能探测5千米—8千米以内的车辆。第三类是远距离（20千米左右）炮位侦察雷达，它能跟踪打来的两发炮弹用计算机计算出它们的弹道，并根据两条弹道的交汇点，算出火炮阵地的位置。

（3）自动地面传感器侦察。地面传感器侦察是指对地面目标运动所引起的电磁、磁、声、地面振动和红外辐射等变化量进行探测，并把它们转换成人能识别与分析的图像以及电信号的设备。

音响传感器。工作原理与麦克风和调频发射机的工作原理相同，美国陆军使用了一种可悬挂在树上的被称为"音响浮标"的装置，控测距离300—400米，接近人的听觉范围。

震动传感器。是利用敌方目标发出的地面震动，形成目标信号，其特点是探测灵敏，通常能探测到30米以内活动的人员和300米以内活动的车辆，但其探测距离受地面土质变化影响较大。土质硬，探测距离远；土质软，探测距离近。它能区分人员和车辆，但它无法分清是徒手人员还是武装人员，是履带车还是轮式车。震动传感器分空投式和地面安放式两种。

磁性传感器。可以探测到目标运动时对周围静磁场的干扰。因为体积、重量受限传感器的能源不可能太大，这使得它的探测距离比较近。对人的探测距离为3—4米，对车的探测距离25米左右，但它具有一个很大的优点，即鉴别目标性质的能力较强，能区别徒手人员、武装人员和各种车辆；同时，对目标探测的响应速度快通常为25米，能探测快速运动的目标。

红外传感器。分为有源式和无源式两种。有源式红外传感器的工作原理与自动开门器的工作原理相同，即当传感器发出的红外光线被切断，传感器便被启动，同时监控站的预警器报警。一般来说，红外线传感系统是一种直视探测装置，直视探测距离约为1000米。无源式红外传感器的工作原理与热动开关的工作原理相同，当那个温度突然变化时，传感器便被启动。这种装置很灵敏，在15米范围内，人的正常体温足以启动该装置。

压力传感器。也叫应变电缆传感器。探测器为电阻丝，埋设在浅土层下。当上面有地方行动带来的压力时，电阻发生变化，电流也随之发生变化，从而实现对目标的探测。这种传感器只能人工埋设，在边海防、公安、特殊设施的预防使用方便、可靠性高，能辨别人员和车辆。

扰动传感器。工作原理是，当传感器被移动或受到干扰时，传感器将会发出警报。有一种叫作"无声微型炸弹"的军用扰动传感器，外观像石头或树枝，这种传感器只要被移动1.2毫米，便发出强大的无线电信号，向监控站发出警报；还有一种被称为"守夜者"的扰动传感器，其体积很小，可供远程侦查巡逻队使用，其工作原理是，设置一根很细的金属线，当金属线被挣断时，便会使得监控器报警。

4. 水下侦察与监视装备

水下侦察与监视技术是利用水下侦察与监视设备来探测水下的各种目标。水下侦察与监视设备大体上可分为两类，即水声探测设备和非水声探测设备。水声探测设备主要有声呐、水下噪声测量仪、声线轨迹仪、声速仪等。非水声探测设备主要有磁探仪、红外线探测仪、废气探测仪等。这里主要介绍声呐的类型以及应用，声是利用声波对水中的目标进行探测、定位和识别的水声探测装备。根据使用对象的不同，声呐可分为水面舰艇声呐、潜艇声呐、航空声呐和海洋声呐等。

（1）水面舰艇声呐：主要是用于搜索、识别、跟踪潜艇，保障对潜艇实施攻击，探测水中障碍，与己方潜艇进行水声通信，对敌方的鱼雷攻击进行警戒或诱惑；

（2）潜艇声呐：主要用于搜索、识别、跟踪水面舰船和潜艇，保障鱼雷、深水炸弹和战术导弹攻击，探测水雷等水中障碍，进行水下战术通信和导航；

（3）航空声呐：是海军反潜艇直升机和反潜巡逻机的主要反潜探测设备，亦称机载声呐，用于搜索、识别和跟踪潜艇，保障机载反潜武器的使用或引导其他反潜兵力实施对潜攻击；

（4）海岸声呐：是设置在近岸海域的固定式声呐。

（三）其他侦察监视技术

1. 战场窃听侦察

战场窃听侦察是以偷听敌人语音来获取情报的一种手段，其基本形式可分为声音窃听、电话窃听和激光窃听。

2. 战场电视侦察

战场电视侦察是利用电视技术获取图像情报的一种技术，其特点是音像共存，形象直观；情报传递速度快、传播面广、时效性强；可搭载各种平台，实现立体侦察；有全天候侦察能力。

3. 炮位声侦察

火炮发射时巨大的声响是火炮无法隐藏的征兆。声测侦察就是利用声音探测装置发现敌人正在发射的炮兵阵地，确定其位置以引导我炮兵或火箭兵力进行压制或摧毁。

（四）影响侦察监视技术的基本因素

1. 目标的特征信息

目标所产生的声、电、光、磁、热、力等信息称为目标的特征信息。目标特征信息的主要形式是电磁波和声波。各种目标辐射或反射波的形式和能力是不同的。几乎所有目标都能够辐射红外线，并具有发射电磁波的特性；某些目标（雷达、电台）还能够辐射强烈的电磁波；目标在运动时还不可避免地发出声波，从而为现代侦察监视技术设备的探测提供了目标的特征信息。

2. 地形、地物

各种化学侦察设备、地面侦察雷达都要求通信条件良好，而地形起伏、高大的遮障物以及地球曲率都会给这部分侦察设备观察目标带来障碍。

3. 气象条件

侦察器材受黑暗和气象的影响程度，取决于它们采用的工作波长，波长越短，频率越高，受到的影响越大。如黑暗使得工作在电磁频谱最高段的光学器材失去作用；烟、雾、雨、雪则降低红外器材的效能，而对雷达影响较小；大的降水影响高频雷达的工作，而对低频雷达影响较小。

（五）侦察监视技术对作战的影响

现代侦察手段多样，各种手段的综合运用大大提高了大面积监视能力、精确侦察能力、夜间或复杂条件下全天候侦察能力、实时或近实时侦察能力和识别伪装的能力，对作战也产生了深刻的影响。

1. 促进了反侦察技术的发展

常用的伪装方法对目视侦察和激光侦察有效，但热成像器材出现后，这些方法基本失去了作用，烟幕伪装的效果也越来越小，必须研究出有效的伪装方法。此外高技术侦察设备和先进侦察手段的大量使用，还使战场目标的生存面临更大的威胁战役战斗的突然性越来越难以达成。因此，为了提高战场目标的生存能力和达成战役战斗的突然性，必须与敌侦察器材作斗争，发展反侦察技术。

2. 对作战指挥人员提出了更高的要求

现代侦察监视技术在战场上的运用不仅给作战指挥提供了极为便利的条件，而且对作战指挥人员提出了更高的要求。一方面要求指挥员和指挥机关在作战指挥中具有时效性，在时间的较量中胜敌一筹；另一方面要求指挥员和指挥机关必须提高军事素质，熟悉军队指挥规律及其科学原理，能运用现代科学知识，采取最优化的指挥方式，充分发挥现代侦察监视手段的作用，提高搜索、处理战场信息的速度和准确率，提高作战指挥的时效性，以适应现代战争的要求。

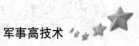

3. 扩大了作战空间

现代侦察技术装备可以覆盖整个战场并在全球范围内进行全纵深、大面积的侦察和监视。例如，陆地战场监视系统侦察纵深可达150千米之远；中低空侦察机可覆盖其航迹侧面100千米；高空侦察机飞行距离4800千米，执勤时间为12小时，每小时监视能力达38.9万平方千米；卫星侦察与监视可覆盖数百万平方千米。作战侦察距离的增大，扩大了信息的获取量，为实施远距离作战提供了条件。

4. 增强了作战指挥的时效性，提高了指挥效能

各类探测和通信卫星上均装有使用了最新成果的高技术仪器，大大缩短了各种指令的传递时间。如侦察卫星多采集的大量信息，包括图像数据、无线电信号、雷达信号等多种新式的信息，使各级指挥员及时地了解和掌握敌军部署和双方战斗进展的情况，为战区乃至分队指挥员实施正确指挥提供重要依据。

现代侦察监视系统不仅能为指挥员提供直读、直观、直闻的、不同距离的、全方位的、有声有色的情报，而且还可用计算机的逻辑功能帮助计算、分析和判断，并可对指挥员作出的计划方案进行"抵抗模拟"，比较方案的可行性，以便于选择最佳方案，同时避免了手工作业带来的差错，提高了保密性和指挥质量。

5. 改善了信息获取手段

侦察技术的发展，使得现代战争的情报侦察方式发生了变革。过去战场侦察主要是依靠侦察兵或特工人员使用目视观察器材进行侦察，而现代战争的情报侦察主要是使用配备有先进的光、电、磁传感器的侦察设备，包括地面侦察站、侦察船、侦察飞机、侦察卫星等手段，对敌方的军事设施、军队的部署、武器装备的配置以及部队的调动与行动企图进行侦察和分析，从而获取军事情报，为制订作战计划和采取作战行动提供依据。

（六）现代化侦察与监视技术的发展趋势

由于各种高技术手段的广泛应用，无论是侦察方式、侦察手段、器材设备本身还是其技术战术应用，都将提高到一个新的高度。现代侦察监视技术的发展有以下五个方面：

1. 防卫上的多样化

精确制导武器的发展与侦察系统构成了极大的威胁。因此，要完成侦察任务首先要提高侦察系统的生存能力。航空侦察向高空、高速、超低空和无人化方向发展，侦察卫星也向抗干扰、耐辐射、变轨道方向发展。地面雷达、水中声呐也都采用了相应的措施。

2. 空间上的立体化

现代战争是多维的立体空间战争。战场的活动空间已经遍布太空、高空、中空、地空、超低空、地面、海面直至地下、水下。与之适应的现代高技术侦察监视也形成

了由航天侦察、航空侦察、地面（水面）侦察以及水下（地下）侦察系统组成的战场侦察体系。在这个体系中，无论是在发挥各自的优势和克服其局限性方面，还是侦察的地域、时域、周期以及情报利用方面都可以相互补充，以得到更好的作战效果。

3. 速度上的实时化

现代战争快速多变，信息的处理和传输速度是关键，需要借助以计算机为核心的遥感图像自动分类和识别技术，提高处理速度。快捷、高效的实时侦察能力得益于高技术的侦察监视技术手段和以计算机为核心的军队自动化指挥系统。

4. 手段上的综合化

现代高技术战争首先是信息总体战，单一的侦察手段难以完成情报侦察任务因此，必须依靠诸军兵种的合成侦察力量，综合运用各种技术侦察以形成整体侦察的最佳功能，才能满足部队作战的需要。

5. 侦察、监视与攻击系统一体化

具有高技术武器装备的部队基本上实现了情报、指挥与控制、打击一体化。

四、电子对抗技术

（一）电子对抗的基本概述

电子对抗或电子斗争，是指敌对双方使用电子技术设备和器材所进行的电磁斗争。电子对抗是指为削弱、破坏敌方电子设备的使用效能和保护己方电子设备使用效能的正常发挥而采取的各种措施与行动。电子对抗经历了由通信对抗到雷达对抗，再到电子武器系统全面对抗的几个发展阶段。电子对抗是由综合的、交叉的、多层面的多种学科所构成的军事科学体系。在国际上，与电子对抗相应的术语有"电子战""电子斗争"，目前通常使用"电子战"这一术语。

（二）电子对抗的范围

电子对抗的主要内容有射频对抗、光电对抗、声电对抗和计算机对抗等。

1. 射频对抗

射频对抗即无线电对抗。射频是通信、导航、雷达、制导等设备工作的主要频段，其中雷达工作频段有米波、分米波、厘米波和毫米波四个频段，雷达工作频段也是雷达抵抗的频段。

2. 光电对抗

光电对抗包括红外对抗、电视对抗和激光对抗等分支，光电对抗实质上是射频对抗向更高的电磁频段的发展，是近年来发展最快的电子对抗领域。

3. 声电对抗

声电对抗也称为水电对抗，主要是指海下的电子对抗。声电对抗是专门用来对声

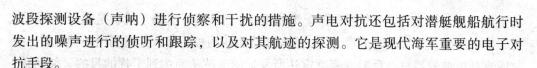

波段探测设备（声呐）进行侦察和干扰的措施。声电对抗还包括对潜艇舰船航行时发出的噪声进行的侦听和跟踪，以及对其航迹的探测。它是现代海军重要的电子对抗手段。

4. 计算机对抗

计算机对抗包括计算机数据窃取与反窃取、计算机病毒对抗、计算机的破坏与保护等方面内容。现在计算机对抗正处于研究、发展、探索阶段，但今后势必将成为电子对抗中的一个最隐蔽、最激烈、最重要的斗争领域。

（三）电子对抗的基本形式

电子对抗的基本形式可以概括为电子侦察与反侦察、电子干扰与反干扰、对电子设备的摧毁与反摧毁。

1. 电子侦察与反侦察

电子侦察与反侦察是电子对抗的基本形式之一，也是必不可少的组成部分，没有侦察就无从实施干扰和摧毁，因此可以说电子侦察是电子对抗的基础。

（1）电子侦察。电子侦察包括：无线电通信侦察、雷达侦察、光电侦察等。

无线电通信侦察。是利用无线电通信侦察设备，对敌方的各种无线电通信和指挥联络信号进行接收、识别，必要时确定其发射源的方向和位置，就叫作无线电通信侦察。

雷达侦察。是利用雷达侦察设备，截收敌后各种雷达信号，经过检测、识别分析、定位和处理以查明敌方雷达的战术技术参数，及其配置使用情况，叫做雷达侦察。雷达侦察设备基本上相当于雷达接收设备，不过其要求较雷达接收设备的指标更高。

光电侦察。是利用光电侦察设备，对敌方光电传感、通信、武器控制和制导系统进行侦察，目的是获取敌光电设备的技术参数、配置和使用情况，为而后进行光电干扰或反敌对侦察监视和攻击采取有效措施提供依据。

（2）反电子侦察。针对敌方电子侦察的特点，反电子侦察的主要措施有：严格控制电磁波的发射，加强频率管理；实施伪装欺骗；建立备用台站；及时通报敌情；改进武器装备。

2. 电子干扰与反干扰

电子干扰是通过干扰电磁波或使用其他器材吸收、发射电磁波，达到干扰和欺骗敌方的电子设备，使其不能正常工作，保障己方电子设备正常发挥作用。电子干扰与反干扰的斗争是电子对抗的主要形式。

（1）电子干扰。根据不同的干扰对象，电子干扰主要有无线电通信干扰、雷达干扰、光电干扰等几种。一是无线电通信干扰是利用无线电通信干扰机发射干扰信号，使敌方无线电通信接收设备失去正常的工作能力，叫做无线电通信干扰。二是雷达干扰是利用雷达干扰设备和器材，发射、反射或吸收敌雷达波，可以扰乱或破坏敌雷达

的正常工作。雷达干扰可分为有源干扰和无源干扰两类。有源干扰就是利用干扰机发射干扰电波干扰敌雷达的正常工作。无源干扰也叫消极干扰，是指利用各种反射、吸收或衰减电波的器材，反射或衰减雷达所发射的电波从而达到干扰的目的。如箔条、金属条、金属粉末等，可造成对雷达的强烈干扰，掩护目标免被雷达探测和跟踪。三是光电干扰就是利用光电技术和光电器材，压制、欺骗和扰乱对方光电设备，使其不能正常工作或完全失效。

（2）反电子干扰。反电子干扰就是采取必要的技术措施和组织措施，使我方电子设备免遭干扰或削弱、排除干扰，保障我方电子设备的正常工作。反电子干扰的措施多种多样，但原则只有两条，一是免遭干扰，二是有了干扰能自我排除。

3. 对电子设备的摧毁与反摧毁

（1）对电子设备的摧毁。对电子设备的摧毁，通常有以下几种手段：反辐射武器和核电磁脉冲弹等。

反辐射武器。是通过利用雷达的电磁辐射，作为反辐射武器的制导信号，对雷达进行寻的跟踪直至摧毁。反辐射武器主要有反辐射导弹和反辐射无人机。其中反辐射导弹的导引头实际是一个无源雷达，其他部分与一般精确制导导弹类似，使用反辐射导弹攻击敌方雷达，首先要掌握敌方雷达的工作频率是否在反辐射导弹的引头接收频率范围之内，并且还要测定敌雷达的主要参数和位置，对准敌雷达辐射电磁波束或辐射方向，反辐射导弹进入雷达波束后，将顺着雷达波传来的方向飞行，直到摧毁雷达。

核电磁脉冲弹。是核武器或一些特定的非核武器，在爆炸时能产生一种电磁效应，能量很高，这种电磁脉冲进入电子设备后，会产生强大的瞬间电流，使电子设备器件过载而烧毁，它能对几百千米以至上千千米之内工作着的电子设备起到摧毁和破坏作用。

（2）反摧毁。所谓反摧毁就是防御一方根据对方摧毁手段的基本特点和弱点，采取一切有效措施，使己方电子设备免遭破坏。具体措施：一是装备小型化。小型装备便于机动，可随时转移避开敌人的攻击。加强阵地的警戒，防止敌人的破坏和袭击；二是提高防护能力。修筑坚固的雷达、电台防御工事，加强阵地防空，摧毁来袭的敌机。三是欺骗伪装。建立假阵地，发射假信号欺骗敌人；利用自然条件、器材进行阵地伪装；四是讲究战法。发现敌机发射反辐射导弹时，则将两个或多个同频雷达站协调配合，交替开机、关机，使反辐射导弹落点处于两站之间。

（四）电子对抗在战争中的地位和作用

1. 保护己方电子设备正常工作

战时对己方电子设备和系统采取多种行之有效的反侦察、反干扰、反摧毁等防御措施，可保证己方无线电通信迅速、准确、保密、不间断，使雷达探测及时、准确，制导兵器控制自如，对于保障作战任务的顺利完成具有重要意义。

2. 破坏敌方作战指挥

无线电通信是军队作战指挥的主要手段。在陆、海、空三军协同作战，坦克集群突防，飞机或舰艇编队行动，空降作战，海上登陆作战以及军队被困时，无线电通信是唯一的通信手段。有效地干扰、欺骗和摧毁敌人的无线电通信设备，可使其联络中断、指挥瘫痪，严重削弱敌军战斗力。

3. 保卫重要目标

在机场、桥梁、指挥所等重要目标附近部署雷达干扰设备，干扰敌方轰炸机瞄准轰炸雷达，可以降低其投弹精度；干扰敌方导弹的雷达制导系统，可以使其导弹失控。在地面炮兵阵地附近部署雷达干扰设备和干扰器材，干扰敌炮位侦察雷达，可使敌方难以发现我炮兵阵地的位置，使用伪装器材对机场、桥梁、炮阵地、坦克集聚等目标进行反可见光、反红外、反雷达的伪装，可以隐真示假，减少被敌人打击摧毁的机会。

4. 获取军事情报

通过电子侦察，可以获取敌方无线电通信的内容、敌方电子设备的有关技术参数以及敌方兵器属性、类别、数量、配置和位置等情报，从而判断敌军兵力部署和行动企图。

（五）电子对抗的发展趋势

1. 电子对抗将向软、硬结合的方向发展

未来的战争中，使用的兵器种类增多，自动化的程度高，信号密度大，纵深性、立体性、快速性、破坏性等进一步发展，战争的激烈、复杂和残酷性将是空前的。于是一种软硬结合的电子对抗手段应运而生。

2. 电子对抗的重点向 C^4I 系统发展

电子对抗的对象是广泛的，主要目标是指挥、控制、通信以及情报系统、防空雷达系统、武器制导系统等。这些系统中最重要的是指挥、控制、通信、计算机、情报、侦察、监视系统，即 C^4ISR 系统。该系统是现代化军队的神经中枢，一旦被破坏，后果不堪设想。

3. 电子对抗装备的不断更新

电子装备在战场上的大量使用，使得战场空间的电子环境十分复杂，这就要求电子对抗装备从单一的功能向一体化、通用化和宽频化等综合配套的方向发展

4. 电子对抗战术将不断呈现

在高新技术的推动下，电子对抗主要采用了先进的电子技术，它越来越成为一种作战手段。在一定的电子对抗技术的基础上，战术的应用起着关键作用。

五、军事航天技术

军事航天技术是将航天器送入太空，以探索、开发和利用太空以及地球以外天体的综合性工程技术，又称空间技术。其组成主要包括：航天运载器技术、航天器技术和航天器测控技术。

（一）军事航天运载技术

1. 军事航天运载技术的概念

军事运载器技术是航天技术的基础，要想把各种航天器送到外层空间去，必须利用运载器的能量来克服地球引力和空间阻力。常用的运载器是运载火箭，一般为多级火箭。

2. 军事航天运载火箭的基本组成

运载火箭是由多级火箭组成，可将各种人造地球卫星、飞船、空间站等航天器送入太空的航天运载工具，是最常用的运载器。运载火箭主要由动力系统、控制系统、箭体结构和无线电测量系统组成。

（1）动力系统。动力系统由火箭发动机和推进剂组成，如果是液体火箭发动机，还应有液体推进剂和输送系统。动力系统有火箭的"心脏"之称，它是使火箭实现飞行运动的原动力。

（2）控制系统。由制导、制控以及程控等分系统组成，它是火箭飞行中的指挥系统，被称为火箭的"大脑"，其任务是用来保证火箭的稳定飞行，并确保火箭精确地进入预定轨道。

（3）箭体结构。箭体结构包括整流罩、仪器舱段、贮箱、尾部舱段、级间舱段和各舱段的连接分离等结构。各舱段用来安装宇宙飞行器、制导系统、无线电测量系统和动力系统箭体结构设计要使火箭具有良好的气动力外形，保护箭体内部的各种仪器设备在良好的环境下工作。同时火箭在运输、起吊和飞行过程中，箭体结构还用来承受各种载荷。

（4）无线电测量系统。在运载火箭上，通常都装有一些小型的遥测、遥控收发仪器，这是为了了解飞行情况而附加在火箭上的测量和跟踪系统。它为设计者和使用者提供火箭飞行实况资料，供性能分析以及必要时进行故障原因分析使用。

（二）军事航天器技术

1. 军事航天器技术的概念

航天器是在太空沿着一定的轨道运行并执行一定任务的飞行器，亦称空间飞行器。航天器分无人航天器和载人航天器两大类。无人航天器按是否环绕地球运行又分为人造地球卫星和空间探测器等。载人航天器按飞行和工作方式分为载人飞船、空间

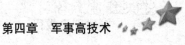

站和航天飞机等。

2. 军事航天器的军事应用

（1）已经大量使用的支援地面军事力量的卫星系统，如军事导航卫星、军事侦察卫星、军事通信卫星、军事气象卫星、军事测地卫星等。

军事导航卫星是为航天、航空、航海、巡海导弹和洲际导弹等提供导航信号与数据的卫星。一颗导航卫星相当于一个设在空间的无线电导航台。用导航卫星进行导航不受气象条件和距离的限制，而且导航精度高。

军事侦察卫星是用以获取军事情报的卫星，与其他的侦察手段相比，具有速度快、覆盖稳定、生存能力强、不受国界与地理环境限制等特点。根据不同的侦察手段和侦察任务，侦察卫星可分为照相侦察、电子侦察、导弹预警和海洋监视等不同种类。

军事通信卫星是天基微波中继站，一般部署在地球同步轨道上，也有少数部署在大椭圆轨道和其他轨道上，它接收到地面发出的无线电波以后进行放大，然后再转发向地面。卫星通信具有覆盖范围大、通信距离远、通信容量大、传输质量高、机动性和生存能力强等优点。

军事气象卫星是从空间获取军事气象情况的重要手段，对全球天气监视和天气预报业务均有十分重要的作用。气象卫星上装有各种扫描辐射仪、可见光和红外电视摄影机、温度和湿度探测器以及自动图像传输设备。

军事测地卫星是进行大地测量的卫星，通过对地球形状、重力场和地磁场的分布、地球表面诸点的精确地理位置的测量，可获得大量有价值的战略材料。

（2）处于研究发展中的天基或部分天基武器，主要指攻击敌方航天器用的反卫星系统，包括反卫星导弹和各种天基定向能武器等。

天基武器主要指攻击敌方航天器用的卫星及卫星平台，如反卫星卫星、反卫星反弹道导弹动能武器平台和定向能武器平台等。目前的天基武器主要是反卫星卫星。反卫星卫星有两类：一种是携带有常规炸药的卫星，当它在轨道上接近目标卫星时，以地面遥控或自动引爆的自毁方式与目标卫星同归于尽；另一种是装备有导弹或速射炮的卫星平台，当目标卫星进入武器的射程之内时便进行发射，摧毁目标。

（3）载人航天器是环绕地球运行的载人空间飞行器。包括载人飞船、空间站、航天飞机、空天飞机等。

载人飞船包括卫星式载人飞船、登月载人飞船和行星际载人飞船。载人飞船是能保证宇航员在空间轨道上生活和执行航天任务并返回地面的航天器。它的运行时间有限，仅能一次性使用，可独立进行航天活动，也可以作为往返地面和空间站之间的"渡船"，还能与空间站或其他航天器在轨道上对接后进行联合飞行典型的载人飞船由对接装置、轨道舱、返回舱、仪器设备舱和太阳能帆板等部分组成。

空间站是大型的能绕地球轨道做较长时间航天的载人航天器，是多用途的空间基地。与载人飞船相比，空间站具有容积大、载人多、寿命长和可综合利用的优点由于

空间站可承载许多复杂的仪器设备，并可由人直接操作，因而可以完成复杂的非重复性的工作任务。

航天飞机是部分可重复使用的、往返于地面和近地轨道之间，运送有效载荷并完成特定任务的空间飞行器。航天飞机有多种设计方案，现已研制成功的航天飞机是由轨道器、助推器（即助推火箭）、外燃料箱三部分组成。

航天飞机比火箭、卫星和飞船具有更多的优点和更多的用途，在军事上也有巨大的应用潜力。这主要表现在：航天飞机可用于部署、维修、回收各种卫星（包括军用卫星）；航天飞机可方便地实施空间机动，执行反卫星作战任务，拦截摧毁或俘获敌方卫星；航天飞机可执行空间侦察，对地目标进行监视、跟踪，还可以对敌方发射的弹道导弹和飞机进行预警；航天飞机可作为从地面到空间站的军事交通工具，为军事目的向空间站运送人员和物资，为建立永久性空间军事基地和军事工厂服务等等。

空天飞机是能在普通跑道上水平起降，并在大气层内和空间轨道上飞行的完全可重复使用的航天器。

（三）航天器测控技术

航天测控系统，是对飞行中的运载火箭及航天器进行跟踪测量、监视和控制的各种设施设备的总称。为了保证火箭正常飞行和航天器在轨道上正常工作，火箭和航天器必须不断将有关信息向地面报告，地面必须依靠所建立的测控系统对航天器进行遥测、遥控、跟踪和通信。因此，除了航天器上应载有测控设备之外，还必须在地面建立测控（包括通信）系统。地面测控系统由分布全球各地的测控台、站及测量船组成。这些台、站和船上通常配备有精密跟踪雷达、光学跟踪望远镜、多普勒测速仪、遥测解调器、遥控发射机、电子计算机、通信设备等。

（四）军事航天技术对现代化战争的影响

正如航空技术与航空器的发展导致空战、空军出现一样，航天技术与航天装备的发展也必将促使天战、天军的出现。未来战争，谁控制了空间，夺取了制天权，谁就可以居高临下地控制其他战场，牢牢掌握战争主动权。

1. 太空将成为未来战争新的"战略制高点"

军事航天技术的迅速发展及在军事领域的广泛应用，将进一步促进信息与火力的融合，空间将既作为获取、传输和发送信息的"高地"，同时还可能发展成为力量投送的"高地"。

2. 军事航天技术将提高核威慑和信息威慑的效力

人类历史上，军事航天技术的发展一直与核威慑密切相关。进入21世纪后相当长的一个时期内，战略核力量仍将在国家安全中处于核心地位。国际安全环境的变化，加上核武器在使用上的局限性，使得各国不断对核战略进行调整。实际上，无论精确

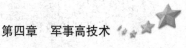

制导武器也好、巡航导弹也好，与军事航天技术的结合都日益紧密，没有军事航天技术的支持，战略核武器将无法正常使用。

同时，还应该看到，在进入信息时代之后，信息战已经成为未来战争的重要作战样式。从军事和技术的角度都可以清晰地预见，在未来的信息化战争中，制信息必须首先制天，军事航天装备将日益成为战场信息威慑的核心。

3. 军事航天器将主宰战场态势感知

在空间运行的航天器能够超越领空或其他限制，在短时间内覆盖全球，实现对地球上某一区域的侦察监视，并具有长期值守、平战结合等特点，已成为获取各种情报最重要的"感知器"，可以为作战行动提供侦察监视、指挥控制、通信预警、导航定位和气象预报等信息服务。目前，美军95%的侦察情报、90%的军事通信、100%的导航定位和100%的气象信息来自天基信息系统。因此，军事航天系统将成为战场态势感知的主宰。

4. 军事航天装备将强化联合作战体系

从近期几场局部战争看，以信息化武器为主体的陆、海、空、天、电五维一体的联合作战已成为基本作战形式，指挥、控制、通信、计算机、情报、侦察与监视（C^4ISR）系统成为联合作战体系的核心。军事航天装备作为 C^4ISR 系统的一个重要组成部分，不仅可以全天时、全天候、全方位、近实时地获取、融合和分发各种战场信息，还可以利用独特的位置与地域优势，发挥"黏合剂"的作用，实现 C^4ISR 各个系统的互联互通，提高信息系统的一体化程度。

5. 军事航天装备将提升精确打击能力

远程精确打击是信息化战争的重要特征之一，提高各种远程打击武器的射击精度是提高其作战效能最经济的方法。基于空间导航能力的精确打击，精度高，费用低，作战准备时间短，不受气候影响，已成为现代战争最主要的毁伤手段。据统计，在2003年的伊拉克战争中，美英联军使用的空袭弹药中，制导弹药占68%，而在这些制导弹药中有近2/3采用GPS制导或以GPS为主的复合制导。由于拥有绝对的制天权，美军的作战效能成倍增强，放大了双方在军事力量上的差距，使美国所推行的基于效果的作战成为可能，完全掌控了战争进程。

（五）航天技术的发展趋势

1. 航天技术在军事领域发挥的作用

利用航天技术在军事领域所发挥的航天侦察、监视、通信、导航等功能，是战争取胜的关键。只有制天，才能制空、制海，而且在未来战争中将直接作为一种攻击武器，在对地基和空基目标实施攻击中发挥主要作用。

2. 卫星应用将产生更大的效益

今后应用卫星，人类将更能长期准确地观风测雨，更快地传递信息，更加精确地

预报灾害，更加清楚地查明地球的资源等。

六、军队指挥自动化技术

战争离不开指挥，一部战争史从某种意义上来说就是一部指挥手段不断改进的历史。农业时代，军队作战指挥靠的是令旗、号角、锣鼓和烟火等。工业时代的战争，特别是两次世界大战广泛使用了无线电报、有线电报、电话等工具以及侦察机雷达、无线电侦听器和光学观测器等。随着科学技术的飞速发展，人类开始跨入了信息社会，军队由机械化迈向了智能化、信息化，指挥自动化系统便应用而生。

（一）军队指挥自动化技术的概述

军队指挥自动化系统，是用电子计算机将指挥、控制、通信和情报分系统紧密联系在一起的综合系统。军队指挥自动化系统以其突出的情报获取能力、信息传输能力、分析判断能力、决策处置能力和组织协调能力，在军队现代化建设和高技术战争中的地位和作用日益突出。为了实现军队指挥自动化，必须要建立与之相适应的指挥自动化系统。

（二）军队指挥自动化系统的组成

一个完整的指挥自动化系统包括以下几个分系统：

1. 通信分系统

通信系统通常包括由专用电子计算机控制的若干自动化交换中心以及若干固定或机动的野战通信枢纽。手段包括有线载波、海底电缆、光纤以及长波、短波、微波、散射和卫星通信等。

2. 指挥分系统

指挥系统综合运用现代科学和军事理论，实现作战信息收集、传递、处理的自动化和决策方法的科学化，以保障部队的高效指挥，其技术设备主要有处理平台、通信设备、应用软件和数据库等。

3. 控制分系统

控制系统是用来收集与显示情报、资料，发出命令、指令的工具，主要有提供作战指挥用的直观图形、图像的现实设备、控制按钮、通信器材以及其他的附属设备等。

4. 情报、监视、侦察分系统

情报系统包括情报搜集、处理、传递和显示，主要设备有光学、电子、红外侦察器材、侦察飞机、侦察卫星以及雷达等。监视与侦察系统的作用是全面了解战区的地理环境、地形特点、气象情况，实时掌握敌人兵力部署以及武器装备及其动向。

5. 电子计算机分系统

电子计算机系统是构成指挥自动化系统的技术基础，是指系统中各种设备的核

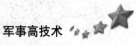

心。指挥自动化系统的计算机要求容量要大、功能要多、速度要快，特别是要有好的软件，并形成计算机网络。

（三）军队指挥自动化的作用

1. 能够减轻指挥的工作量

实现作战指挥自动化之前，指挥员一直为手工作业所困扰，尽管他们处在支配一切的位置，但所从事的工作，大量的都是事务性的重复劳动，这自然要影响指挥员的支配作用的发挥。实现作战指挥自动化以后，他们可把主要的精力投入创造性的劳动中去。

2. 能够大大缩短指挥周期

指挥自动化系统中，指挥人员从自动情报分系统中随时调取所需要的重要情报。由于情报及时、准确，就为指挥员迅速定下决策、妥善处理情况创造了条件从这个意义上说，军队指挥自动化的程度与反应能力的速度成正比，军队要想提高作战的快速反应能力，就必须从作战指挥自动化中寻找出路。

3. 能使战场实施优化控制

实现作战指挥自动化后，指挥员可借助于机器分析研究部队作战行动的代价风险与效益，及时做出科学的决策。同时，还可利用反馈系统，监督了解参战部队对上级命令、指示、计划的执行情况，以便修改调整作战计划，使各部队的作战行动始终按照最优化的目标运行。

（四）军队指挥自动化的发展趋势

1. 在技术上向智能化方向发展

所谓智能化武器，是指不用人直接操作和控制，可自行按照人的意志完成侦察搜索、瞄准、攻击目标以及情报的搜集、处理、综合等多种军事任务的高技术武器装备。与其他的武器装备相比，智能化武器可以"有意识"地寻找、辨别需要打击的目标，具有图像处理的能力，是一种"会思考"的武器系统。随着武器智能化，军队编制更加精干，军队员额将逐渐减少。

2. 在配置范围上向外层空间方向发展

制天权的争夺将成为未来战争的又一个制高点，空间系统建设将成为军队指挥自动化发展的重要内容。高技术条件下作战对空间系统的依赖性越来越大，突出表现在军队指挥自动化业务的卫星化发展趋势。有了卫星，促进了联合C^4I系统以及陆、海、空各军种C^4I系统一体化，才使C^4I系统和作战系统的综合一体化得以实现。

3. 在运用上向一体化方向发展

一体化是未来军队指挥自动化的重要发展趋势，也是军队指挥自动化建设的重要原则。为促进一体化的实现，美军又制定了国防信息系统网综合化计划和全球指挥、

控制、通信系统计划。为加强一体化建设的领导，美军于1995年建立了 "C⁴I一体化支持行动处" 和 "C⁴ISR综合任务委员会"，从较高的层次上研究C⁴ISR一体化与互操作问题，随后，又建立了联合C⁴ISR决策支援中心，进一步加强C⁴ISR一体化的研究和领导工作。

七、核生化武器技术

核生化武器技术指的是核武器、生物武器和化学武器，都是大规模的毁灭武器。

（一）核武器

核武器的基本概念。核武器是利用进行核裂变或核聚变反应释放的能量，产生爆炸作用，并具有大规模杀伤破坏效应的武器的总称。在核裂变或核聚变的反应里，参与反应的原子核都转变成其他原子核，原子也发生了变化。因此人们习惯上称这类武器为原子武器但实质上是原子核的反应与转变。

核武器的特点。核武器也是现代科学技术发展的产物，但是由于核武器的杀伤破坏机理比较特殊，对人类有巨大的杀伤和毁灭作用。核武器爆炸时释放的能量，比只装有化学炸药的常规武器要大得多。核武器的爆炸不仅释放的能量巨大，而且核反应过程非常迅速。因此，在核武器爆炸周围形成极高的温度，加热并压缩周围空气使之急速膨胀，产生高压冲击波。在地面和空中发生核爆炸，还会在周围空气中形成火球，发出很强的光辐射。核反应还产生各种射线和放射性物质碎片，向外辐射的强脉冲射线与周围物质相互作用，造成电流的增长和消失，其结果又产生电磁脉冲。

（二）生物武器

1. 生物武器的概念

生物武器旧称为细菌武器，它是生物战剂及其施放装置的总称，它的杀伤破坏作用靠的是生物战剂。生物武器的施放装置包括炮弹、航空炸弹、火箭弹、导弹弹头和航空布撒器、喷雾器等。以生物战剂杀死有生力量和毁坏植物的武器统称为生物武器。

生物战剂是军事行动中用以杀死人、牲畜和破坏农作物的致命微生物、毒素和其他生物活性物质的统称。生物战剂是构成生物武器杀伤威力的决定因素。致病微生物一旦进入机体（人和牲畜等）便能大量繁殖，导致破坏机体功能，从而发病甚至死亡。还能大面积毁坏植物和农作物等。

2. 生物武器的分类

根据生物战剂对人的危害程度，可分为致死性战剂和失能性战剂：

（1）致死性战剂它的病死率在10%以上，甚至可达到50%—60%。如炭疽杆菌、霍乱狐菌、野兔热杆菌、伤寒杆菌、天花病毒、黄热病毒、东方马脑炎病毒、西方马脑炎病毒、斑疹伤寒立克次体、肉毒杆菌毒素等。

（2）失能性战剂它的病死率在10%以下。如布鲁氏杆菌、Q热立克次体、委内瑞拉马脑炎病毒等。

根据生物战剂的形态和病理可分为：细菌类生物战剂、病毒类生物战剂、立克次体类生物战剂、衣原体类生物战剂、毒素类生物战剂、真菌类生物战剂。如炭疽杆菌、鼠疫杆菌、霍乱弧菌、野兔热杆菌、布氏柑橘是属于细菌类生物战剂。

3. 生物武器的特点

（1）使用方便。作战用微生物无孔不入，防不胜防。任何沾染有炭疽病毒的物体，哪怕是一封信，都可能使人感染致病的炭疽热。

（2）杀伤力极强。100个感染炭疽热的人中如不及时治疗至少有95人死亡；一克肉杆菌不会比一滴水重，但可以杀死1000个成年人。

（3）便于培养，生命力极强。拿炭疽病毒来说，主要用一些商店里可以买到的简单材料就能大量生产。自然环境下，炭疽病菌可以生存几年时间，即使被放在0.1%的氯化汞溶液里，炭疽病毒仍然可以生存70个小时。

（三）化学武器

1. 化学武器的基本概念

化学武器是以毒剂杀伤有生力量的各种武器、器材的总称，是一种威力较大的杀伤武器。其作用是将毒剂分散成蒸汽、液滴、气溶胶或粉末状态，使得空气、地面、水溶和物体染毒，以杀伤和迟滞敌军行动。

2. 化学武器的分类

化学武器是在第一次世界大战期间逐步形成具有重要军事意义的制式武器，化学武器按毒剂的分散方式可分为：保障分散型、热分散型、布撒型；按毒理作用分为神经性毒剂、糜烂性毒剂、窒息性毒剂、全身中毒性毒剂、刺激性毒剂、失能性毒剂等。

3. 化学武器的特点

（1）中毒途径多。毒气可呈气、烟、雾、液态等使用，通过呼吸道吸入、皮肤的渗透、误食污染毒食品等多种途径使人中毒。

（2）制约因素多。化学武器虽然是大规模杀伤武器，但天气和地形地物对毒剂的杀伤效果都有影响。

（3）作用时间长。液体毒剂污染地面和物品，毒害作用可持续几个小时甚至几天，有的可达到数周。

（4）杀伤范围广。染毒空气无孔不入，所经过之处都有杀伤效果。

八、新概念武器技术

新概念武器技术主要体现在新概念武器。

（一）新概念武器的基本概念

新概念武器是相对于传统武器而言的，是指尚处于研制或探索之中的一种军事高技术武器群体。它与传统武器相比较，在设计思想、系统结构、总体优化、材料应用、工艺制造、部署方式、作战样式、毁伤效果等方面都有显著的不同，是军事知识创新和军事技术创新的集中体现。

（二）新概念武器的类型

新概念武器是指在工作原理和杀伤机理上有别于传统武器，能大幅度提高作战效能的一类新型武器。主要包括以下几种类型：

1. 定向能武器

所谓定向能武器，是指武器的能量是沿着一定的方向传播的，在一定距离内该武器有杀伤破坏作用，在其他方向则没有杀伤破坏作用。微波武器、粒子束武器和激光武器就属于这一类武器。

（1）微波武器。高功率微波武器是一种利用其辐射的强微波波束干扰或烧毁敌方电子设备以及杀伤作战人员的一种新式武器，又称为射频武器。将高功率微波源产生的微波，经由高增益定向天线，向空间发射成功率高、能量集中、具有方向特征的微波射束便成为一种新的杀伤破坏性武器。高功率微波武器通常由能源、高功率微波发生器、大型天线和其他的配套设施组成。由微波发生器产生的强微波能量以很窄的脉冲通过天线集聚在一个窄波束内辐射出去。敌方人员受到照射后，轻者产生神经错乱、行为错误，重者器官功能衰竭，甚至死亡。电子设备受到照射后，工作性能降低或完全失效。

高功率微波武器的主要特点是：具有全天候作战能力，能同时杀伤多个目标能有效杀伤高速目标，对瞄准精度要求不高。此外它还有在真空和空气中都能直线传播，易被天线汇集成方向性极强波束的特征。

（2）粒子束武器。粒子束武器是指通过特定的方法将电子、质子或离子加速到接近光速，聚集成密集的束流，然后直接或去掉电荷后射向目标。以束流的动能或其他效能杀伤破坏目标的武器。它分带电粒子束和中性粒子束两类。

（3）激光武器。高能激光武器，又叫激光武器或激光炮，是利用高能激光束摧毁飞机、导弹、卫星等目标或使之实效的定向能武器。它分为战略激光武器和战术激光武器两种。

战术激光武器可将人眼致盲，也可将光电系统致盲。将人眼致盲的激光武器以波长0.4—1.4微米的可见光和部分近红外波段的激光致盲效果最佳，尤其是以绿色激光最为厉害。战术激光武器的突出优点是反应时间短，可拦击突然发现的地空目标。用激光拦击多目标时，能迅速变换射击对象，灵活地对付多个目标。

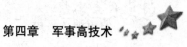

战略激光武器分为反卫星激光武器和反战略导弹激光武器两种，反卫星激光武器指的是用来摧毁敌方各种侦察卫星、预警卫星或使其失效的激光武器。它的作用是干扰或破坏卫星的光电系统。反战略导弹激光武器主要用于拦截敌方处于助推段飞行的战略导弹。

激光武器的缺点是不能全天候作战，受限于大雪、大雾、大雨等天气状况，且激光发射系统属于精密光学系统，在战场上的生存能力有待考验。

2. 动能武器

（1）动能武器的含义。所谓动能武器，就是能发射出超高速运动的弹头（弹丸），利用弹头的巨大动能，通过直接碰撞方式摧毁目标的武器。所谓超高速通常指5倍音速以上的速度。动能武器是一种新概念武器，它不是像常规弹头或核弹头那样，靠爆炸能量去杀伤、破坏目标，而是靠自身巨大的动能，在与目标短暂而剧烈的碰撞中杀伤目标。

（2）动能武器的类型。按照部署方式，动能武器分为天基动能武器、地基动能武器、空基动能武器海基动能武器四大类，主要用于拦截导弹和攻击卫星等高速运动目标，当然也可以攻击飞机、直升机、舰船、坦克等运动目标。

（3）动能武器的构成。动能武器主要由拦截弹头和高速发射装置两大部分组成。从目前的发展来看拦截弹头通常为寻的制导式，由红外或雷达导引头、计算机、惯性制导和通信系统、杀伤机构、推进系统及控制系统等部分组成。高速发射装置负责提供发射能量，主要是助推火箭，将来有可能使用电磁发射装置。

（4）动能武器的特点。与以光速传输的定向能武器相比，动能武器优点明显：一是毁伤能力强，毁伤目标的效果容易判定，目标难以采取加固对抗措施；二是作战使用不像地基定向能武器那样易受气象条件限制；三是火箭推进式动能武器机动灵活，部署方式多样，地基动能武器生存能力强；四是技术相对比较简单和成熟，价格低廉，并可用某些常规武器代替。但缺点是，动能武器受推进能力的限制，飞行速度远低于光速，作战距离有限；火箭推进式动能武器只能一次性使用；难以有效地对付快速和密集发射的洲际弹道导弹等。

3. 非致命武器

（1）非致命武器的含义。非致命武器，也叫失能武器，是指采用电、光、声、化学等形式，使敌方人员或装备失能，并附带为使破坏最小化而专门设计的武器系统。

（2）非致命武器的主要特点：一是作用范围广。极具扩大范围的潜力，甚至可以在同一时间内将杀伤范围扩大到敌国全境。二是可重复使用。可在各种条件下重复使用，使得敌方难以采取有效的反制措施。三是准确性。可在距非战斗人员很近的地方准确攻击敌人或敌设施的特定部位而不危及平民。四是非致命性。可使敌方人员或装备失去战斗力，但不造成地方人员伤亡和设施的破坏。五是打击效果的可控性。可对攻击效能进行选择和控制，在多数情况下打击后果具有可逆性，遭受打击的人员可恢复正常机能，冲突过后的重建工作也可迅速完成。

（3）非致命武器的类型。非致命武器大体上可分为发光类非致命武器、发声类非致命武器、化学类非致命武器和电子类非致命武器四大类。

发光类非致命武器主要有炫目武器和致盲。炫目武器是利用高能炸药爆炸的能量与惰性气体混合产生大于50万烛光的极强多向或单向闪光，这种强烈的闪光色彩鲜艳、扑朔迷离，使人眼花缭乱、视线模糊、心理失衡，从而惊恐失措，丧失战斗力。这种武器可以由155毫米火炮发射，也可以制成手榴弹投掷，使用极为方便同时还可干扰电子装备的正常使用。

发声类非致命武器。这类武器利用现代化的技术和手段，发出各种低频、高频和各种噪声声波，对敌实施强声刺激，最终导致意志崩溃或内脏受损，丧失战斗力。

最典型的发声类非致命武器是次声武器和高能超声波武器。次声武器是利用频率低于20赫兹的次声波与人体发生共振，使共振的器官或部位发生位移和形变而造成损伤的一种探索中的武器。次声波对人可产生精神的和肉体的损伤。其主要症状有：周身不适、乏力、晕眩、恶心、眼球震颤，严重的可发生神志失常、腹部疼痛、内脏震颤等。次声武器基本特征主要是：传播速度快，无法采取防御措施。次声在空气中以每秒340米、时速约1200千米的速度传播。在水中传播速度更快，时速可达6000千米。不易察觉便于突袭。只要强度不是特别高，次声就不能为人耳所听到。不易被吸收，传播距离远。穿透力强，不易保护。次声波的穿透能力与频率成反比。只要目标有缝隙和空洞，它就会乘虚而入。超声波武器是指利用高能量的高频声波，高于20 000赫兹，造成强大的大气压力，使人产生视力模糊、恶心、呕吐等不适反应，使人迷惑失去方向感，减弱或使其丧失战斗力。

化学类非致命武器。这类武器是利用某种特质化学制剂的特殊物理、化学性能，使用发射设备抛撒于敌方的道路、装备上，使其不能正常发挥作用。

目前，化学类非致命武器主要有：

金属致脆剂。有一种金属致脆剂，几乎可以侵蚀所有金属，可以破坏飞机、舰船、火炮、车辆、建筑物的金属结构。

超级腐蚀剂是一些对特定材料具有超常腐蚀作用的化学物质。这种腐蚀剂有两类：一类是比氢氟酸的腐蚀性大几百倍的腐蚀剂，能毁坏桥梁的金属结构，减弱其承重能力，毁坏坦克的光学仪器或弹药的点火装置；另一类是专门腐蚀、溶解轮胎的化学物质，可使汽车、飞机的轮胎报废，无法执行战斗和运输任务。

聚合物粘结剂。是一些具有极强的粘合力的聚合橡胶，可从飞机喷射，或用炮弹投放。它们能像胶水一样使得飞机在机场跑道上无法起飞，使得枪炮、车辆等被粘住，或者无法操作使用，或者被粘在公路上无法行驶。

强力润滑剂。是采用无机润滑剂等做原料复配而成的摩擦系数几乎为零的化学物质，且附在物体上极难消除。将其洒在公路、机场跑道上，将使轮胎打滑，车辆、飞机无法启动。

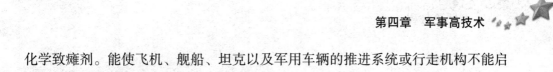

化学致瘫剂。能使飞机、舰船、坦克以及军用车辆的推进系统或行走机构不能启动、行驶，如橡胶溶化剂可使轮式车辆的轮胎溶化而无法行走。

快干泡沫胶。快干泡沫胶喷射器，其外形类似冲锋枪或灭火器，里边填装了特制的粘性泡沫。泡沫喷出后遇到空气迅速变成粘性极强的固体胶状物，将目标粘牢，动弹不得。

电子类非致命武器。随着计算机在武器装备和军事活动中的广泛应用，计算机病毒武器也随之产生。计算机病毒实际上是一种特殊的计算机程序，他们可以侵入计算机系统，能够干扰、修改正常运行计算机程序，破坏其有效功能，并能够复制和自动侵入其他程序之中，使得周围的计算机程序遭到破坏。

计算机病毒侵入敌方计算机系统后通常采用四种方式进行干扰和破坏。一是病毒进入计算机后暂时或长期潜伏下来，一旦得到指令后便被激活进行破坏。固化在微电脑芯片中的病毒，就属此类能潜伏和遥控的病毒。二是负荷过载式。病毒侵入后，能对自身大量复制，使敌方计算机系统处于超负荷运行状态，降低运算速度，并不断出现死机现象。三是病毒侵入后专门篡改、销毁一些特定的文件，完成此类"刺杀"任务后又自行消除，不留痕迹。第四种是强制隔离方式。病毒迫使敌方控制中心与各系统相隔离，中断其信息通路，造成整个系统的混乱。

计算机病毒武器的作战目标主要包括了窃取情报；破坏指挥、控制、通信和情报系统；摧毁经济支持能力。

4. 其他新概念武器

（1）地球物理武器。地球物理武器，又叫地震武器、地壳构成武器，是利用地下核爆炸所产生的定向声波和重力波，人为地造成地震、海啸、山崩、滑坡、泥石流等，以形成对敌国家城市、人员和财产的巨大毁伤。这种武器最大的特点是在本国领土上使用却可以冲击地球上的任何一个地方，其破坏范围和破坏力要远远超过核武器。

（2）基因武器。基因武器也有人称为DNA武器，是指按照人的设想，通过基因重组，在一些致病的细菌或病菌中接入能对抗普通疫苗或药物的基因，或者在一些本来不致病的微生物体内"插入"致病基因而制造出来的武器。

（3）纳米武器。纳米技术是现代科学和技术相结合的产物，它涉及几乎现有的一切基础性科学技术领域。纳米技术刚一出现，军事科技工作者便迫不及待地利用它研制出了千奇百怪的纳米武器，如不到400毫克的微型直升机、比麻雀大不了多少的卫星"间谍苍蝇""蚊子"导弹、"蚂蚁"战士等等。

（三）新概念武器的特征

1. 时代性

新概念武器是一个相对的、动态的概念。随着时代的发展和科技的进步，某一时代的新概念武器将日趋成熟并得到广泛应用，继而也就转化为下一时代的传统武器。

2. 创新性

新概念武器一般从以下两个方面来实现创新性：一是技术上的创新，即通过新原理、新结构、新材料、新能源以及全新的技术，实现武器系统的创新；二是总体上的创新，即应用先进的总体设计思想来弥补单项技术上的差距，以较低的代价和成本实现新概念的创新。

3. 高效性

一旦技术上取得突破，可在未来的高技术战争中发挥巨大的作战效能，满足新的作战任务需要，并在体系攻防对抗中能有效地抑制敌方传统武器作战效能的发挥。

4. 探索性

新概念武器的高科技含量远比传统武器多，探索性强，技术难度大，资金投入大，其发展在技术上、经济上、需求以及时间等方面具有不确定因素，因此也具有较高的风险。

第五章　信息化战争

随着信息社会的到来，信息技术的不断发展和在军事上的广泛运用，使人类战争在经历了徒手战争、冷兵器战争、机械化战争之后，一种新的战争形态正在逐渐形成，它就是信息化战争。

第一节　信息化战争概述

社会时代的巨大变革，引发了一场声势浩大的以建设信息化军队、打赢信息化战争为核心内容的新军事变革。这场变革对军队建设思想、体制编制、作战指挥、武器装备、教育训练等各个方面都产生了广泛而深刻的影响，直接推动着战争形态由机械化战争向信息化战争的转变。

一、信息化战争的基本概念

（一）信息和信息技术的基本概念

信息化战争作为一个发展过程，是从低级到高级逐步推进、逐步发展的。作为一种标志，它最终要形成以数字化作战单元和数字通信、网络连接和智能支持为一体的战争形态，这是信息化战争的最终形态。

1. 信息的基本概念

在当今时代，信息已经无处不在，它从各个方面广泛地影响着人类社会。但是，长期以来，由于研究的领域和目的的不同，人们对"信息"这一概念却一直没有一个确切统一的定义。所以，只能从某个研究领域去说明其内涵和外延。从产生信息的角度来看，信息可定义为："信息是客观世界各种事物变化状态和特征的反映"，"信息是被反映事物的属性"。从接收信息的认识主体上来定义，信息可定义为："信息是能够

用来消除不确定性的东西。"我国《辞海》将信息注释为："对消息接收者来说预先不知道的报道。"这说明信息有助于认识主体增强对客观事物的了解；从传输中信息所依附的载体来定义，信息可定义为："信息就是消息，它是信号、数据、情报、资料、新闻和知识的总称，客观对象对认识主体的作用是通过消息传输来表现的。"从客观对象与认识主体之间的相互作用来定义，信息可定义为："信息是人们在适应外部世界和控制外部世界过程中同外部世界进行交换的内容和名称。"显然，所交换的仍然是作为信息载体的不同形式的消息。

由此可见，信息这一概念的含义包括四个方面：第一，信息是一种消息，即是人们通信时所要告诉对方的内容；第二，信息是人们进行运算和处理的条件、内容和结果，常常以数字、数据、图像、曲线和控制指令等形式出现；第三，信息是事物运动、发展和变化的情况和动态；第四，信息是人类能够直接或间接感知的一切有意义的实质性东西，即是人类感性认识的来源和形成理性认识（经验、知识）的基础。

综上所述，信息比较完整概况的定义为：信息是通过一定载体反映出来的，表征客观事物和方式，相互联系程度及规律的陈述。

2. 信息技术的基本概念

信息技术，是指能够完成信息的获取、传递、处理、再生和应用等功能的各种技术的统称。现代信息技术是以微电子技术为基础，以计算机和通信技术为标志，渗透于各种传统技术中的一门综合性很强的技术。它主要包括三个层次：

第一个层次，即信息基础技术。它是信息技术设备与系统所需元器件的制造技术，信息基础技术是支撑整个信息技术的基础。其主要由微电子技术、光电子技术和超导电子技术等多项技术构成。

第二个层次，即信息主体技术。它是完成信息的获取、传递、处理、再生和失效等一系列功能的设备与系统的开发、设计及实现的技术，是整个信息技术的主体。其主要由信息获取技术、信息传递技术、信息处理技术和信息控制决策技术等构成。

第三个层次，即信息应用技术。它是针对各种实用目的，在前两个层次的技术基础上进行开发、综合，以满足人类社会各个领域广泛需求的技术。其主要包括系统结构技术、网络互联技术、信息攻击技术和信息防御技术等构成。

（二）信息化战争的基本概念

信息化战争是信息时代的产物，是交战双方在信息化战场上，以信息化军队为主要作战力量、以信息化武器装备为主要作战手段、以信息战为主要作战形式、以争夺制信息权为主要对象的战争。对信息化战争的理解要注重把握以下几点：

1. 信息时代

信息化战争是社会生产力发展到信息社会以后的必然产物。农业时代的战争，有信息但谈不上信息技术，信息的传递靠自然信道和人体信道，作战指挥靠旗、鼓、

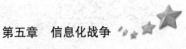

锣、角和人力传递信息。工业时代的战争，出现了电报、电话、雷达等信息技术，可以用电磁波传递信息，为大空间、远距离作战开辟了道路，但信息要素还只是一种辅助因素。信息时代的战争，信息要素已经从以前的辅助因素，转变成能直接决定战争胜负的主导因素。在信息化战争中，信息成为部队战斗力的核心要素，制信息权将是未来战场之"魂"。虽然在信息时代，有多种形式的战争，但信息化战争是最基本、最主要的战争形式。

2. 信息化战场

信息化战场与机械化战场有本质上的不同，不再是自然空间的一统天下，而是包括了以人工构建的信息化网络设施为基础，以地空天一体化的侦察、通信、指挥、控制、情报等系统为核心，以陆、海、空、天、电及心理和认知等多维为一体的活动空间。它主要分为有形战场和无形战场。即有形战场包括传统的地面、海上（水下）、空中、太空等广阔的有形战场空间，无形战场包括信息、电磁、精神、心理等无形战场空间。

3. 信息化军队

信息化军队，又称数字化军队，是指用信息武器装备武装起来的信息时代的军队。其一体化程度将空前提高，整体作战能力更加强大，强调作战能力的优化组合，各军兵种都只是联合作战力量的一部分。在信息化战争中，交战双方至少要有一方是信息化军队，机械化军队或半信息化军队打不了信息化战争。

4. 信息化武器装备

信息化武器装备是指充分运用计算机技术、信息技术、微电子技术等现代高技术，具备探测、传输、处理、控制、制导、对抗等功能的武器装备。它主要包括软杀伤型武器（信息战装备）、硬杀伤型武器（信息化弹药）、新概念武器等。信息化武器装备是构成信息化条件的重要因素之一。

5. 信息战

信息战，也称为指挥控制战、决策控制战。旨在以信息为主要武器，打击敌方的认识系统和信息系统，影响、制止或改变敌方决策者的决心，以及由此引发的敌对行为。单就军事意义讲，信息战是指战争双方都企图通过控制信息和情报的流动来把握战场主动权，在情报的支援下，综合运用军事欺骗、作战保密、心理战、电子战和对敌方信息系统的实体摧毁、阻断敌方的信息流，并制造虚假的信息，影响和削弱敌方指挥控制能力；同时，确保自己的指挥控制系统免遭敌方类似的破坏。

6. 制信息权

制信息权是指在一定时间空间范围内对战场信息的控制权。主要表现在三个基本链环和五种基本手段上握有优势。三大基本链环即信息获取、信息传递、信息处理和利用。五种基本手段可以归结为侦察反侦察、干扰反干扰、破坏反破坏、摧毁反摧毁和控制反控制。夺取制信息权，能有效地排除对方的信息威胁，获得使用信息的自由

权和主动权,剥夺对方使用信息的自由权和主动权。制信息权包括制电磁权、制网络权、制心理权等。在未来信息化战场中,有了制信息权就有了生存权、自由权、主动权,谁拥有了制信息权,谁就能稳操胜券;谁失去了制信息权,谁就难逃失败的厄运。

二、信息化战争的产生和形成

战争形态的发展是一个渐变的过程。从旧的战争形态向新的战争形态过渡,需要有一个量的积累过程,即逐渐转变的过程。信息化战争形态的形成与发展也要经历一个逐渐转化而趋于成熟的过程。

当人类尚处于矛、弓、弩、剑、盾和古代战车时代时,战争形态是相当原始的。战场规模局限于十分有限的狭小空间内,以便给施展冷兵器留出足够的空间。海战场尚处萌芽状态,而且与陆战场联系十分微弱,统一的陆海战场并没有形成。然而,直到公元14世纪之前,战场变化始终没有摆脱冷兵器时代简单机械、人力、畜力的制约。

公元10世纪,中国发明了火药,14世纪火药技术传到欧洲。从15世纪到19世纪初,人类军事史进入火药时代。随着火枪、火炮的发明和使用,战场开始发生微妙的变化。由此,最初形态的海战场开始形成。但是,这时的海战场仍不能与陆战场连成一片。滑膛枪不仅彻底取代了长矛,而且机动性很差的攻城炮变成了密集的机动炮。这种机动炮成为跟步兵及骑兵协同作战使用的主要作战武器。这一军事技术使得战场规模在平面上获得了扩张。枪炮射程增大使战场范围扩大,枪炮机动性能的提高,不仅使得战争能够在山地等复杂地形展开,而且也为新战术运用提供了可能。这一点又直接推动了战争向更加复杂化方向发展。所以,自从战场上出现黑火药兵器以来,第一次实现了武器、战术和军事理论三者实质上的统一。

19世纪中期以后,人类进入技术和工业革命时代,在技术领域,诸如冶金、化学、弹道学、机械学和电子学方面的进步,更是直接给战场形态带来了深刻的变化,工业化改变了人类的军事面貌。战场向大范围和工程化的方向发展,即攻防双方将兵力配置在分散的野战工事内,进行有限机动的进攻或防御,主要是以火力取胜。快速发射火炮、机枪、铁丝网和地雷成为战场上的支配性武器,这完全改变了拿破仑战争中的战场面貌。

飞机、坦克和电子技术的进步,给战场的战术和作战技巧带来变化,而这又进一步刺激军事理论,使其极大地活跃起来。军事理论讨论的活跃,不仅使西方近代资产阶级军事思想形成了又一理论高峰,更具有意义的是它直接推动了各国作战理论的发展。由此可见,火药时代的战场基本上是唯一平面空间的战场,随着军事技术的发展,其在平面上的扩展已达到了极限。这也预示着新的战争形态的产生。

新的作战理论的提出和技术的进一步完善,促使人类战场向第三阶段——空地海一体阶段发展。第二次世界大战将此种战场形态发展到典型状态。

由于缺乏自行火炮，德国考虑用飞机提供与自行火炮相等的火力，以支援快速行进的坦克。这种作战理论预示着战场将向空地联合机动的方向发展。

　　英国最先建立了独立的空军并接纳杜黑的空战理论，形成了以高爆炸药惊人的杀伤力为基点的战略轰炸空军理论，这也预示着战场向空中立体化发展。

　　美国原陆军航空兵少将威廉·米彻尔提出关于飞机将是战舰和其他大型舰只的致命性武器的见解。于是，海军战略家采用大型船舰装载飞机，然后从舰上把飞机弹射出去，使其到远离舰队的前方去攻击敌舰，从而使舰对舰的作战理论陈旧过时。

　　在人类战场的第三大阶段，战场在空间方面彻底具有了三维空间立体的概念。应该说，这是枪炮与内燃机结合的产物。在这里，内燃机是核心技术。第二次世界大战表明，处于第三发展阶段的机械化时代战场，是由机动力、人力和后勤保障力所决定的。当然，战场第二发展阶段的重要特征——工程工事仍具有重要意义。但是，机械化时代战场的主旨没有变，仍然是以武器的杀伤力和效能为焦点的。战场向三维空间的发展，机动力和防护力的增强，目的依旧是更有效地发扬火力，提高杀伤力。飞机和坦克更多地被作为快速机动的射击平台投入战场。

　　在第二次世界大战末期，三次技术群的出现预示着人类战场将进入第四阶段。

　　电子技术群的发展：雷达、声呐，以及其他电子通信等方面的技术进一步发展，广泛地改善了指挥控制系统。这对空地海立体化战场形成起到了重要作用。电子技术发展的重要结果是在地面出现了指挥车、基地控制中心，在海上出现了指挥舰。指挥车和基地控制中心实现了装甲车辆之间和装甲车辆与飞机之间、飞机之间和飞机与地面部队之间的协同。指挥舰则实现了舰与舰之间、舰与飞机之间、舰与陆战部队之间的协同。电子技术在战场上的纽带作用已日显重要。

　　导弹技术群的出现：两次世界大战之间火箭推进技术的发展，最终使德国的V-1火箭和V-2火箭问世并投入使用。虽然火箭并没有在战争中起决定作用，但它表明了一种新的作战空间的出现。

　　核技术的诞生：核聚变所带来的破坏力和杀伤力使其实现了人类一直想在战争中获得的能力，但当人类获得它以后反而惧怕这种力量，战争也由此走向了新阶段。

　　20世纪80年代以来发生的局部战争，由于大量高技术武器的使用，使得人类战争正以一个新的面貌出现于世人面前。这些局部战争的共同特点是：战争目的有限，规模不大，持续时间短；突破了传统的有限战场时空观念，作战行动在一体化的陆海空天电领域同时展开；以电子战为基本表现形式的信息领域对抗贯于战争始终，并对战争进程产生巨大影响。

　　20世纪80年代以来的高技术局部战争，实际上就已经悄悄地揭开了人类战争形态发新的一页，拉开了信息化战争时代的序幕。20世纪90年代初的海湾战争和科索沃战争是全面信息化战争的雏形。与20世纪80年代以来的其他几场使用了高技术武器的局部战争相比，科索沃战争更是让人全方位地真切感受到，由于大量武器装备的信息化

和智能化，战争的面貌已经明显发生了巨大变化。与前面的几场高技术局部战争相比，海湾战争和科索沃战争中的信息化特征更加明显：一是以电子战为表现形式的战场信息领域对抗，成为战争中与物质摧毁和反摧毁同等重要的较量内容，直接关系战争的胜负；二是具有战场信息处理功能的精确制导武器，成为战场火力摧毁的主要武器；三是出现了很强数据处理功能的军队。

人类在认识和改造世界的过程中，经历了5次信息革命：

第一次信息革命以语言的产生为标志，它标志着人类反映、接收、传递、交流和分析加工处理信息的能力有了一个质的飞跃。

第二次信息革命以文字创造为标志，它促进了信息的大量积累和广泛传播，加强了人们的社会交往，增强了人类改造自然、发展生产的能力，扩大了人们的社会活动范围与规模，这是一次信息载体和传播手段的重要革命。

第三次信息革命以印刷和造纸术的发明为标志，它使人类知识的积累和传播突破了历史、时空和地域的界限，使信息可以广泛传播于世界的各个角落，对科学技术的推广、文化教育的进步、社会事业的发展产生了极其深远的影响，为人类进入近代文明奠定了基础，是一次信息记载和传播手段更为深远的革命。

第四次信息革命以无线电技术的发明为标志，它作为人类最早利用电能传播信息的创举，是信息由物质传播转化为电传播的一次新的革命，它进一步缩小了人类交流信息的时空界限，任何人和机构要想控制信息的传播已不太可能。

以微电子技术与现代通信技术和计算机的结合为标志的第五次信息革命，才是现代意义上的信息革命。计算机不仅用于经济，同时也用于国防，推动着战争体系向信息化发展。

1991年1月17日至1991年2月28日发生的海湾战争，被普遍视为信息化战争的雏形，美军国防部甚至称其为第一场信息战争，认定海湾战争是人类社会进入信息时代的第一次信息战争。但从战争手段及战争体系特征看，海湾战争仍然是一场由高技术支撑的机械化战争，因而它只能归入信息化战争的萌芽期，不能称为信息化战争。对此可从以下三个方面分析：

（1）从社会信息化背景看，当时只有现代的单项信息技术，网络化程度还很低；

（2）从美军信息化进程看，美军自海湾战争后才真正全面开始数字化方面的建设工作；

（3）从信息战理论发展看，当时还没有真正意义上的信息战理论作指导。

海湾战争前期，美军信息战理论尚处于自发性的学术研究之中，并未形成系统的理论，因而也不可能用信息战理论指导海湾战争。

科索沃战争发生于1998年3月24日至1999年6月10日。这场战争被视为信息化战争进入成熟期的开端，是由社会信息化和军队信息化发展的程度决定的。20世纪末，全球社会信息化进入了成熟期。社会信息化的迅猛发展开始于20世纪90年代中期。这场新的信息革命是以数字化多媒体集成和互联网等技术综合而成的信息化浪潮，网络技术是主要标志，它把全球信息化推向更新、更广、更高的境界。到20世纪90年代末，人类社会开始全面进入信息社会。2000年7月，西方8国元首在日本冲绳召开信息化首脑会议，颁布了《全球信息社会冲绳宪章》，宪章中将人类社会正式称为"信息社会"。由此可见，科索沃战争是在全球信息社会已经到来的情况下爆发的一场战争。在这场战争中，信息作战和信息化武器装备发挥了以下主导作用：依托信息优势实施的远程、中程和近程精确打击成为基本手段；成功地使用了 C^{4}ISR 系统实施战区外战役指挥与战区内战术控制相结合的作战指挥；交战双方广泛实施信息对抗。

在此次战争中，信息化武器运用之普遍，作用之突出，方法之灵活，效果之显著，都是海湾战争无法比拟的。信息主导在战争全过程中真正得到了体现。因此，将科索沃战争视为信息化战争走向成熟的开始，是有足够的理论和实践根据的。

信息化战争作为一个发展过程，是从低级到高级逐步推进、逐步发展的。作为一种标志，它最终要形成以数字化作战单元和数字通信、网络连接和智能支持为一体的战争形态，这是信息化战争的最终形态。按信息要素的发展阶段，信息化战争战场作战将经历作战单元和信息传输的数字化、作战体系的网络化和作战体系及战争全过程的智能化3个不同阶段，在各阶段有不同的技术形态和相应的作战方法，伴随着新的军兵种的出现和发展。

数字化军队，简言之就是装备了数字化武器装备的武装力量。它主要是以计算机为支持，以数字化信息网络为沟通渠道，武器、装备通用化，指挥、控制、通信一体化，各个作战单位高度协调，进而达到最大限度地提高战斗力、发挥最佳的作战效能的整体作战力量。数字化军队无论是单兵，还是装甲战斗车、主战坦克、自行火炮、战斗指挥车、攻击直升机、侦察直升机、战术航空兵的近距离作战飞机以及战斗勤务支援车辆等都采用了数字化的信息获取、传递、处理装备。它可将战场上各种情报信息的音频、电磁波、频谱和视频信号采用数字编码的方式进行传递和交换，并通过一种叫作"数据兼容调制解调器"的装置，实现各军兵种和武器系统之间信息的互通、可使战场信息的传递和处理达到一种近似实时的程度，进而提高了对战场情况的反应速度，大大加快了部队的作战行动节奏。随着信息技术的进一步发展，数字化军队已走上了战场。

天军的出现：天军即航天部队，是运用航天兵器和航天技术在外层空间实施作战行动，或从外层空间向地面或中低空目标实施攻击的作战部队。随着航天技术的飞速发展，人类在外层空间停留的时间越来越长，在外层空间人类飞行器也越来越多，这就为在外层空间部署部队和武器装备提供了条件，再加上外层空间本身所具有的位置上的战略优势，以及在外层空间行动的自由性，使得外层空间将成为战场或对地实施各种支援的基地，这样，为了满足作战的需要，天军就出现了。天军将包括航天发射部队、航天器管理部队、航天器防护部队、航天情报部队、航天机动攻击部队等。天

军的主要任务通常是实施情报保障、保护己方航天器的安全、对敌方的航天器或地面及中低空目标实施攻击等。天军的出现为人类开辟了新战场，是信息化战争中的一个新军种。

20世纪60年代以来，在科学家们勤奋的工作下，一大批新技术群形成，如信息技术、生物技术、新材料技术、新能源技术、空间技术和海洋开发技术等。这些新技术群应用于军事领域，最终导致了七大军事高技术的出现，即远程突击技术、监视和指挥技术、人工智能和精确制导技术、电子战技术、空间战技术、核战技术和训练模拟技术。这些军事高技术对已有武器系统的综合改造和新的军事装备的问世，使现代战场范围由陆地、海洋、空中扩展到外层空间和电磁层面，形成了高技术战场。在高技术化战场上，空中、地面、海上的作战威力获得了前所未有的增强。

一个大纵深、高精度、高速流动、大范围火力覆盖面的空中高技术战场体已经形成。空军的活动半径已扩展到数千千米以上，具有强大的远战能力。

一个强火力、装甲化、机械化、自行化、大纵深火力杀伤的高技术陆战场体系业已完善。以高技术为基础的坦克装甲部队攻击力、机动力和防护力增强，这最终使陆战场又能脱离开工程工事的依赖而流动起来。经过高技术改造的压制兵器，已经具有对敌纵深实施连续打击的能力。野战火炮、战术中短程导弹和地地远程导弹，使陆军火力延伸到40千米—800千米，已可越过战线对敌后方实施全纵深的打击。一个海上海下、海上空中、海上陆地一体化的海战场体系已经出现。随着高技术群的发展，大批量的舰载机动能力、超视距导弹战能力，使海战场已经成为海战、空战和陆战的浮动基地。

电磁频谱的对抗，使得电磁空间战场形成。随着微电子技术的发展，雷达、通信、侦察、电子对抗手段急速增多，包括电子侦察、干扰、搜索、识别、定位、监视对方目标，以自动化指挥系统和电子压制武器压制对方电子设备，以电子干扰、电子攻击、电子欺骗造成敌军中枢神经瘫痪、指挥中断、雷达迷盲、通信混乱、探测失灵、武器失控等。

随着高技术，尤其是航天技术的发展，军用航天器逐步形成了攻防兼备的作战力量，天战场逐渐形成。目前，天战场的发展已进入新阶段，主要表现为：一是军用卫星广泛用于军事侦察、监视、通信、导航和军事指挥。二是发展用于攻防兼备的航天兵器。三是继续加紧发展航天运输系统。四是军用"航天母舰"、空间站不断发展，把军事指挥部搬上了宇宙空间。

复合型作战兵器的出现，使得五维空间战场相互交叉渗透，出现了复合型战场。一是核武器尤其是战略核武器系统的出现和实战能力的增强，使战场打破了五维空间的界限，核战场不再是陆海空电磁太空各空间靠协同联合起来的战场，而是各作战空间都成为核战场必然的组成部分，缺一不可。二是精确制导武器成为现代兵器之星，淡化了战场的远近观和空间观。三是武装直升机的出现，使人类的武器库中新添了空

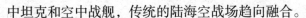

中坦克和空中战舰，传统的陆海空战场趋向融合。

所以，信息化战场是具有电子、激光、红外、核、生、化等武器系统和全新的常规武器系统的战场，是以装甲战斗车辆和武装直升机为主战火力配备，以防空、空袭、反坦克、反舰、反潜、电子战相结合，陆、海、空、电磁、天多层次，软杀伤和硬摧毁并用的战场，是大纵深、全方位、立体化并日趋融合的战场。

联合作战理论将不断推陈出新并走向深入，联合作战的军兵种增多，联合作战的指挥层次减少，指挥系统趋向扁平化，联合作战中联合的模式更多、更复杂，联合作战中的各个单位的积极性、主动性将得到充分的发挥。

非线式作战理论将得到广泛应用，战场范围大大拓宽，部队的机动范围也越来越大，甚至在战争中始终保持机动，在机动中对敌实施攻击，在机动中实施防御。作战双方的战线变得复杂多变，甚至于没有战线，而形成双方部队犬牙交错的局面。

传统的作战原则将会改变，例如集中兵力的原则的内涵必将发生变化，从兵力兵器的集中转变为战斗力效能的集中。歼敌原则发生变化，从歼灭有生力量为主转变成为使对方失去作战能力为主。

超视距打击成为主要的打击方式。侦察情报系统的功能越来越强大，导弹的性能越来越高，火控计算机的广泛应用，从发现目标到歼灭目标的整个过程都将在人的视觉感知范围以外完成，这种打击方式能够最大限度地达到消灭敌人、保存自己的目标，将成为信息化战争中的主要打击方式。

在信息化战争中，武器装备与信息的结合程度将进一步提高，最后出现能够直接对信息进行处理的武器装备，即智能武器。智能武器将是多种多样的，包括能自动识别目标并实施攻击的智能导弹，能自动按照道路或航线行驶或飞行的智能车辆或智能飞行器，能对信息进行分析的智能传感器，能预先埋设并能自动识别目标的智能地雷，最高级的智能武器当属能体现人的作战能力的智能机器人。在作战中，智能机器人可以完成侦察、攻击、防御、工程技术保障和后勤保障等任务。人在作战中的主要任务是进行谋略和指挥上的思考，其他工作都可以由智能机器人和其他智能武器来完成。

第二节　信息化战争的特征与发展趋势

一、信息化战争的特征

作为一种战争形态，信息化战争与以往战争形态相比，具有不同的基本特征，并随着战争实践的不断深入，还将向更加完善的方向发展。认真分析和研究信息化战争的基本特征，从中找出战争发展的基本规律，对推动我国国防建设，加速实现我军信息化，具有极其重大的现实意义。

（一）战争目的的有限化

战争是政治通过暴力手段的继续，服务于政治目的。人类历史上不存在超出政治斗争的范畴而盲目进行的无休止的战争。可以说，任何一场具体战争的最终目的都是有限度的。但由于客观条件的制约，以往战争目的的有限性通常表现为战争发动者的一种无能为力，是被动式的限制。正如克劳塞维茨在研究战争本质时所指出的，战争一旦爆发，往往就会超出战争发起者的最初打算，向着规模不断扩大的趋势发展，战争的最终结束往往是战争发动者无力再维持其继续发展。然而，在信息时代，大量信息化武器装备的使用，使人类驾驭战争的能力大为提高，战争目的表现为严格的受控性和极大的有限性。这种战争目的的有限性与以往战争相比，不是由于受客观能力所限，而是表现为战争发动者一种主动的、有意识的对战争目的与规模的控制。

（1）不再以争城夺地、掠夺资源为最终目的。马克思、恩格斯曾分别指出："人类最初的战争就是为了占领生存的客观条件，或是为了保护并永久保持这种占领所进行的重大的共同任务和共同工作。"尤其是20世纪上半叶的两次世界大战，将各资本主义国家间为重新瓜分世界领土、掠夺他国资源财富的争斗推向了高潮。但是，20世纪80年代以来的局部战争表明，战争不再以争城夺地、掠夺资源为最终目的，而是都自觉地把战争目标定在谋求有限的和特定的国家利益范围之内，将战争行动范围牢牢控制在一定的地域之内，决不随意扩大，一旦认为战争的有限目的已经达到，即令收兵。

（2）不以杀伤人员多少定胜负。战争的最终目的决定了战争中的胜负价值观。以往战争中，军事上占有优势的一方为了从它国掠夺更多的财富与资源，必然要谋求夺占更大片的领地。而为了夺取并保持对这大片的领地的控制，自然要大量杀伤对方军队的人员，毁坏其武器装备及其他军事设施，最大限度地削弱其军事力量。而在信息化战争中，由于战争目的只是迫使对方在政治、经济、外交等方面的斗争中做出一些让步，往往重点选择能影响对方首脑意志，或能从根本上瘫痪对方战争体系的关键性目标进行打击，而不是将对方的军队作为战争打击和摧毁的最主要目标。1990—1991年的海湾战争，虽然多国部队也基本清楚伊拉克军队的部署位置，也完全有能力从空中对其实施大规模空中打击，但是，在长达一个多月的空袭阶段，多国部队的主要打击目标集中在伊拉克的指挥通信系统、机场、雷达和防空设施，设法瘫痪伊方军事力量体系，而不是直接去打击对方军队，杀伤其人员。

（3）国际政治、经济和技术的新发展决定了战争目的有限性。国际政治、经济和技术的最新发展促进了信息化战争目的向有限性发展。一是世界政治趋于多元化，对大规模战争爆发起到了遏制作用。人类跨入信息社会，政治多元化方向得到进一步发展，反对战争、谋求和平与发展是世界人民共同的心愿，制约战争的因素进一步增强，无论哪个国家，再也不敢贸然发动大规模的战争，也不可能再随心所欲地通过战

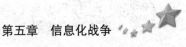

争去霸占他国作为自己的殖民地，更多的文明手段正逐渐取代战争以解决国际政治争端。二是知识经济时代的到来，将更全面地否定传统战争掠夺资源的目的。战争的最终根源在于利益的争夺。以前，各国为了追求自身利益而竞相发展经济，以资源为基础的经济必将引起以资源掠夺为最终目的的战争。然而，20世纪90年代以来，科技的进步正改变着世界经济发展的模式，使世界经济向全球化、知识化方向发展。国家的经济发展将不再主要基于有形的物质资源，而更多地依赖掌握尖端的科学技术与知识。虽然未来的信息化战争也和经济利益挂构，但一般不会赤裸裸地以掠夺经济资源为目的。三是技术的进步，尤其是信息技术的发展，为人类有效地控制战争提供了方便。这也是信息化战争能够变为目的有限性战争的一个重要因素。以往战争中，战争的发起国有时也不想让战争波及太大范围，持续过长时间。但由于武器装备性能有限，难以做到很快打击对方战略、甚至是战役纵深内重要目标，迫使对方屈从自己的意志，往往只能通过不断地杀伤消耗对方军队人员，逐渐削弱对方军事力量，才能达成迫使对方放弃武力的目的。随着技术的进步，尤其是信息技术的飞速发展，拥有先进技术的一方不仅能有效侦察并测定对方各种重要的战略目标，也能精确地打击或摧毁对方处于远距离的关键性目标，做到不动用大规模武力就可以达成预定战争目的。这样，就用不着冒险发动大规模的战争，而将战争目的严格控制在政治许可的范围之内。

（二）信息战争争夺的核心是制信息权

在信息化战争中，信息技术被誉为信息时代人类社会的DNA，是核心资源和部队战斗力的核心要素，是决定战争胜负的关键性因素。谋求信息优势（在信息获取、处理、利用以及信息对抗等方面所处的有利地位）将是战争争夺的焦点，对战场信息的争夺将异常激烈。

1. 全面准确实时化信息保障成为制胜的核心和基础

在信息化战争中，信息的价值将在多方面表现出来，但最根本的是信息能创造新的制胜能力和制胜机会，这是信息化战争区别于其他时代战争的根本标志。发达国家军队早已认识到，军队一旦获得能准确反映战争实际情况的信息，使战争能"以实际情况而不是以估计为基础时，战争艺术与战争科学便会一下子发生戏剧性的变化。"这种所谓"戏剧性的变化"表现在多个方面。比如，信息可使战争持续时间缩短、频率加快、行动次序更科学有序、有利机会更多；掌握了信息，可使资源使用更加精确，确保对敌人要害部位实施更有效的攻击；可使军队作战行动和各种武器使用更加协调同步；可使己方比对手更快地做出决策，使自己处于更加有利的对抗地位；信息灵通、机动灵活的小规模部队将取代信息不灵、难以机动的大兵团等。因此，信息时代战争将"通过我们的所知改变着我们的所为"，信息将成为战争制胜的基本条件和基础。

2. 获取和保持信息优势成为制胜的关键行动

战争实践业已证明，一旦具有了信息优势，就能够把整个作战体系效能水平由机械化时代提高到信息时代的水平，夺取和掌握信息优势将是战争制胜的关键行动。要打赢信息化战争，首先要求军队要在信息领域具备有效收集、获取、共享和保护信息的能力；具备在信息领域进行协同的能力，能取得对敌人的信息有利地位；具备快速准确地了解指挥员意图、部队士气、凝聚力、经验水平和社会舆论的能力，使己方能更好地运用作战力量并适应舆论环境；具备产生和共享高质量信息和战场态势感知的能力，使部队能更好地进行同步协同作战。若军队缺乏这些能力，就只能用机械化战争时代的方法去应对信息化战争，就必然在能力对比上处于劣势。

3. 实现资源最优配置和高效运用是制胜的根本保证

军事资源始终是有限度的，资源的紧缺与充足是相对的。自有战争以来的任何一场战争中，指挥员总会觉得资源不足，信息化战争及其以后的战争也不例外。因此，任何时代的战争，指导艺术都表现为在资源不足的情况下谋求作战的最高效率和效益。进入信息时代，反思机械化时代战争数量规模模式，人们又提出了一个值得深思的命题："某个特定的战略目标是否值得去丧失一千、一万或者十万人的生命。"这个问题，不是排斥战争中的牺牲精神，而是一个战争效益观的问题。在资源有限的情况下，如何既实现战略目标，又使资源效用最好，需要借助一种新的机制。这种机制就是信息优势。如果说，机械化时代作战达成战略目标，伴随着大量的牺牲是不得已而为之，那么，到了信息时代，战争应当充分借助信息优势提高作战效益和效率，同时降低战争的风险和成本，即最大限度地优化战争资源配置与使用，实施高效率、高收益、低风险、低成本作战。正如西方理论界对信息时代"完美"战争的描述，在军事活动中可获得的资源被绝对精确地使用，达到一种分配和使用效果上的完美，丝毫不存在浪费现象。

伊拉克战争中，美军在600千米—800千米的外层空间有多达116颗各类卫星；在20 000米左右高空，有"全球鹰"无人机；在14 000米左右的高空，有预警机；在6 000米的高处，有"捕食者"无人机；在数百米的低空，有无人飞行器；在地面有各类传感器和特战情报人员，形成了战略、战役、战术不同层次的立体信息伞，对伊全境及各个战场进行全时空、全方位监控。凭借这一信息网，美军指挥官认知战场能力和指挥作战效率大幅提高，随时都能了解"我在哪里，敌人在哪里；我在做什么，对手在做什么"。战争中，指挥官可了解主战场90%以上的重大事件。而1991年的海湾战争中，指挥官只能了解到10万千米，战区内约15%的重大事件。1993年美军的数据传输速率为1.2兆字节每秒，伊拉克战争中已达到20兆字节每秒以上。在海湾战争中，美军把空中任务指令传给作战单位需几小时，现在只需5秒钟。

（三）作战空间多维化

伴随着战争形态的不断发展，战场空间维数也在不断增加。古代战争中，敌对双方的军队在预先选定的地域进行"点与点的对冲"，战场空间局限于地面，在一定意义上可以说是一维的。后来，骑兵和火器在战争中的运用，双方兵力部署基本上是沿正面展开，且保持一定的纵深，战场具备了横向和纵向二维空间特征。坦克、飞机、军舰的出现，使军队的成分发生了变化，除陆军、海军外，空军应运而生，将战场空间由平面二维扩展为空间立体三维。信息化战争中，作战行动仍将充斥于正常的三维物理空间，同时电子领域的对抗也将异常激烈，空中的较量还将扩展到太空领域。于是，人们借用物理空间中"维"的概念，将陆、海、空、天、电合并定义为五维战场空间。因此，与以往的战争相比，信息化战争是空间多维型战争。

1. 陆、海、空仍是信息化战争主战场的重要组成部分

陆地是人们栖息的场所，也是人类战争有史以来的主要战场。信息化战争已不再将争城夺地作为战争的主要目的，而且随着技术的进步，人们逾越空间的手段增多，能力增强，地面战场的地位与作用有所下降，陆战场的地位与作用已明显不同于以往战争，但这并不意味着陆战场在将来就无所作为，战争不可能只停留于空中、海上或是太空，信息化战争的最后角逐仍将在地面进行。陆战场仍将是信息化战争的主战场之一。

人类在海上的争夺已有多年历史，海战场也一直是人类战争的重要战场之一。随着时代的进步，陆上资源的开发已趋于极限，越来越多的国家开始意识到海洋的重要经济价值，海洋权益观不断加强，并带来了海洋经济区、大陆架、国家主权海域等划分上的激烈争议，再加上技术的进步为各国加强海上力量建设奠定了物质基础，从而，也为海上交战提供了更多的方便。可以预见，在未来信息化战争中，海战场不仅仍然重要，而且其地位与作用还将上升，成为主战场之一。

飞机的出现并运用于战争，带来了空战场的出现。自空中军事力量应用于战争的那一天起，人们就逐渐认识到空战场在战争中的重要地位与作用，杜黑为此专门著书立说，提出"制空权"理论。信息技术的进步，与空中力量的加强和空战能力的提高直接联系在一起。可以说，空中力量是现代信息技术的"聚焦点"，而且，正是现代信息技术不断物化于空中力量，改变了传统的空战方式，让人们最先感受到了信息化战争形态的到来。因此，在信息化战争中，空战场将与陆战场、海战场一样，也是敌对双方激烈较量的主战场之一。

2. 信息化战争中战场空间已延伸至太空

太空以其占有绝对的高度优势，对地面、海上，甚至中低空战场作战具有很大的制约作用。航天技术的发展及其在军事领域的广泛应用，为人类开辟了继陆、海、空三维有形战场空间之后的第四维有形空间。1957年10月4日，苏联成功地发射了世界

第一颗人造卫星，标志着人类太空战场的开始。

军用卫星在离地球赤道 36 000 千米的静止轨道上，可视察地球约 42% 的表面积；天上武器平台可以克服陆上、海洋的各种自然障碍，从任何方向攻击目标。20 世纪 60 年代初，苏联赫鲁晓夫就曾威胁说："我们能派加加林和季托夫进入宇宙空间，就能将炸弹部署在宇宙空间，袭击地球上的任何地方。"此话虽带有其反动的政治目的，但道出了太空战场在以后战争中的重要地位与作用。美国的布热津斯基也说过："哪个国家控制了太空，哪个国家就可既控制陆地，又控制海洋。""从本质上看，对太空的争夺不同于陆地战争而颇似海战，争夺的目的主要不是为直接掠夺战利品，而是为了获取有决定意义的战略筹码。"20 世纪 80 年代以来的局部战争也表明，战争中太空武器发挥的作用已越来越大，扮演越来越重要的角色。特别是海湾战争，多国部队动用了照相侦察、电子侦察、海洋监视、导航定位、战略战术通信、导弹预警、军用气象等各类军用卫星约 100 颗，为美国最高当局、有关国家和战区内的部队建立了一个快速的神经枢纽，在战争中发挥了不可估量的作用。随着航天技术突飞猛进的发展，太空战场将在信息化战争中扮演越来越重要的角色。

3. 电磁战场已成为信息化战争的重要战场

自古以来就有军事领域的信息对抗。早在 2000 多年前，我国古代军事家孙子就看到了信息对抗在战争中的重要作用，指出"知己知彼，百战不殆"。电子信息技术的飞速发展及其在军事领域的运用，使无形的电磁领域的较量充斥于陆、海、空、天等四维有形战场空间之中，形成信息化战争第五维战场空间。

电磁战场是信息化战争不可缺少的重要组成部分。武器装备信息化和智能化首先表现为技术构成上的电子化，而战场信号的获取和相互间的传输大多在电磁频谱的范围内进行。现代飞机、舰艇、坦克装甲车辆等作战平台，以及战场探测传感设备、雷达、制导弹药等，机体内都装有大量的电子设备，正是这些电子设备的有效工作，使部队战斗力大增。因此，在 20 世纪 80 年代以来的高技术局部战争中，敌对双方都在电磁频谱领域展开了以干扰与反干扰等为主要手段的激烈电子对抗，不仅对战争进程和结局产生重要影响，成为与火力战、机动战同等重要的一种新的作战样式，也预示着信息化战争形态的到来。

4. 网络战场已显示出其重要地位

信息时代，由于信息技术和信息系统高度发展，战场图像、声音等模拟信息也逐步实现数字化，战场通信逐渐走向信息的数字化、手段的网络化。海湾战争和科索沃战争实践也已表明，战场网络攻击已显示出网络战对战争的重大影响。同时，计算机网络联通了整个世界，使得各国的政治、经济、科技和文化的联系日益密切。社会上的任何个人，只要有一台计算机和一条入网的电话线，就可以进行信息暴力活动；国家的金融信息系统、电力信息系统、交通运输信息系统、国家行政管理信息系统等，将成为战争中的重要攻击目标。据不完全统计，美国现有各类数据库 15 000 个，其中

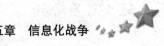

可联机服务的有1450个，能被个人用微机联机使用的达600家。加利福尼亚银行协会曾发表报告认为，如果其银行数据库遭到破坏三天，会影响加州的经济，五天会波及美国的经济，七天会使世界经济受到损失。如果用电子兑汇手段骗走1600亿美元，就足以使美国经济垮台，并导致世界经济的崩溃。2007年4月爱沙尼亚政府网站遭受网络攻击事件，也说明了战场网络保护的重要性。

另外，现代战争中，心理战及认知领域的对抗也越来越受到作战双方的重视。由此可以看出，在强大的信息系统的支持下，现代战争将在陆、海、空、天、电、网、心理等多维空间同时展开，呈现出大纵深、高立体、全方位、多领域的特征。如爆发于1991年的海湾战争，多国部队动用了包括太空、空中、地面和水下的大量装备和人员，作战行动在陆、海、空、天、电、网、心理等多维空间同时展开。太空及中高空有卫星、侦察机、预警机等全方位、全时段监视对方的行动。仅侦察方面，美军就动用了包括电子侦察、照相侦察、雷达照相等24颗卫星，昼夜监视伊拉克的一举一动。如在伊拉克入侵科威特前夕，美军就通过高清晰的卫星照片发现了伊拉克的侵略意图。为达成空袭的突然性，保障己方作战飞机的安全，在战争正式打响前5个多小时，多国部队就展开了代号为"白雪行动"的大规模电子干扰和破坏行动，使伊拉克的各种雷达屏幕一片雪白，造成了大面积的指挥失灵和通信中断，就连电视台和广播信号也一度受到严重干扰。战争打响后，各种作战飞机从部署在伊拉克周边国家的基地和伊拉克防区外海域的航空母舰起飞，对伊境内重要目标实施了长达38天的空中突击。同时，水下和水面各型舰艇和潜艇，使用舰射和潜射导弹对目标实施远距离火力打击，使科威特战场伊军前沿部队损失近50%，后方部队损失约25%，极大削弱了伊拉克的战争潜力和战略反击能力。海上作战中，多国部队击伤和击毁伊海军舰艇143艘，并使用舰炮火力，对两栖部队和地面作战部队进行了火力支援。地面作战部队采用地面机动和空中机动的方式，对伊军实施了穿插分割，仅用100小时就重创伊军40余个师。为配合军队正面作战，美军强大的心理攻势对伊军的意志和士气产生了较大的影响，曾迫使伊军成建制地放下了武器。另外，美军还通过更换伊拉克购买的打印机芯片和无线注入病毒的方式对伊拉克的计算机系统进行了网络攻击，使网络战初露端倪。

（四）作战行动实时化

作战行动实时化，是指部队在战场上反应敏捷、行动迅速，实时地根据战场态势的最新变化，在极短时间内做出决策、制订计划，以最快的速度将战斗效果直接投放到新出现的战场态势上，迅速达成行动目的。而不是像以往战争中那样，为实施一次战役或战斗，往往要提前几天、至少数小时，进行多方筹划，包括制订行动计划、调集行动力量、准备各种保障物资和器材等，尔后才是按部就班地采取行动。

1. 强大的探测能力为作战行动实时化奠定了基础

战场目标只有被有效发现才能被摧毁，目标发现效率的高低直接影响着战斗行动效率。高度信息化的侦察设备大大扩展了对目标侦察的空间范围，缩短了对目标的探测反应时间，基本可以做到对敌实施超视距全球性侦察、全时辰全天候侦察和战场上的实时反应侦察。一颗侦察卫星基本上可将地球总面积的42%范围"尽收眼底"，一个半小时就能绕地球转一圈，对地面目标分辨率达0.15米。这种高精度、大范围、近实时的目标发现能力，使得拥有信息化武器的一方不仅能及早发现目标、迅速做出决策、近实时地采取行动，还可以通过对远距离目标的探测，提前预警战场态势可能的变化发展，早做准备，为近实时地采取行动创造有利条件。在海湾战争中，拥有信息化武器装备的美军就尝到了实时化行动带来的作战高效益的甜头。伊军的火炮每发射一发炮弹，立即就召来美军56发炮弹的火力反击。正如伊军的一位被俘炮兵营长所说，伊军炮兵只有发射一发炮弹的权利。

2. 网络化的信息传输为作战行动实时化提供了保证

在以往的作战中，从战场态势、目标信息的获取到部队采取行动，一般要经过以下五个步骤：一是观察器材、前沿侦察分队获取有关目标和态势信息，二是将获取的信息传递给指挥决策中心，三是指挥中心对众多信息进行处理筛选、分析判断、做出决策、制订行动计划，四是司令部门将行动计划传达到需要做出动作的有关分队；五是有关分队采取相应行动。这种纵式、多层次接力式信息传递过程，每一个环节都会花费一定时间，从战场目标出现、态势变化到部队行动，必然会造成战机消失或延误。如果在传递过程中某个环节出现故障，就会影响作战。在信息化战争中，战场信息处理、传递实现了数字化网络化。数字化战场信息高速公路，不仅保证了在同一距离上信息传递速度及准确性大为提高，接近光速，而且实现了信息横向直达共享取代以往接力式纵向多层传递方式。一旦获取战场目标信息，指挥中心、有关部（分）队、战斗单元都可以同时知晓，这就保证了行动实时化的实现。对于有些既定任务，有关部（分）队和战斗单元不待上级命令到来，根据上级总体作战意图和自己的分析判断，就可以及早采取行动，如防空部队打击敌机、火力支援力量进行火力反击等。这样，就大大缩短了从获取信息到采取行动的时间过程，由过去的几天、几小时缩短到信息化战争中的几分、几秒，基本做到了实时化。

3. 自动化的指挥控制解决了作战行动实时化的关键

指挥控制手段自动化是信息技术进步带来的军事领域又一巨大变化。指挥控制手段自动化集中体现在战场信息处理的自动化、计算机化上，即由计算机数据处理自动处理代替繁锁复杂的手工作业方式，从而大大加快了战场信息的处理速度，提高指挥决策的效率。据有关专家估计，在以往的战争中，运用手工作业方式，指挥员要把85%的时间用于大量信息处理和复杂的信息数据计算上，真正考虑战役战术问题的时间只有15%，而信息处理与计算实现了自动化、计算机化以后，指挥员至少可用85%

的时间去进行创造性的决策活动。当战场信息传送到指挥中心后,计算机就自动地对输入的各种信息数据进行综合、分类、存储、更新、检索、复制和计算,协助指挥员拟制作战方案,并可快速地运用有关数学方法对各种方案进行运筹分析、评估计算,选出最优方案,供指挥员决策参考。一旦指挥员定下决心,计算机就可以迅速地以文字、表格、图形、图像等多种信息形式输出作战计划,省去了大量繁琐的手工作业时间,把过去战场上需要几小时甚至更长时间才能做完的事情,压缩到几分钟甚至几秒钟,使定下决心与作战进程几乎同步进行。俄罗斯车臣恐怖头目杜达耶夫被击毙,就是作战行动实时化的一个典型战例。

(五)作战行动精确化

战争是交战双方通过多种渠道、以各种形式凝聚能量,并以一定方式在战场释放能量的竞赛。进入信息时代后,信息技术不断融合到武器系统之中,战争能量将是机械动能加热能再加信息势能(战场信息优势对军队物理能量所带来的倍增效果),能量的释放将是信息控制下的有限级的精确作用。战争能量在信息精确控制下释放,带来了信息化战争的效果精确性形态特征。

1. 目标选择精确

大量先进的电子侦察设备、传感系统的使用,为战争进行大面积的目标侦察、探测与高精度定位奠定了基础。战争中,拥有信息化优势的国家军队,为了更有效地利用战争手段,不使战争升级、规模扩大,必然在战前精心探测并选择确定敌方重要目标,以便实施精确打击。与战争目的无关的目标、非重要目标均不包括在战争打击范围之内。

2. 力量使用精确

以往战争中,为了确保实现战争目的,往往强调动员、调集最大规模的战争力量;在具体作战过程中,为了确保对重要目标的摧毁,也往往最大限度地集中战场兵力实施打击。这种以量取胜的用兵观念在信息化战争中变得不再适用。追求战争高效性已成为信息化战争的基本原则之一。拥有大量信息化武器装备的一方,在战前,可以根据战争目的精确确定投入的战争力量,避免盲目性。依据这一思想原则,美军提出了"力量投送""兵力投送"概念。在战场上,根据作战任务种类与大小,充分估计到可能的伤亡,精心选用与组合作战部队。能用一个连的不用两个连,能用一架飞机的不用两架,能用一枚导弹的不用两枚。美军入侵巴拿马,根据有限的战争目的,仅投入24 000人,分编五个特遣队,每个特遣队仅数千人,分别担任一项具体任务。美军入侵格林纳达,也事先计算好所需的兵力,最后仅投入10 000多人,圆满地完成了预定计划。

3. 打击位置精确

自从火药应用于战争之后,火力摧毁一直是战争双方进行物质摧毁的主要手段。

但长时间以来，用于火力摧毁的弹药没有信息处理功能，毁伤效率一直不高。一般是通过长时间、大规模、大面积破坏性摧毁来实现预定打击效果。比如，在越南战争中，美军为了炸毁一座桥梁，往往要出动600余架次飞机，投掷上千枚炸弹。而在信息化战争中，各种具有信息处理功能的制导弹药的应用，极大地提高了火力打击的精度，基本上可以实现"点对点"打击。据统计，弹药毁坏目标的平均误差在第二次世界大战中为上千米，在越战时为数百米，而在海湾战争中则仅为数米。如海湾战争中，美军的"斯拉姆"导弹就非常准确地从前一枚导弹打通的墙洞中穿过，击毁了伊拉克的电站；激光制导炸弹和炮弹，可分别对10千米和20千米范围的坦克装甲目标、火力发射点进行打击，并能出乎人们想象地从伊拉克防空指挥所大楼的烟囱中钻进楼内，摧毁伊指挥中枢。

4. 打击精度准确

打击行动由自动化指挥控制系统严格控制，对一个目标打到什么程度、什么时间需要再次打击，都十分精确。没有附带损伤的远程精确打击，将成为未来信息化战争中的基本火力突击样式，而地毯式轰炸、大面积射击将退出历史舞台。未来作战就像用伽马刀切除脑瘤一样，准确、干净、利落，这主要是因为未来战争中将大量使用智能武器所致。这些武器包括制导炸弹、制导子弹、制导子母弹、巡航导弹、末端制导导弹、反辐射导弹等，它们的传感器能够捕捉到声波、电波、可见光、红外线、激光乃至气味等一切可利用的直接或间接目标信息，计算机则对这些信息进行鉴别分析，从而自主地识别、攻击目标。这些智能弹药不仅能百发百中地攻击目标，还能根据需要把握打击程度，不盲目扩大破坏和毁伤效果。

（六）持续时间短促化

战争规模大，持续时间较长，是以往战争的一个主要特点。1337年的英法"百年战争"，打了116年；1618年的德国"三十年战争"，持续了30年；1914年的第一次世界大战，打了4年；第二次世界大战从1937年开始长达8年之久。然而，信息技术的发展，极大地压缩了战场信息传输与处理的时间，改变了传统战争中的时间观念。20世纪70年代以来，战争的时间效率则大为提高，持续时间大大缩短，1973年的第四次中东战争，持续了18天；1982年的英阿马岛战争，为74天；1991年的海湾战争，为42天；1999年的科索沃战争，打了78天；2003年伊拉克战争大规模作战行动只持续了21天。另外，1983年美国入侵格林纳达持续时间只有4天，1986年美国袭击利比亚的"黄金峡谷行动"只有18分钟，1982年以色列空袭叙利亚贝卡谷地之战只有12分钟。由此可以看出，信息化战争作战行动节奏大为加快，战争持续的时间较为短暂，这是信息化战争区别于以往其他战争的明显特征。

1. 有限的战争目的决定了战争持续时间的短促性

战争的目的决定战争的规模，进而直接决定了战争的持续时间。信息化战争的有限性，决定了它的持续时间不可能太长。为了有效地控制战争的规模，达成有限战争目的，尽量不使战争升级，拥有信息化武器的国家往往在战略上谋求速战速决，致力于在对方做出报复性反应、国际社会引起广泛关注之前结束战争。

2. 战争的高消耗客观上要求战争持续时间的短促性

孙子曰："举兵十万，日费千金。"这说明，从古至今，战争都是消耗巨大的行为。信息化战争更是经济高消耗的战争，再强大的国家也经不起长时间的信息化战争消耗。第四次中东战争，交战各方损耗50亿美元以上，平均每天约3亿美元。马岛战争双方直接耗资24亿美元以上，平均每天达3200多万美元。海湾战争中，多国部队一方就耗资611亿美元，平均每天高达11.6亿美元。

武器装备战场损耗严重。由于武器装备信息化程度的提高，使其杀伤破坏力大、打击精准，大大地提高了战场摧毁率，极大地增加了交战双方的战场物资消耗与武器装备的损耗。比如，马岛战争中，阿方参战飞机约为350架，战中损失117架，战损率为33.4%；海湾战争中，伊拉克战前有809架飞机，战中损失300架，战损率为37%。

战场破坏力强。据不完全统计，海湾战争中，美军的空袭使伊拉克的通信系统、指挥机构、机场遭破坏率分别达到75%、60%、44%；有200多个弹药、油料、给养等物质储存库被炸，战略后方的军工厂、炼油厂、油井等重要生产设施几乎全部被毁，约8800余件飞机、舰艇等重型装备被直接摧毁。在科索沃战争中，北约集团对南联盟78天的轰炸行动，使南联盟弹药生产能力下降了2/3，炼油能力全部丧失，军用油库和军地两用油库分别被摧毁41%和57%，国家基础生产设施遭到严重破坏，直接经济损失高达2000亿美元，使其社会经济倒退了近20年。

武器装备费用高。在信息化武器装备中，信息技术所占用的经费一般达到武器装备生产成本的50%以上，使武器装备经费成倍增长。美国国防部曾对他们20世纪70年代两种型号飞机的13项指标进行了分析，得出的结论是飞机主要性能提高1—2倍，研究成本就要提高4.4倍，生产成本增加3.2倍。例如，一枚"战斧"巡航导弹造价130万美元，一枚"爱国者"防空导弹造价为110万美元，一枚"小牛"反坦克导弹的造价也高达7万美元，一架AH-64阿帕奇直升机的造价更是高达1170万美元，一架F-117隐身战斗机的造价达1.06亿美元。信息化武器装备不仅造价昂贵，而且平时的维护费用也相当高。据美军统计，1971—1980年总的装备维护费为2915.94亿美元，而1981—1990年则更高，为7448.56亿美元。

作战消耗巨大。信息化战争是高能耗战争，如弹药消耗量，在长达3年的朝鲜战争中，美军共投弹68万吨；在10多年的越南战争中，美军共投弹750万吨；42天的海湾战争就投弹50万吨，弹药日耗量约为朝鲜战争时的20倍、越南战争的7—8倍。油耗量也非常惊人，航母编队每隔4—5天就得补充6万—9万吨一般燃料、3万—8万吨航空燃料。在海湾战争多国部队空袭行动中，仅喷气燃料每日消耗量就达40万桶。物资消耗增幅更大。20世纪50年代美军在朝鲜战争中人均日消耗物资29千克，比第二

次世界大战增加了近1倍；20世纪60年代美军在越南战争中人均日消耗物资117千克；20世纪90年代海湾战争中，美军地面部队人均日消耗物资200多千克，航母编队人均日消耗物资1100千克—1380千克。据不完全统计，海湾战争中50多万美军共消耗各类物资17 000余种、3000多万吨，几乎等于1200多万苏军在4年卫国战争中消耗物资（6600万吨）的一半。为满足作战物资需求，美军动员了800余架飞机、400艘船、500多辆汽车进行后勤补给。平均每天有4200吨物资运抵海湾，一个月的运输量超过了朝鲜战争时一年的运输量。因此，有人说，以美国为首的多国部队发动的这场战争是"乞丐式的战争"。由此可见，现代战争的战争消耗日趋庞大。

恩格斯曾说过，战争暴力是由经济情况决定的，刺刀遇上经济问题就会像灯芯一样变得软绵绵的。信息化战争的巨大经济支出，使得任何一个经济大国也无力维持较长时间的战争。信息化战争在经济上的高消耗必然制约战争的规模，客观上限制了战争的持续时间。

3. 战争的高效率促成了战争持续时间的短促性

信息技术物化为武器装备，增强了战场作战效能，也带来了信息化战争的高效率。一是战场目标发现效率高。它有力地保证了拥有信息化武器的一方，可以通过对直接影响战争进程的敌方重要战略、战役目标实施"点穴式"打击，迅速达成战争或作战行动目的，从而极大地压缩了战争持续时间。二是目标打击精度高。在信息化战场上，基本可以做到"指哪打哪"，"哪有可打目标就打哪"，再也不需要靠长时间、大规模的"地毯式"轰炸来达到预期毁伤效果。在越南战争中，美军往往要出动500余架次飞机，投掷上千万枚炸弹，才能炸毁一座桥梁，而在海湾战争中，通常只需发射1—2枚制导炸弹就可以精确炸毁预定目标。战争中，美军的激光制导炸弹几乎是神话般地从烟囱钻进伊拉克防空指挥所大楼，并摧毁伊军防空指挥中枢系统。高精度的目标打击效果自然大大缩短了战争的持续时间。三是力量投送速度快。如海湾战争前夕，美军的第101空中突击师，仅用了48小时，就部署到了海湾地区。四是作战平台的战场移动速度快，可在短时间内聚集力量实施重点打击，迅速达成作战目的。五是信息化武器作用距离远，战场上作战效果的瞬时聚集取代了传统意义上的兵力调集，大大加快了作战进程。在以往战争中，为了攻击某个重要目标，往往通过兵力兵器的长时间战场机动，逐渐云集力量以发起有效攻击，这当中需要花费数小时，甚至数日时间。在信息化战场上，则只需在数分、数秒之内，就可以在远距离之外向目标发射远程制导弹药，通过协调火力效果达到对目标的预定袭击目的。六是指挥决策近实时。自动化指挥控制系统的使用，并与武器系统的信息处理功能联网，大大缩短了战场反应能力，从而加快了战争进程。

二、信息化战争的发展趋势

（一）信息化作战平台将成为战场支撑

信息化作战平台是指信息化弹药所依托的作战平台。电子信息技术广泛渗透到武器系统的各个领域，为作战平台的信息化提供了空前的机遇。未来的作战飞机、舰艇、坦克，甚至外层空间的卫星等，都将成为装备大量先进的电子信息系统与电子战系统的信息化作战平台，而且每一个信息化作战平台都成为 C^4ISR 系统的一个节点，并向隐身化、遥控化、小型化和全智能化方向发展，使作战平台的纵深突防能力、攻击能力和生存能力大大增强。特别是隐身飞行器、隐身舰船以及无人机等将成为未来信息化战场上新型的信息化作战平台。这些新型的信息化作战平台将与经信息化改造的传统有人驾驶飞机和舰船相辅相成，形成一支互为依存的强大的太空、空中、海上和陆地打击力量，从而成为信息化战场的主要支撑。

（二）智能化武器装备将大量涌现

智能化武器装备是指不用人直接操作和控制，采用人工智能技术，可自行按照人的意志完成侦察、搜索、瞄准、攻击以及情报收集、处理、综合等多种军事任务的高技术武器装备。智能化武器装备给未来的信息化战争注入了新的活力，从而使军队的编成更精干，传统的作战方式也将被改变。

智能化武器装备主要有智能机器人、智能坦克与车辆、智能导弹、智能地雷等。智能机器人是智能化武器装备的集中代表，它具有一定程度的感觉以及分析、判断、推理与决策能力，能模仿人的行为执行多种军事任务。智能坦克、车辆是一种由计算机控制中心、信息接收和处理系统、指令执行系统及各种功能组件组成的能自主完成不同军事任务的新型坦克和车辆；人工智能弹药是一种采用了现代信息技术和子母弹技术，从而使其具有人的某些智能的弹药。这种弹药不仅能自动寻找和判定攻击目标，而且能自动发现和攻击目标的薄弱部位，命中精度比普通弹药高几十倍。智能导弹是一种能自动搜索、识别和攻击目标，具有思维、判断和决策能力的新型导弹。在作战中，由飞机远距离发射后，它会自动跃升至几千米高空，然后自行对目标进行攻击，具有发射后不用管的特点。智能地雷是一种能自动识别目标，自动控制起爆，并能在最有利时机主动毁伤目标的新型地雷。

（三）军队将向小型化、一体化和智能化方向发展

在未来信息化战争中，伴随着新军事革命的步伐，军队的发展趋势将是高度的小型化、一体化和智能化。

1. 军队规模将加速小型化

在未来信息化战争中，先进的信息化系统和远距离的投送能力为军队规模小型化奠定了基础。由于军队的作战能力将成指数增长，小规模的高度一体化和智能化的军队，即可达成战略目的。因此，随着军队信息化程度和作战能力的不断提升，缩减军队规模将是必然趋势。作战部队的建制规模将更加小型灵巧，旅、营或更低级别的战术单位将成为主要的作战建制，并可能出现按作战职能编成的小型作战群或能够同时在陆、海、空等多维空间作战的一体化小型联合体。一些技术密集、小巧精干的新型兵种作战单元也将相继出现并逐步增多。

2. 信息系统构成将高度一体化

未来信息化战争是高度一体化作战，军队编成的一体化，将主要表现为按照观察监视，建立"超联合"的一体化作战部队。为此，未来军队信息系统的构成，系统集成将按照侦察监视、指挥控制、精确打击和支援保障四大作战职能，建成四个子系统。侦察监视子系统将所有天基、空基、陆基和海基侦察监视平台和系统联为一体，完成对作战空间全天候、全方位的实时感知；指挥控制子系统把所有战略级、战役级和战术级指挥控制和通信系统联为一体，将对作战空间的感知信息直接转变为作战决策和控制；精确打击子系统把陆、海、空、天的信息和火力系统构成一体化精确打击平台；支援保障子系统为作战行动提供实时精确的保障。这四个子系统的功能紧密衔接，有机联系，构成一体化作战信息系统。

3. 指挥和作战手段将高度智能化

信息化发展的高级阶段是智能化。因此，信息化战争的发展趋势之一就是实现指挥平台与作战手段的高度智能化。随着纳米技术的发展，军用微型机器人将大量地投放于战场，执行侦察探测、信息传递、破袭敌电子设备和武器系统以及杀伤敌作战人员等任务。一是指挥控制手段高度自动化和智能化。其标志是 C^4ISR 系统的高度成熟与发展。未来的 C^4ISR 系统将真正实现侦察监视、情报搜集、通信联络、火力打击和指挥控制的无缝链接，成为作战指挥与控制的信息高速公路，可以高度自动化地确保指挥员近实时地感知战场，定下决心，协调、控制部队和武器平台的作战与打击行动。C^4ISR 系统的高度发展，将使军队指挥员观察战场和指挥作战的能力大幅度提高。计算机是自动化指挥控制系统的核心，是实现智能化作战指挥的基础。随着高技术群体的不断发展，未来将相继出现智能计算机、神经网络计算机、光计算机、高速超导计算机、生物计算机等新概念计算机，将使人工智能技术迈上新的台阶。其功能与作用将由运算、存储、传递、执行命令转向思维和推理，由信息处理转向知识处理，由代替和延伸人的手功能转向代替和延伸人的脑功能，从而为作战指挥控制提供更加先进的智能化手段，使作战指挥与控制进入自动化、智能化时代。二是大量智能化武器系统和平台将装备军队，投入作战。在未来信息化战争中，精确制导武器系统、对空防御系统、勤务支援系统、物流分配保障系统和具有发射后不管和自动寻的

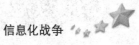

功能的智能化弹药将得到更加广泛的运用；无人驾驶的智能化坦克、飞机和舰船也将规模化投入战场。无人机在阿富汗战争中已经发挥了重要的作用。尤其值得关注的是，众多类型不同、功能各异的纳米机器人，可能在战争中大规模地投放战场，执行侦察探测、信息传递、破袭敌电子设备和武器系统以及杀伤敌作战人员等任务。三是许多作战行动将发生在智能化领域。在传统的机械化战争中，虽然在智能化领域也存在着敌我对抗活动，如敌我之间的谋略对抗就是一种思维对抗，但这种对抗是间接的，需要用部队真实的作战行动才能表现出来。然而，在未来信息化战争中，由于信息战的广泛运用，智能化领域将会发生激烈的对抗。认知、信息和心理这些智能化的范畴，既有可能是作战所使用的手段，也有可能是作战所要打击的目标。因此，将会在智能化领域发生大量直接对抗的作战行动。为了阻止敌方及时定下正确的作战决心，不仅要采用谋略行动欺骗对方，更需要采取信息攻击手段，直接打击敌方的C^4ISR系统以破坏敌方的决策程序。

（四）作战思想将出现重大调整

作战思想是关于作战基本问题的理性认识，通常表现为作战组织与实施的指导思想和基本原则等。在千百年来的战争中，孙武"不战而屈人之兵"的战略思想，虽然受到政治家、军事家们的推崇，却由于武器装备的落后一直没能够真正实现。在信息化社会中，各种经济活动和社会活动的高度计算机化、信息化和网络化，社会经济生活和政治生活更依赖于各种信息系统。在信息化战争中，信息和信息系统既是武器，也是交战双方攻击的主要目标。通过网络攻击、黑客入侵和利用新闻媒介实施大规模信息心理战等"软"打击方式，破坏敌方计算机信息网络，瘫痪敌方指挥系统，瘫痪敌国经济，制造敌方社会动乱，就可以把战争意志强加给对方，以不流血的形式换取最大的政治利益和经济利益。传统战争的暴力行动，将被非暴力的"软"打击行动所替代。随着侦察能力的增强和远程打击能力的提高，距离将不再是战争的障碍，"战争迷雾"将被驱散。在使用各种"硬"摧毁手段的作战中，由于火器的命中精度将极大提高，进攻一方不再以剥夺敌国生存权力，或完全夺占敌方领土等作为最终目标，而是注重影响对手意志，尽可能地减少战争伤亡，力争以最小的伤亡换取最大的胜利。

因此，在未来信息化战争中，战争目的将由"消灭敌人，保存自己"转变为"控制敌人，保护自己"；表现形式将由血与火有声战争的搏斗转变为精神、意志、智慧无声战场的角逐；打击目标将由侧重以信息系统指挥中枢等作战体系关键节点为核心的物质目标，转变为侧重以认识体系为核心的精神目标；作战的实现方法将由用信息流控制能量流、物质流和取得战场主动权，转变为用信息流直接控制战争的策划者和决策者，"附带毁伤"将减少到最低限度，战争有可能成为不流血或少流血的政治，"不战或少战而屈人之兵"将可能成为实现。

（五）主要作战样式将出现重大改变

随着信息技术的发展，武器装备的精度、杀伤力、机动性、生存力、隐蔽性、反应速度和捕捉目标能力将大大提高，进而引起作战形式的重大调整。一是电子战将贯穿始终。未来信息化战争中的电子装备种类将更加繁多，部署密度更大，电磁信号更加密集，电子战频谱更加宽泛，信号特征更复杂，为夺取制电磁权而展开的电子战将渗透到各个作战领域，贯穿于战争始终。二是机动战将广泛实施。未来信息化战争中的机动战不仅包括兵力、兵器机动，而且包括火力机动和软杀伤力机动，尤其是软杀伤力机动将成为兵力机动和火力机动的前提而大量运用。三是计算机病毒战将普遍展开。计算机病毒是一种价格低廉、使用方便的软杀伤性武器，它将随着计算机的广泛使用而普遍展开。四是非接触作战将成为主要作战方式。随着武器装备远程打击能力的提高和信息化侦察控制系统的完善，非接触作战将越来越多地成为未来信息化战争的主要作战方式。五是隐身战将充满战场空间。隐身技术的飞速发展为隐身战的运用提供了机遇。在未来信息化战争中，隐身卫星、飞机、导弹、舰船、战车将在战场上大量出现，在看不见的战场上进行隐身较量将是未来信息化战争的一个突出特征。六是太空战将获得巨大进展。随着航天技术的发展和军用卫星、航天飞机、载人飞船、太空站的增多，众多的军用航天器将被部署在太空，从而将促进天军的组建和太空战的展开。七是虚拟战场欺骗战将悄然兴起。虚拟现实技术的发展使虚拟战场成为可能。战争中，可通过运用信息化战场上的某一网络节点，将虚拟现实技术植入敌方指挥控制系统，向敌方传送假命令、假计划，从而使其军事行动陷入混乱。战争形态——信息化战争，也必然开始登上战争舞台。

第三节　信息化战争与国防建设

战争是国防和军事的核心，进行战争是国防力量的基本职能，以军队为主体的国防力量与战争的关系密不可分。战争形态是国防力量建设的参照系和驱动力，国防力量形态又决定一个国家从事战争的能力，有什么样的国防力量就打什么样的战争。随着社会形态和战争形态信息化程度的不断加深，建设信息化国防势在必行。

一、树立信息制胜的思维观念

意识是行动的先导。落后的思维观念无法指导未来信息化战争取得胜利。当年，清朝统治者不顾冷兵器向热兵器发展的军事变革趋势，顽固坚持"骑射乃满洲之根本"的落后观念，最终导致近代中国百年屈辱的历史。在海湾战争中，萨达姆拥有当时很先进的作战坦克、作战飞机和导弹舰艇，掌握有数倍于多国部队的陆、海、空三军，但由于思维观念落后，企图通过构筑"萨达姆防线"与美军在前沿阵地进行战略决战，结果遭到惨败。在伊拉克战争期间，很多所谓的"军事专家"之所以对战争进程判断错误，对很多战况迷惑不解，也是因为他们用机械化战争思维模式来分析这场具有信息化性质的战争。

思维观念落后往往比武器装备落后更可怕。面对扑面而来的信息化战争，必须破除固有的思维模式，牢固树立信息制胜的思维观念。破除"模具"式的作战观念，树立信息主导和制胜的思想是时代的要求，是战争形态演变的必然。只有做到知彼知己，方能百战不殆。自有了战争，信息就一直是赢得战争胜利的重要因素。知彼知己，就是要多方获取战场信息，掌握整个战场态势。在以往的战争中，虽然也发展起了相当规模的情报、侦察活动，但限于当时的技术条件，战争的"迷雾"和"阻力"始终是人们认识战争、指导战争的最大障碍。然而，信息技术在现代战争中的广泛运用，为人们清扫战争"迷雾"，破除战争"阻力"提供了强有力的支撑。例如，20世纪80年代初的英、阿马岛战争，武器装备并不明显占优且劳师远征的英军，之所以能够顺利地赢得战争胜利，得到美国的战场信息支持、实现了一定程度上对阿军的战场单向透明，是决定战争胜负的因素之一。正因为如此，这场战争促使各国军队开始高度关注信息及与之相关技术在战争中的作用。以信息技术为核心的新技术的快速发展，使战争指导者企盼了多年的全面了解和掌握战争情况的愿望变成了现实。信息被大量获取、高速处理和广泛应用，极大地提高了人们驾驭战争的能力，不仅赋予传统武器装备新的生命，还催生了以远程精确打击武器为代表的新一代作战工具。信息及与之相关的技术，已成为使人的决定性作用和武器的重要作用得以充分发挥的关键因素。正如美国防大学高级研究员阿拉德所说："在未来的信息时代，信息对于军队就像血液对于人体一样重要。"

二、加强信息化战争理论研究

习近平主席在庆祝中国人民解放军建军90周年大会上深刻指出："推进强军事业，必须坚持和发展党的军事指导理论，不断开拓马克思主义军事理论和当代中国军事实践发展新境界。"先进的军事理论，历来是军队建设得以健康发展的必要条件，是赢得战争的重要基础。新军事变革方兴未艾，如果说科学技术的进步是这场军事变革的前提和基础，而理论的突破和观念的转变，则是这场变革的实质。谁在这场竞争中走在前面，谁就将赢得战略主动。在这方面，美国便走在了前面。早在20世纪80年代初，美国便确立了以作战理论牵动军队建设的方针。20世纪90年代初爆发的海湾战争，检验并深化了其军事理论。1991—1997年，美军进行了三次防务审查、三次战略调整，勾画出"三新两变"的跨世纪军事变革基本思路，即新武器装备、新军事理论、新体制编制，从根本上改变战争特点和作战方法，目标是使美军由工业时代的武装力量转化为信息时代的武装力量，并在战略指导、战略重点、建设方针等方面进行全面调整，以谋求战略优势。我军在信息化战争中不仅面临武器装备敌优我劣的挑

战，也面临军事理论的挑战。因此，不但要注重武器装备等"硬件"建设，而且要更加重视军事理论这一重要"软件"的研究，迎接世界军事发展的挑战。

军事理论的先导作用，有力地引导武器装备革命、军队组织结构革命和军队教育训练革命的发展。新军事革命下的军事理论革命主要体现在以下五个方面。一是战争的动因复杂化。信息化战争将不仅仅局限于传统的经济利益之争，各种国家、民族、恐怖暴力活动，走私贩毒活动等，都可能成为战争的潜在动因。二是战争形式多样化。正规军事集团之间的对抗，正规军队与非正规武装间的非对称冲突，不同程度和规模的信息化战争与机械化战争，"软"打击与"硬"对抗等，都会登上战争舞台。三是战争力量一体化。陆、海、空各种武装力量将高度一体化，军兵种间作战的界限将不易区分。战区内的作战行动也将连为一体，战略级、战役级、战术级作战的界限将模糊不清，战斗部队、战斗支援部队、战斗保障部队等各种作战系统，战场情报、控制、通信、打击、毁伤评估等各种作战职能，将成为一个有机的整体。四是战争高度信息化。制信息权将成为影响战争进程和战争结局的主要因素。战争中主要处理的不再是物质和能量，而是大量的信息，信息已取代物质和能量成了制胜的关键。部队战斗力的形成和发挥，以及有效地实施作战指挥，主要依赖于信息的采集、处理、传送、控制和使用。战场信息控制的丧失，将使军队真正成为"瞎子、聋子和靶子"，陷入被动挨打的困境。战争的高度信息化，也使未来战场十分透明，必须对敌我双方的态势、运动与企图等情况做到清楚判断，正确决策，充分发挥信息在战争中的重要作用。五是战争行动不规则化。战场情况瞬息万变，作战节奏加快，信息量急剧增加，作战主要是在快速多变的机动中进行，指挥要求高，保障难度大，组织协调困难。

适应新军事革命的要求，研究新的军事理论，是"战争怎样打，军队如何建"对我们提出的迫切要求。我们只有深入研究现代战争中军事理论的发展变化，始终站在军事理论的前沿，构建适应信息化战争的需要的军事理论，才能在未来的信息化战争中立于不败之地。

三、推动武器装备信息化建设

强大的信息能力是赢得信息化战争胜利的重要保证，也是军队建设的核心内容之一。而军队信息能力的获取和提高，是以武器装备的信息化程度特别是新型信息武器装备的大量使用为前提的。当今世界各国军队的武器装备都在由机械化装备向信息化装备过渡，只是过渡的速度不同而已。西方国家军队的装备信息化建设起步较早，并已具相当规模，如美军有70%左右的装备实现了信息化。而我军武器装备的信息化程度相对较低，要与强敌作战，使军队具有打赢信息化战争所需的高度信息能力，就必须拓展武器装备的研发领域，积极推动武器装备信息化建设，研制"软""硬"结合、军地通用、平战兼顾的信息化武器装备。

"有所为，有所不为。"在武器装备整体水平提高的同时，实现局部"跃升"。整体

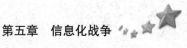

发展，局部"跃升"是符合我国国情、军情的最佳选择。从国情来讲，我们是发展中国家，不可能拿出大量的经费用于武器装备的现代化建设；从军情来讲，我们的武器装备整体水平还比较落后。在这种情况下，如果武器装备进行全面的现代化建设，短时间内难以有较大的提高，永远也赶不上发达国家的水平。实现局部"跃升"，就是要在重点突破上下功夫，重点研究对武器装备起瓶颈作用的技术，实施联合攻关，重点突破，从而使急需的武器装备跃上新台阶。在这方面，我们有"两弹一星"的成功经验。总之，在武器装备的发展上，我们既要遵循武器装备的发展规律，又要闯出一条具有中国特色的发展道路。

应重点发展"精干""顶用"、具有遏制和打赢双重效能的"杀手锏"。有人曾问美国一位将军，中国有多少枚核弹才能对美国构成威胁？那位将军伸出一个指头说，一枚就够了。这就是"杀手锏"的威慑作用和战略意义。"精干""顶用"的含义如下：一是指数量要少，二是指质量要高，三是指具有一定的遏制战争的威慑力。根据信息化战争的基本特点，目前要重点发展的信息武器装备主要有以下五大类。

精确制导武器。硬杀伤型信息武器。精确制导武器是硬杀伤型信息武器的主体，具有极高的作战效能。在其他条件不变的情况下，弹药的命中精度每提高1倍，其毁伤力将提高到原来的4倍。

信息化作战平台。信息化作战平台是硬杀伤型信息武器装备的重要组成部分，安装有大量电子信息设备，是精确制导武器的依托，具有隐身性能、智能水平和很强的综合作战能力。

信息探测系统。信息探侧系统是指雷达、光学遥感装置、电子探测设备、声学探测设备、生物化学探测装置、敌我识别器等，是信息武器装备中不可或缺的重要组成部分。在信息武器装备时，应将其置于优先发展地位。

C^4ISR 系统。C^4ISR 系统是整个信息化武器装备体系和信息化军队的神经中枢，将使传感器—指挥中心—射手之间通过实时信息传输而结合成"无缝隙"的一体化作战体系，可使指挥员及时了解到地球上任何地点发生的事态，能使飞机和坦克的驾驶员及单个士兵随时了解自己所处的准确位置，并且能和地球上任何地点的上级指挥机关保持通信联系，甚至能为数千千米以外的精确制导武器提供连续实时的精确目标信息。

软杀伤型信息武器。软杀伤型信息武器是进行信息化战争的重要手段，是信息武器装备的重要组成部分。

四、培养适应信息化战争的新型军事人才

人才是强国兴军之本，决定未来战争胜负的是具有渊博知识、通晓信息化战争规律的高素质人才。军事竞争，说到底是人才的竞争。建设信息化军队，打赢信息化战争，关键要靠人才。

（一）信息化战争呼唤高素质人才

信息化战争是技术、知识密集型战争。在信息化战争中，信息化武器装备的开发与使用要由人去操作和控制，武器装备信息化程度越高，对人的素质要求就越高，人的因素也就越重要。2003年发生的伊拉克战争，美、英参战人员在短兵相接的作战行动中展示了很强的战斗技能。美军士兵能充分利用地形隐蔽、防护、机动、发扬火力，过硬的战术动作、精湛的射击技能和对高技术装备的熟练掌握，无论是单兵与单兵的配合，还是地面部队与空中力量的协同，都是非常成功的。在其有效的打击下，伊军在很短的时间内就土崩瓦解。美、英参战人员在战争中所表现出的高素质，是其取得胜利的重要基础之一。美国国防部关于海湾战争致国会的最后报告中指出："高质量的人才是美军第一需要。没有能干的、富有主动精神的青年男女，单靠技术本身是起不到决定性作用的，优秀的领导和高质量的训练是战备的基本素质。只有训练有素，部队才能对自己的指挥员和武器装备充满信心。"我军建设要实现由数量规模型向质量效能型、由人力密集型向科技密集型的转变，更加需要高素质军事人才。

因此，我们必须加大力度，努力培养新型国防信息化人才，尽快缩小与发达国家军队在人员素质上的"知识差"，以适应国防信息化建设和未来信息化战争的需要，为打赢信息化战争提供强大的智力支撑，确保我军信息化建设的可持续性。

（二）信息化战争对人才素质的基本要求

在信息化战争环境下，武器装备、作战方式方法等与以往相比发生了质的变化，军事人才必须具备与之适应的素质，才能有效地驾驭战争。一是高技术武器装备的知识密集和结构复杂性对军人的科学文化素质提出了更高的要求；二是信息化武器系统作战的整体性对军人综合素质提出了更高的要求；三是信息化战争的激烈复杂性对军人的勇敢精神和作战指挥艺术提出了更高的要求。战争是敌对双方的较量，不管是对装备了信息武器的军队，还是装备水平相对劣势的军队，如果仅以己方的装备水平去要求军人素质，仅使其满足于与己方的装备相适应，那么在与装备水平高的对手较量时，就会因为不懂而无法应对，会付出更大的代价。所以，无论己方装备水平如何，一个现代军人必须具备现代化的军事素质、政治素质和科学文化素质，才能更好地发挥主观能动作用。

（三）信息化军事人才培养的着力点

1. 前瞻性

信息化战争是以科技为先导、以知识为基础的战争，它以种种形式把知识置于军事力量的核心地位。有资料称，20世纪90年代初，在美军指挥机关中，程序人员约占30%，作战运筹分析和自动化指挥管理人员约占30%。在2003年的伊拉克战争中，设在卡塔尔的美军中央总部的联合作战网络中心，其信息处理与分析人员有700多名，约占该中心工作人员的80%。同时，随着科学技术的发展与综合，知识的更新、装备的换代周期将进一步缩短。这就要求军事人才必须掌握兵器技术、自动化技术和工程技术等新技术、新知识、新技能，不断进行知识更新与积累、智能开发和技术储备。因此，军事专业结构的动态性，军事技术的不断进步，一些新的军兵种和军事专业呼之欲出，均要求我们要准确把握当代科学技术发展趋势，超前筹划相关专业人才的培养。

2. 综合性

在信息化时代，科学技术的发展使各学科之间相互渗透、交叉日益增多，各专业、各领域的互通性日益增强，综合成为科技发展的主流。军事科学技术综合化的发展趋势，要求必须改革传统的强调单一技术、技能为办学特点或特色的培养人才的教育体系，建立以综合素质为特征的人才培养模式，改变专业过窄、素质单一的现状，使军事人才的素质综合化。

3. 创造性

在当今社会中，各种知识的更新周期大为缩短，老的技能也正以前所未有的速度被淘汰。面对变化多端、难以预测的未来军事斗争，要求人们能够自己发现问题、进行自我思考，主动做出判断并采取行动，即应具有较好的解决问题的素质和能力。这种素质在很大程度上取决于一个人的创新精种，创新已成为未来军事人才素质的主要特征。

4. 信息化

在信息化战争中，一切军事活动都将建立在信息网络基础之上，军事人员将是整个网络上的一个个节点，其职能作用的发挥将不得不通过各种信息手段进行，战争的较量将很大程度上表现为其信息素养的较量，信息功能将是其首要的也是基本的功能。因此，军事人员良好的信息化科学素质是把握信息化战争主动权、尽快生成战斗力的关键，必须把提升军事人才信息化科学素质作为其中的重要一环。

五、深化实战化军事训练

军事训练是实现人与武器最佳结合，提高部队战斗力的关键环节，是打赢未来信息化战争的重要内容。信息时代的到来以及信息化战争的出现，必将使军事训练内容、手段、场所、重点等发生一系列深刻的变化，产生一次新的飞跃，以适应信息化战争的需要。

常言说"养兵千日，用兵一时"，用兵要有兵可用，更要有可用之兵。要拥有"可用之兵"，就必须根据战争的需要，抓好日常的军事训练，培养军队的军事素质和作战能力。训练内容要具有超前性。一是把面向未来的训练与当前的常规训练结合起来，在抓好常规训练的基础上，超前安排，逐渐加大信息训练内容。二是军事训练的手段

向计算机模拟化发展。计算机模拟是指运用计算机模拟技术对军事活动，特别是对作战过程进行模拟推演。其实质是提供一个"作战实验室"，以模拟复杂的作战环境和作战进程，对决策方案进行模拟推演，预测结果，评估方案的优劣和武器系统的作战效能，启发新的作战思想，预见战场发展态势，提高各级指挥员和指挥机关的谋略水平。三是军事训练场所要逐步实现基地化。实施规范化、基地化的军事训练，是信息时代部队军事训练改革的必然要求。要使军事训练真正满足信息化战争条件下综合化、逼真化、实时化、信息化和合成化等专业化训练的要求，就必须实现军事训练场所的基地化。

第六章　军事技能常识

第一节　军队条令教育与训练

条令，是中央军委用简明条文规定的、通过命令形式颁布的关于军队战斗、训练和日常生活的管理规范和行为准则。

一、共同条令简介

（一）什么是共同条令

共同条令，即《中国人民解放军内务条令》《中国人民解放军纪律条令》《中国人民解放军队列条令》（统称共同条令）。也即内务条令、纪律条令、队列条令，人们习惯的称其为"三大条令"。在我军的众多条令中，共同条令是覆盖最全面，使用最经常，影响最广泛的条令，也是我军颁布最早，颁布次数最多的条令。

共同条令是我军的基础性法规，是正规化管理的基石，是全体官兵的共同准则。其作用不仅在于为军人的行为提供规范，为部队日常管理提供依据，而且在于为坚持人民军队的性质、宗旨、本色，为坚持军队建设正确的政治方向提供保证。

（二）共同条令的主要内容

1. 内务条令

内务条令是规范军队内务建设的法规。内务建设，是军队最为基本的建设，不仅维系着军队的生存，而且决定着军队的性质与发展方向。

内务条令。主要从五个方面对军队内务建设进行了必要的规范。一是规范了军队的每个人的使命和职责，即明确为谁当兵，为谁打仗；二是规范了明确、协调的军队

内部关系；三是规范了军人一般行为准则；四是规范了适合军队特点的工作和生活制度；五是规范了部队正常运转的日常管理规则和日常勤务。内务条令除了具有和其他军队法规一样的保障作用、规范作用、教育作用和强制作用以外，还在基础性、方向性、广泛性方面具有更为重要的作用。

基础性。是指内务条令与其他条令相比，所规范的是军队最基本的活动，不仅为军队内务建设提供了基本依据，而且对军队落实其他法规，进行其他方面的建设，都提供了重要的基础性保障作用。

方向性。是指内务条令与军队其他法规相比，更加集中地反映了我军作为一支新型的人民军队所特有的性质、宗旨，更为全面地反映了我军建设与管理工作所遵循的基本方针原则。贯彻执行内务条令，不仅是决定我军内务建设和管理教育工作的正确方向的大问题，而且是关系到坚持我军性质、宗旨，保证军队整个建设正确方向的根本性问题。

广泛性。是指内务条令与其他军队法规相比，有着更为广阔的适用范围和更为周详的规范内容。在适用范围上，不论是总部机关还是基层连队，不论是作战部队还是保障单位，不论是将军还是士兵，都在内务条令规范的范围之内，每个单位和每个军人都必须按照内务条令所规范的内容去努力实践自己的职责。在规范内容上，内务条令从军人入伍到退伍，从军容风纪到日常制度，从不同员的职责履行到日常管理工作的组织开展，从一日生活到日常工作，都有较为详细明确的规范，是我军建设和管理的基本依据。

2. 纪律条令

纪律条令是维护纪律，实施奖惩的基本依据。纪律条令明确规定了我军纪律的内容、性质，维护纪律的基本原则、手段和特殊措施，以及全体军人在维护纪律中的责任与义务，规范了奖惩的目的、原则、项目、条件、权限及实施程序等。这清楚地说明，纪律条令在维护纪律和实施奖惩方面居于军事法规的最高层次，具有极大的权威性和约束力，是我军维护纪律、实施奖惩必须遵循的基本依据。

纪律条令是维护军队高度集中统一的有力武器。纪律条令规定的纪律内容，具有很大的强制性，它是统一全军意志和行动的准则。纪律条令规定的维护纪律的手段，具有很强的约束力，它是保持稳定、防止松散、严明军纪的强有力武器。只有按照纪律条令的规定，对严守纪律、认真履行职责的给予奖励；对违抗命令、破坏纪律的现象坚决查处；对倾向性问题和严重涣散的单位进行整顿，严肃军纪、严明赏罚，才能维护军队高度的稳定和集中统一。纪律条令在维护、巩固我军纪律，保证我军高度稳定和集中统一，有着不可替代的作用。

纪律条令是加强我军正规化建设的重要保障。正规化是我军建设的总目标和总任务，是中央军委确定的新时期我军建设的重点。整齐划一、令行禁止，既是我军纪律的显著特征，也是正规化的基本内容。此外，纪律条令还具有保障国家法律、法规和

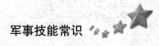

军队其他条令条例贯彻执行的功能。纪律条令规定：遵守国家的宪法、法律、法规和军队条令条例，是我军纪律的基本内容。正规化就是法制化，纪律条令明确做出这些规定，就使国家的宪法、法律、法规和军队的条令条例、规章制度在全军贯彻执行，有了纪律上的可靠保障。因此，严格执行纪律条令，加强纪律建设，既是正规化建设的重要内容，也是加强正规化建设的重要保证。

3. 队列条令

队列条令是我军的共同条令之一，它规定了我军部队和军人的一切队列活动。进行严格的队列训练，对维护我军文明之师、威武之师的形象，对加强部队正规化建设，对巩固和提高部队战斗力有着十分重要的作用。

队列条令是规范我军队列动作、队列队形和队列指挥，建立严格队列生活的依据和准则。军队是一支执行特殊任务的武装集团，必须具有高度的统一性和严格的纪律性。而《队列条令》的作用，就是规范军人和部队（分队）的队列动作、队列队形和队列指挥，使全军保持整齐划一和严格正规的队列生活。为了保持队形的整齐和步调一致，就必须对军人的站法、转法、坐下、起立、行进速度、步幅、列队的方法、队列指挥以及行进中的姿态做出统一规定。由此可见，《队列条令》的基本作用，就是根据我军队列生活的需要，为达到全军队列生活整齐划一，而对每个成员和部队的队列动作、队列队形和队列指挥作出的统一规范，它是全军队列生活的准则和基本法规。

队列训练的重要作用在于培养军人良好的形象、优良作风和严格的组织纪律性，最终达到增强部队的战斗力。增强部队的战斗力，是军队建设一切工作的出发点和归宿点。《队列条令》在总则中明确指出：贯彻执行本条令的最终目的是巩固和提高战斗力。也就是说，条令所规范的内容，也是为增强战斗力服务的。通过贯彻执行《队列条令》，一方面达到规范我军队列动作的目的；另一方面培养军人一切行动听指挥的习惯，只要进入队列就要一切行动听指挥，养成令行禁止、雷厉风行的作风和严格的组织纪律性；通过队列训练，锻炼军人坚强的性格，坚韧的毅力，强健的体质，以及吃苦耐劳、英勇顽强、勇于战胜困难的素质，进而达到增强战斗力之目的。

恩格斯于1857年在《军队》一文中分析普鲁士的军队之所以能够战胜奥地利军队，其重要的一条原因就是普鲁士的军队队形整齐，步伐矫健，攻击勇猛，集合迅速。之后，为了阐述队列教练对夺取战斗胜利的作用和意义，恩格斯又于1896年撰写了《连队列教练》一文，文中恩格斯形象而深刻地指出："在战斗中，一个营的齐射可以乱到一定程度，而且仍然能获得效果；但是一个营在做方队、展开、纵横转弯以及其他动作时，如果混乱不堪，那么，面对一支活跃而又有经验的敌军的时候，是随时都会惊慌失措、无法自救的。"

现代战争与恩格斯所处时代的战争相比，对军队的要求更高了。军队如果没有过硬的战斗作风和严格的组织纪律，要在战争中取得胜利是不可能的。军人所需要的令行禁止的作风，团结一致、协同作战的作风，坚韧不拔、英勇顽强的作风，都需要平

时经过严格的队列训练来培养，靠平日的队列生活来养成。通常情况下，一支部队如果队列训练搞得好，就会在日常的队列生活中表现出队形整齐，步调一致，精神振作，反映出良好的作风和纪律。

严格、规范的队列动作是加强部队正规化建设的重要内容。正规化建设是我军"三化"建设的重要内容之一，同时也是建设现代化革命军队不可缺少的条件。所谓正规化，就是条令化。也就是按条令条例和规章制度办事。

《队列条令》作为一项军事法规，是全军各部队要共同遵守的队列生活准则，要求每一名军人，不论是首长或部属，也不论是机关或部队，不分将军和士兵，都应坚决贯彻执行，都要按条令规定的动作标准去训练，决不允许以任何理由去违背或是搞变通。同时，在搞好训练的同时，要注重日常养成，常抓不懈，持之以恒，只要把条令的规定变为每名军人的自觉行动，才能发挥条令在我军建设中应有的作用。

二、单个军人的队列动作

（一）立正、稍息

1. 立正
立正是军人的基本姿势，是队列动作的基础。军人在宣誓、接受命令、进见首长和向首长报告、回答首长问话、升降国旗、迎送军旗、奏唱国歌和军歌等严肃庄重的时机和场合，均应当立正。

口令：立正。

要领：两脚跟靠拢并齐，两脚尖向外分开约60度；两腿挺直；小腹微收，自然挺胸；上体正直，微向前倾；两肩要平，稍向后张；两臂下垂自然伸直，手指并拢自然微曲，拇指尖贴于食指第二节，中指贴于裤缝；头要正，颈要直，口要闭，下颌微收，两眼向前平视。

2. 稍息
口令：稍息。

要领：左脚顺脚尖方向伸出约全脚的三分之二，两腿自然伸直，上体保持立正姿势，身体重心大部分落于右脚；携枪（筒）时，携带的方法不变，其余动作同徒手；稍息过久，可以自行换脚，动作应当迅速。

（二）跨立

跨立即跨步站立，主要用于训练、执勤和舰艇上分区列队等场合，可以与立正互换。

口令：跨立。

要领：左脚向左跨出约一脚之长，两腿挺直，上体保持立正姿势，身体重心落于

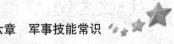

两脚之间；两手后背，左手握右手腕，拇指根部与外腰带下沿或者内腰带上沿同高；右手手指并拢自然弯曲，拇指贴于食指第二节，手心向后。携枪时不背手。

（三）停止间转法

1. 向右（左）转

口令：向右（左）——转。

半面向右（左）——转。

要领：以右（左）脚跟为轴，右（左）脚跟和左（右）脚掌前部同时用力，使身体协调一致向右（左）转90度，身体重心落在右（左）脚，左（右）脚取捷径迅速靠拢右（左）脚，成立正姿势。转动和靠脚时，两腿挺直，上体保持立正姿势。

半面向右（左）转，按照向右（左）转的要领转45度。

2. 向后转

口令：向后——转。

要领：按照向右转的要领向后转180度。

（四）行进

行进的基本步法分为齐步、正步和跑步，辅助步法分为便步、踏步、移步和礼步。

1. 齐步

齐步是军人行进的常用步法。

口令：齐步——走。

要领：左脚向正前方迈出约75厘米，按照先脚跟后脚掌的顺序着地，同时身体重心前移，右脚照此法动作；上体正直，微向前倾；手指轻轻握拢，拇指贴于食指第二节；两臂前后自然摆动，向前摆臂时，肘部弯曲，小臂自然向里合，手心向内稍向下，拇指根部对正衣扣线（着海军藏青色春秋常服、冬常服时，拇指根部对正双排扣中间位置），并高于春秋常服或者冬常服最下方衣扣约5厘米（着夏常服、水兵服时，高于内腰带扣中央约5厘米；着作训服时，与外腰带扣中央同高），离身体约30厘米；向后摆臂时，手臂自然伸直，手腕前侧距裤缝线约30厘米。行进速度每分钟116—122步。

2. 正步

正步主要用于分列式和其他礼节性场合。

口令：正步——走。

要领：左脚向正前方踢出约75厘米，腿要绷直，脚尖下压，脚掌与地面平行，离地面约25厘米，适当用力使全脚掌着地，同时身体重心前移，右脚照此法动作；上体正直，微向前倾；手指轻轻握拢，拇指伸直贴于食指第二节；向前摆臂时，肘部弯曲，小臂略成水平，手心向内稍向下，手腕下沿摆到高于春秋常服或者冬常服最下方

衣扣约15厘米处（着夏常服、水兵服时，高于内腰带扣中央约15厘米处；着作训服时，高于外腰带扣中央约10厘米处），离身体约10厘米；向后摆臂时左手心向右、右手心向左，手腕前侧距裤缝线约30厘米。行进速度每分钟110—116步。

3. 跑步

跑步主要用于快速行进。

口令：跑步——走。

要领：听到预令，两手迅速握拳（四指蜷握，拇指贴于食指第一关节和中指第二节），提到腰际，约与腰带同高，拳心向内，肘部稍向里合。听到动令，上体微向前倾，两腿微弯，同时左脚利用右脚掌的蹬力跃出约85厘米，前脚掌先着地，身体重心前移，右脚照此法动作；两臂前后自然摆动，向前摆臂时，大臂略垂直，肘部贴于腰际，小臂略平，稍向里合，两拳内侧各距衣扣线约5厘米（着海军藏青色春秋常服、冬常服时，两拳内侧各距双排扣中间位置约5厘米）；向后摆臂时，拳贴于腰际。行进速度每分钟170—180步。

（五）立定。口令：立——定

要领：齐步、正步和礼步时，听到口令，左脚再向前大半步着地，脚尖向外约30度，两腿挺直，右脚取捷径迅速靠拢左脚，成立正姿势。跑步时，听到口令，继续跑2步，然后左脚向前大半步（两拳收于腰际，停止摆动）着地，右脚取捷径靠拢左脚，同时将手放下，成立正姿势。踏步时，听到口令，左脚踏1步，右脚靠拢左脚，原地成立正姿势；跑步的踏步，听到口令，继续踏2步，再按照上述要领进行。

（六）便步、便步、移步和礼步

1. 便步

便步用于行军、操练后恢复体力及其他场合。

口令：便步——走。

要领：用适当的步速、步幅行进，两臂自然摆动，上体保持良好姿态。

2. 踏步

踏步用于调整步伐和整齐。

停止间口令：踏步——走。

行进间口令：踏步。

要领：两脚在原地上下起落（抬起时，脚尖自然下垂，离地面约15厘米；落下时，前脚掌先着地），上体保持正直，两臂按照齐步或者跑步摆臂的要领摆动。

3. 移步（5步以内）

移步用于调整队列位置。

（1）右（左）跨步。口令：右（左）跨×步——走。

要领：上体保持正直，每跨1步并脚一次，其步幅约与肩同宽，跨到指定步数停止。

（2）向前或者后退。口令：向前×步——走。

后退×步——走。

要领：向前移步时，应当按照单数步要领进行（双数步变为单数步）。向前1步时，用正步，不摆臂；向前3步、5步时，按照齐步走的要领进行。向后退步时，从左脚开始，每退1步靠脚一次，不摆臂，退到指定步数停止。

4. 礼步

礼步主要用于纪念仪式中礼兵的行进。

口令：礼步——走。

要领：左脚向正前方缓慢抬起，腿要绷直，脚尖上翘，与腿约成90度，脚后跟离地面约30厘米，按照脚跟、脚掌顺序缓慢着地，步幅约55厘米，右脚照此法动作；上体正直，两臂下垂自然伸直、轻贴身体（抬祭奠物除外）；手指并拢自然微曲，拇指尖贴于食指第二节，中指贴于裤缝。行进速度每分钟24—30步。

（七）步伐变换

步法变换，均从左脚开始。

齐步、正步互换，听到口令，右脚继续走1步，即换正步或者齐步行进。

齐步换跑步，听到预令，两手迅速握拳提到腰际，两臂前后自然摆动；听到动令，即换跑步行进。

齐步换踏步，听到口令，即换踏步。

跑步换齐步，听到口令，继续跑2步，然后换齐步行进。

跑步换踏步，听到口令，继续跑2步，然后换踏步。

踏步换齐步或者跑步，听到"前进"的口令，继续踏2步，再换齐步或者跑步行进。

（八）行进间转法

1. 齐步、跑步向右（左）转

口令：向右（左）转——走。

要领：左（右）脚向前半步（跑步时，继续跑2步，再向前半步），脚尖向右（左）约45度，身体向右（左）转90度时，左（右）脚不转动，同时出右（左）脚按照原步法向新方向行进。

半面向右（左）转走，按照向右（左）转走的要领转45度。

2. 齐步、跑步向后转

口令：向后转——走。

要领：左脚向右脚前迈出约半步（跑步时，继续跑2步，再向前半步），脚尖向右约45度，以两脚的前脚掌为轴，向后转180度，出左脚按照原步法向新方向行进。

3. 转动时，保持行进时的节奏，两臂自然摆动，不得外张；两腿自然挺直，上体保持正直

（九）坐下、蹲下、起立

1. 坐下

口令：坐下。

要领：左小腿在右小腿后交叉，迅速坐下（坐凳子时，听到口令，左脚向左分开约一脚之长；女军人着裙服坐凳子时，两腿自然并拢），手指自然并拢放在两膝上，上体保持正直。

2. 蹲下

口令：蹲下。

要领：右脚后退半步，前脚掌着地，臀部坐在右脚跟上（膝盖不着地），两腿分开约60度（女军人两腿自然并拢），手指自然并拢放在两膝上，上体保持正直。蹲下过久，可以自行换脚。

3. 起立

口令：起立。

要领：全身协力迅速起立，左脚取捷径靠拢右脚（蹲下时，右脚取捷径靠拢左脚），成立正姿势。

（十）敬礼与礼毕

敬礼是表示军人相互间的团结友爱，表示部属与首长、下级与上级相互尊重的礼节，部属或下级应当先向首长敬礼，首长或上级应当还礼。敬礼分为举手礼和注目礼等。

1. 举手礼

口令：敬礼。

要领：上体正直，右手取捷径迅速抬起，五指并拢自然伸直，中指微接帽檐右角前约2厘米处（戴卷檐帽、无檐帽或者不戴军帽时微接太阳穴，约与眉同高），手心向下，微向外张（约20度），手腕不得弯曲，右大臂略平，与两肩略成一线，同时注视受礼者

2. 注目礼

要领：面向受礼者成立正姿势，同时注视受礼者，并目迎目送，右、左转头角度不超过45度。

3. 礼毕

口令：礼毕。

要领：行举手礼者，将手放下；行注目礼者，将头转正；行举枪礼者，将头转正，右手将枪放下，使托前踵轻轻着地，同时左手放下，成持枪立正姿势。

（十一）脱帽、戴帽

1. 脱帽

口令：脱帽。

要领：立姿脱帽时，双手捏帽檐或者帽前端两侧，将帽取下，取捷径置于左小臂，帽徽朝前，掌心向上，四指扶帽檐或者帽墙前端中央处，小臂略成水平，右手放下。

2. 戴帽

口令：戴帽。

要领：双手捏帽檐或者帽前端两侧，取捷径将帽迅速戴正。

第二节　战术常识

战术是指导和进行战斗的原则和方法，是进行战斗的指导艺术。它主要包括基本原则及兵力部署、协同动作、战斗指挥、战斗行动的方法和各种保障措施。战术从属于战略、战役，并对战略和战役产生一定的影响。

战斗作为敌对双方兵团、部（分）队为了达成一定的战术目标，在较短的时间和较小的空间内进行的有组织的直接武装冲突，是达成战役或战争目的的基本手段，具有极其丰富多彩的表现形式。

一、战斗类型

战斗类型是按战斗性质所作的分类。我军信息化条件下战斗的基本类型，仍分为进攻战斗和防御战斗。各级指挥员是战斗活动的组织者和领导者，必须熟悉不同类型战斗的特点，研究其指导规律，并根据战斗企图和敌情、任务，恰当选用战斗类型。

（一）进攻战斗

进攻战斗，是主动进击敌方的战斗。分为陆上（地面）进攻战斗、海上进攻战斗和空中进攻战斗等。还可按敌行动性质、状态和战场环境，区分为不同样式的进攻战斗。目的是歼灭敌人，攻占重要地区或目标（《军语》2011年版）。进攻较防御而言，具有较多的优越性。一是进攻者掌握行动的主动权，可以主动选择攻击目标、方向、时间和方法。二是进攻者可以形成兵力兵器对比的优势。进攻的主动地位是以力量的优势为基础的，因而能够造成兵力兵器的对敌优势，可以集中绝对或相对优势力量，选敌弱点，实施主要突击，运用灵活的战术手段，给敌以决定性打击。三是进攻者可以预先做好战斗准备。由于进攻者握有主动权，因而能够根据预定的战斗企图，进行周密的组织计划，建立正确的战斗部署，全面准备夺取胜利的条件。四是进攻者可以达成战斗的突然性，可在敌意想不到的时间、地点，捕捉或创造战机，采取敌意想不到的战法，给敌以出其不意的攻击。五是有利于提高进攻者的士气。进攻一方能对防御一方的心理造成不利的影响，可鼓舞己方战斗士气，保障战斗力的充分发挥，以坚强的意志和强大的突击力战胜敌人。进攻战斗的基本任务，可能为下列各项之一：

（1）突破敌人阵地，消灭防御之敌，夺占重要地域或目标；

（2）攻歼驻止、运动之敌；

（3）破袭敌人的交通运输线或重要目标；

（4）夺占敌纵深要点，割裂敌部署，断敌退路，阻敌增援，配合主力围歼敌人。

现代进攻战斗，将是在信息化条件下局部战争中进行的诸军兵种合同战斗。信息化武器装备大量运用于实战，使得现代战斗的军事技术水平空前提高。因此，进攻战斗将面临核、化学武器威胁，在激烈的电子对抗、信息对抗、远程火力打击环境中，于地面和空中、前沿和纵深同时展开，紧张、快速、多变、残酷地连续进行，具有更大的坚决性、突然性、立体性和速决性。

（二）防御战斗

防御战斗，是抗击敌方进攻的战斗。分为陆上（地面）防御战斗、海上防御战斗和防空战斗等。还可按防御目的、准备程度和战场环境，区分为不同样式的防御战斗。目的是大量杀伤、消耗敌人，扼守阵地，争取时间，保存有生力量，为转入进攻或配合其他方向的作战创造条件（《军语》2011年版）。通常由战术兵团、部队和分队在保卫重要地区或目标，阻敌增援、突围或退却，掩护主力集中、机动或休整，巩固占领地区或阵地等情况下组织实施。目的是杀伤、消耗、迟滞敌人，扼守阵地。争取时间，为直接转入进攻或保障其他方向的进攻创造条件。

防御战斗通常是以相应兵力抗击敌人的进攻。因而战斗行动受进攻一方的制约较大，不如进攻战斗能够充分发挥主动权。但是，防御战斗之所以能同超过自己数倍的敌人作战，其主要原因就是它具有进攻战斗所不能具备或不能完全具备的许多优点：一是防御者能够依托有利的地形和阵地条件进行战斗。通常情况下能详细地研究地形利弊，选择便于防守的地形，预先构筑工事，设置障碍，为实施战斗创造有利的阵地条件，从而弥补自己的兵力、火力不足，使战斗效能大为提高。二是防御者能够实施有效的伪装。可利用阵地的自然条件和各种伪装器材，采取各种手段隐真示假，造成敌人在判断和行动上的失误。三是防御者能够以逸待劳。防御者通常是先于敌人占领战斗地区，依托有利地形和工事，等待敌人进攻。而进攻者通常要经过运动和逐次展开，精力和体力消耗大。在信息化条件下，虽然军队的机械化程度高，机动速度快，但防御者仍可达成以逸待劳。四是防御者便于实施兵力兵器机动。防御者对战斗地域内的地形比较熟悉。在一定程度上比进攻一方更有条件灵活地机动兵力兵器，适时以积极的攻势行动，杀伤、消耗敌人的优势兵力，或破坏敌人进攻。

防御战斗的基本任务，可能为下列各项之一：

（1）保卫重要地区或目标；

（2）迟滞、消耗、钳制、吸引敌人，创造歼敌的有利战机或掩护主力进攻；

（3）阻敌增援、突围或退却；

（4）巩固占领的地区，抗击敌人反冲击或保障主力翼侧安全；

（5）掩护主力集中、机动或休整。

现代防御战斗，将是在信息化条件下局部战争中，抗击优势敌人进攻的诸军兵种合同战斗。战斗将面临敌核、化学武器和信息化武器装备的严重威胁，在防御全纵深、地面和空中同时展开，连续进行。防御战斗行动的快速性、机动性明显增强，隐蔽防御企图、保存有生力量、指挥与协同更加困难。

（三）进攻战斗与防御战斗的关系

进攻和防御两种战斗类型，是战斗中最基本的一对矛盾，具有相互对立、相互统一的辩证关系。了解这一点，对于正确把握攻防矛盾运动规律具有重要意义。进攻和防御的对立，表现为二者的相互区别和相互排斥。在战斗目的上，进攻是为了歼灭敌人，攻占重要地区或目标；防御是为了保存力量，坚守重要地区或目标。在战斗行动上，进攻是为了突破对方的防御，防御是为了阻止对方的进攻。进攻和防御的统一，表现为二者相互依存、相互渗透和相互转化。进攻和防御都不是孤立的。它们在运动中互为前提，互为存在条件，没有进攻就无所谓防御，没有防御也就不存在进攻；进攻和防御都不是单一的状态，而是相互包含、相互贯通，攻中有防，防中有攻，这一点在信息化条件下更加明显。但从战斗性质和根本目的上看，两种类型的界线仍然是明确的。进攻和防御的地位不是一成不变的，在一定条件下，二者可以相互转化，当进攻达到顶点或失去相应条件时则会转入防御，当防御具备了条件也会转入进攻。进攻和防御的矛盾运动，推动它们不断由低级形态向高级形态发展。进攻的发展变化，必然导致防御的发展变化；同样，防御的发展变化，又反过来作用于进攻的发展变化。

二、战斗样式

战斗样式是指战斗的式样和形式，是在战斗类型基础上所作的进一步分类。参照标准不同，战斗样式的划分也不尽相同。通常按照敌情、地形、战斗形式等情况，进行战斗样式的划分。我军在信息化条件下的战斗，由于作战对象的多元性和战斗行动的多样性，战斗样式的划分，较之过去有较大变化，须认真把握。

（一）进攻战斗样式

进攻战斗样式，是对进攻战斗所作的分类。主要根据敌人行动的性质和进攻战斗行动方式进行区分。依敌人行动的性质和态势，通常区分为对防御、驻止、运动之敌的进攻、对防御之敌进攻，由于敌防御组织的完善程度和方式不同，可区分为对阵地防御、机动防御、立足未稳之敌进攻。对运动之敌进攻，由于进攻部队的战斗行动方式不同，通常区分为伏击战斗、遭遇战斗、追击战斗。由于战斗地区的地形、气象条件不同，又可区分为一般条件下的进攻战斗和特殊条件下的进攻战斗。特殊条件下的进攻战斗，按照战场地形条件，可区分为登陆、城市、山地、荒漠草原地、渡江河、水网稻田地进攻等；按照战场气象条件，可区分为高寒地区和热带山岳丛林地进攻等；按照战斗时间，可区分为昼间进攻和夜间进攻等。现介绍十二种基本进攻样式和行动。

1. 对阵地防御之敌进攻战斗

对阵地防御之敌进攻战斗，是指对依托阵地，在相对固定的地区，准备比较充分的防御之敌实施的进攻战斗。阵地防御是敌基本防御样式之一，有多种表现形式，有的是坚固阵地防御或野战阵地防御；有的是支撑点防御、战斗阵地防御或地段内防御。其特点是：准备比较充分，防御体系比较完善，有的还构筑有坚固的工事。对阵地防御之敌实施攻歼，是最常见的一种进攻样式，它既有个性，又有共性特征。其战斗过程和行动较为复杂，组织实施战斗的基本方式、方法，对其他样式的进攻战斗具有一定的指导作用。分队对阵地防御之敌进攻战斗，应当周密组织，充分准备，集中优势兵力火力，采取强攻或强攻与袭击相结合的战法，对与敌要害相关的薄弱部位实施重点突击，迅猛冲击，穿插分割，近战歼敌。

2. 对机动防御之敌进攻战斗

对机动防御之敌进攻战斗，是指对以迟滞作战与机动反击相结合的方式实施攻势防御之敌的进攻战斗。它是现代合同进攻战斗的重要战斗样式。由于敌实施机动防御的兵力比较大，所以，对该敌进攻通常是由师以上战术兵团具体组织实施。团以下部（分）队要参加此种进攻行动，只遂行其中的某一具体任务。针对敌军机动防御战斗的特点，对机动防御之敌进攻战斗，应采取"正面攻击钳制，纵深阻割制反"的战法，坚持以制止、削弱、粉碎敌攻势行动特别是决定性反冲击为目标，避敌之长，击敌之短，把主要攻击力量投入纵深，割裂敌防御体系和阻隔敌前、后联系；以部分力量实施正面小群多路攻击，钳制和突击围歼前方阻滞之敌，一举打乱敌人的反冲击计划，迫使敌预备队在不利态势下与我交战；尔后采取正面抗击、翼侧突击的战法，挫败敌人决定性反冲击，歼灭敌预备队大部或一部，为上级全歼敌人创造有利条件。

3. 对立足未稳之敌进攻战斗

对立足未稳之敌的进攻战斗，是对刚由运动状态转为驻止状态且战斗准备尚不完

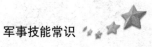

善之敌实施的进攻战斗。立足未稳之敌包括临时驻止、仓卒防御、空降刚着陆和登陆刚上岸之敌。其特点是：未占领或者刚占领阵地，地形不熟，兵力未展开或部署不周密，火力配系不完善，没有工事、障碍物或工事、障碍物不完备，但可在较短时间内改变立足未稳态势。对立足未稳之敌进攻，通常应建立多路而有重点的攻击部署，采取急袭战法，同时准备强攻。力求迅速隐蔽准备，快速开进接敌，从行进间突然发起攻击，大胆穿插分割，各个歼灭敌人。

4. 伏击战斗

是预先将兵力隐蔽配置在敌必经之地，待敌进入设伏地区时，突然攻歼敌人的战斗。通常分为待伏、诱伏和迫伏。待伏，是在摸清敌人活动规律和掌握可靠情报的基础上，将兵力埋伏在敌人运动道路（航线）或空降场附近，待敌人进入伏击地区而袭击的战斗行动；诱伏，是通过设置假阵地、假目标、兵力佯动、虚留生路等计谋，诱骗敌人进入伏击地区而袭击的战斗行动；迫伏，是采取炸桥断路、火力拦阻、障碍阻隔、攻势行动或防御战斗中顽强的坚守，迫敌分散兵力，使其一部进入伏击地区而袭击的战斗行动。现代伏击战斗，敌人的战场侦察和机动能力空前提高，我伏击战斗隐蔽企图、捕捉战机更加困难。但由于敌强调广泛实施地面和空中机动作战，又为我伏击歼敌提供了机会。伏击战斗，具有以逸待劳、利用有利地形攻敌不备等优势，便于以己之长击敌之短。因此，组织和实施伏击战斗，要采取各种侦察手段，及时察明敌人的活动情况和行动规律，选择良好的伏击地区；隐蔽疏散地配置兵力，采取有效的反侦察和伪装措施，隐蔽伏击企图；实施统一指挥，适时、突然、勇猛地发起攻击，迅速分割包围，各个歼灭敌人。

5. 遭遇战斗

是敌对双方部队在运动中相遇发生的的战斗。分预期遭遇战斗和不预期遭遇战斗。在信息化条件下，部队机动的速度、规模、方式、时机等都发生了很大变化，敌我双方必将广泛实施机动，创造和捕捉战机。因此，遭遇战斗将更加频繁。遭遇战斗触发突然，情况不甚明了且变化快。组织战斗时间短促，双方都有暴露的翼侧，战斗行动急促，样式转换快，争取和保持主动权的斗争激烈。为此，部（分）队必须力争主动，先机制敌。做到预做准备，及早发现敌人，先敌开火，先敌抢占有利地形，先敌展开，先敌发起冲击，力求乘敌尚未展开，迅速分割包围，各个歼灭。

6. 追击战斗

是指追歼退逃之敌的战斗，是进攻战斗的继续。目的在于彻底歼灭退逃之敌。追击方式通常有沿敌退逃方向的平行追击，有紧随退逃敌人之后的跟踪追击。而两者紧密结合的追击，则是更有效的战斗行动。追击战斗具有敌情变化急剧，战斗触发时间、地点不固定，指挥、协同和保障困难等特点。因此，部（分）队必须坚决、主动、迅速、勇猛，务必使兵力追击与火力追击相结合，坚决歼敌于运动之中。追击时，要全力以赴，不畏艰苦，不怕疲劳，大胆突进，不怕孤立突出。不给敌以喘息之

机。同时，加紧侦察、警戒，防敌伏击，并有防空、防炮、防核和防化学武器袭击的措施。

7. 纵深袭击战斗

是对敌纵深内的指挥所、炮兵（导弹）和雷达阵地、机场（直升机起降场）、港口、后勤设施等重要目标和设施进行袭击和破坏的战斗。目的是破坏敌人的指挥、协同和补给，削弱其整体战斗能力，配合主力作战。纵深袭击战斗是我军在信息化条件下战斗中实施全纵深打击，以小的代价换取大的胜利的重要战斗行动之一。其特点是：运动距离远，隐蔽行动企图困难，敌情变化快，受敌威胁大，战斗持续时间短暂，组织支援和保障困难。为此，部（分）队必须精心组织准备，快速隐蔽地渗入敌后，选择要害目标，突然迅猛袭击，摧毁或破坏预定目标，迅速撤离袭击地区。

8. 夜间进攻战斗

是夜暗条件下实施的进攻战斗。夜暗可降低火力效力，便于达成战斗的突然性，便于出奇制胜，近战歼敌。但观察、射击、指挥和通信联络均受限制，协同困难，且易迷失方向，产生紧张情绪和恐惧心理。现代夜视器材的广泛使用，提高了夜间观察、射击和运动的能力，但其视场、视距和工作时间有限，分辨率低，且受照度、天候和地形的影响大，不能完全改变夜暗对战斗的影响。因此，部（分）队必须善于利用夜暗的隐蔽条件，发扬我军的夜战传统，大胆灵活地在夜间进攻中歼灭敌人。同时，要注意研究现代夜视器材对夜战的影响，善于适应其特点，以争取现代夜战的胜利。

9. 登陆战斗

是对据守海岸或海岛之敌的渡海进攻战斗通常由陆海空三军协同进行。包括集结上船、海上航渡、突击上陆和扩大巩固登陆场四个阶段。目的是突破敌海岸防御，夺占登陆场，保障主力上陆和发展进攻。登陆战斗，受海洋地理条件影响大；航渡中易遭敌袭击；敌前上陆，背水、攻坚，情况复杂，任务艰巨。部（分）队必须精心组织，周密准备，在上级统一指挥和海空军直接支援下，利用有利的登陆时机，以勇敢、坚决、顽强的战斗精神，迅猛突击，在上级指定的登陆地点一举上陆，迅速夺占和巩固滩头要点。

10. 城市进攻战斗

是对利用城市进行防御之敌实施的进攻战斗。包括外围战斗和市区战斗。城市内多高大、密集、坚固建筑物和地下工程设施，街道纵横交错，利于敌人设防坚守。观察、射击、指挥、协同和机动较困难，战斗队形易被分割，战斗将在地面、地下、各楼层和楼顶平台上同时进行，具有特殊的立体性。因此，城市进攻通常是攻坚部（分）队必须集中力量，合理区分兵力，有针对性地进行战斗编组，实施重点强击，充分发挥分队的近战特长和独守战斗、连续攻击的精神，善于利用建筑物和地下通道实施机动，大胆穿插分割，夺控结合，各个歼敌。

11. 特殊条件下进攻战斗

是在特殊地形和气象条件下的进攻战斗行动。它要求部（分）队了解特殊地区地形、气象特点及对部（分）队行动的影响，认真解决特殊地形、气象条件给进攻战斗行动带来的困难，充分利用有利条件，力争主动，力避被动。特殊条件下进攻战斗有多种形式，主要包括：

山地进攻战斗。是在地面起伏显著，群山连绵交错，高差200米以上地区实施的进攻战斗。山地地形复杂，地貌起伏大，天然障碍、死角、隐蔽地多，便于步兵分队隐蔽接敌，突然攻击，迂回包围，穿插渗透，近战歼敌。但战斗队形易被分割，运动、指挥、观察、协同、通信受限，补给不便，易迷失方向。战斗中部（分）队必须善于利用地形和敌防御的间隙、翼侧，隐蔽接敌，突然攻击，大胆穿插迂回，独立作战，各个歼敌。

特殊高原地进攻战斗。是指在海拔高、天气冷的地区实施的进攻战斗。地高天寒缺氧、山势险峻，天气多变，道路少，交通不便；地广人稀，物资贫乏，疾病多，流行广；年降水量少，但气温低，蒸发弱，相对湿度高；有的地区山上常年积雪并受冰川影响，冬季严寒期漫长，多风暴雪崩。特殊高原地战斗，人员易发生冻伤、雪盲和高山反应，增加非战斗减员，战斗能力下降；机动受限，运动速度慢；武器和器材效能降低.观察射击受影响，油料易凝固，车辆不易发动；军需物资不能就地补给，后勤保障困难；工程作业效率低，任务重；指挥、协同困难，通信联络时效差；判定方位困难，易迷失方向。部（分）队必须认真准备适应特殊地形、气象条件的装备器材，采取积极有效的措施防寒保养，周密组织战斗准备，善于利用夜暗和不良天候，秘密接敌，突然多路攻击，分割围歼敌人。

热带山岳丛林地进攻战斗。是指在热带群山连绵交错，丛林聚生，植被茂密的地区实施的进攻战斗。热带山岳丛林地，地形复杂，坡陡谷深，林草茂密，河溪纵横，岸陡流急，道路少而崎岖；天气多变，炎热潮湿，多雨多雾；毒虫多，病疫流行，对战斗行动的影响大；方位判定、观察、射击、运动、通信、运输、指挥、协同都比较困难，易发生非战斗减员。但便于步兵分队隐蔽和伪装，秘密接敌，包围迂回，突然袭击，近战歼敌。部（分）队必须充分利用地形和天气的隐蔽条件，秘密接敌，突然袭击。多路有重点地突入，交替连续攻击；发扬分队的独立战斗精神，大胆迂回包围和穿插分割，边打边剿，彻底歼灭敌人。

严寒地区进攻战斗。是指气温在零下20摄氏度以下的地区实施进攻战斗。严寒地区气温低，风雪多。夜长，积雪厚，冻土层深。在此类地区实施进攻战斗，人员易发生冻伤和雪盲，非战斗减员会有所增加；武器装备器材易发生故障，油料易凝固，车辆不易发动且行驶速变低；判定方位困难。容易迷失方向。因此，部（分）队必须做好充分的御寒准备。进行严格的雪地战斗训练，善于利用夜暗、风雪，巧妙伪装、隐蔽接敌、突然攻击、速战速决。

荒漠草原地进攻战斗。是指在沙漠和生长草类并间有灌木的广大平坦地区实施的进攻战斗。荒漠、草原地，地形开阔，树林和人烟稀少，水源缺乏，水质差，气候干燥少雨，昼夜温差大，地貌相似，地物不明显。沙漠地有广阔的沙丘和流沙，软砾漠地地表土层松软；草原地土层较厚，土质粘度大。这类地区便于观察、射击、指挥、协同，但隐蔽、伪装、防护、供水、补给困难，生存条件艰苦，易迷失方向；在沙漠和软砾漠地运动速度低，人员体力消耗大，武器装备易磨损；暴风沙严重影响战斗行动。部（分）队必须携带充足的饮用水和防沙器材，充分利用夜暗或风沙、雨雪等天气，以及沙丘、沙垄、干河床、干沟等地形隐蔽接敌，力求以袭击的方法攻歼敌人；或在航空兵、炮兵火力支援下实施强攻歼敌。

渡江河战斗。是对凭借江河进行防御之敌实施的进攻战斗。江河是天然障碍。不能徒渡的江河，对进攻的机动、指挥、协同和后勤、技术保障限制较大，但利于隔水隐蔽地进行组织准备。部（分）队必须迅速完成战斗准备，隐蔽快速接敌，乘敌不备，以急袭的方法渡江河；或者集中主要兵力和渡河器材于主渡地段，利用夜暗或不良天候，在火力和烟幕的掩护下，坚决勇猛地强渡江河。渡过江河后，迅速消灭上岸点附近之敌，扩大和巩固上岸点，保障后续梯队渡江河发展进攻。

水网稻田地进攻战斗。是在江河、沟渠交错的稻田地区实施的进攻战斗。此种地形，河流、沟渠纵横交错，湖泊、池塘星罗棋布，地下水位高，稻田泥泞，地形平坦开阔，运动不便，重火器及战斗车辆行动受限，战斗队形易被分割，工事构筑、排水及伪装困难。但敌防御间隙大，有暴露翼侧，利于我迂回包围，分割歼敌。部（分）队必须集中兵力、火力，沿便于行动的方向实主要攻击，大胆迂回包围，各个歼灭敌人。

12. 担负特定任务时的进攻战斗行动

担负机降任务时的战斗行动。此行动是指搭乘直升机或运输机，降落于敌人纵深或后方遂行指定任务的战斗行动。它能够出其不意地打乱敌战斗部署，加快战斗进程，是现代战斗中不可缺少的一种战斗行动。机降战斗，行动突然、灵活、快速；敌后着陆，独立战斗；任务艰巨，指挥协同复杂且易遭破坏；空中输送，易遭敌袭击；后勤补给困难。因此，部（分）队必须精心计划，充分准备，周密组织办同动作，正确选择着陆场和航线，隐蔽实施空中机动，突然发起攻击和夺占目标，完成预定任务后，及时转入防御或快速撤离。

担负穿插迂回任务时的战斗行动。穿插迂回是从敌防御部署的间隙或薄弱部位插入其纵深或后方的战斗行动。其目的是夺占敌纵深内的要点，阻敌增援，断敌退路，分割和打乱敌战斗部署，为上级各个歼敌创造条件。其特点是，情况不甚明了，行动易暴露，敌情威胁大，须边打边前进；独立战斗，情况复杂、多变，保障困难。因此，部（分）队必须周密组织，充分准备，善于乘敌之隙，大胆、迅速、隐蔽、猛地前进，不怕敌人切断后路，不恋战，按时占领指定地，坚决完成预定任务。

担负先遣任务时的战斗行动。分队遂行先遣任务时，可能担负消灭或驱逐敌掩护

（警戒）分队，或抢（夺）占指定地区和目标，保障主力进入战斗等任务。先遣战斗行动，情况不甚明了，且复杂多变，战斗样式转换频繁。部（分）队必须周密组织，充分准备，迅速隐蔽机动。突然勇猛攻击，坚决消灭或驱逐敌人，抢占预定的地区（目标），按时完成任务。

（二）防御战斗样式

防御战斗样式，是对防御战斗所做的分类。主要根据战斗目的、任务、阵地性质和准备时间进行区分。依据战斗目的、任务和手段的不同，分为阵地防御、运动防御和机动防御；按阵地性质的不同，分为野战阵地防御和坚固阵地防御；根据准备时间的不同，分为预有准备防御和仓卒防御。由于作战地形、气象和时间的不同，又可区分为一般条件下防御战斗和特殊条件下防御战斗。特殊条件下防御战斗，按照战场地形条件，可区分山地、平原地、高原地、城市、山林地、荒漠草原地、海岸、岛屿、江河、水网稻田地防御等；按照战场气象条件，可区分为热带地区和严寒地区防御等。按照作战时间，可区分为昼间防御和夜间防御等。现介绍八种基本防御样式和行动。

1. 阵地防御战斗

是在相对固定的地区内，依托阵地抗击敌人进攻的坚守性防御战斗。有时依托野战阵地进行，有时依托以坑（地）道为骨干的坚固阵地实施。目的是扼守重要地区或目标，挫败敌人的进攻，为转入进攻或保障其他方向上的进攻创造条件。其实质是以依托阵地发扬火力的顽强坚守为主，并与积极的反冲击、反击、伏击、反机降、破袭等攻势行动紧密结合，大量杀伤、消耗敌人，挫败敌人的进攻。阵地防御战斗是我军防御战斗的基本样式之一。其特点是：防御准备的时间比较充分，便于依托地形周密地部署兵力、构筑阵地、组织火力、设置障碍，抗击敌人进攻。进行阵地防御，部（分）队必须在规定的时间内，周密组织，充分准备；利用有利地形，建立以营支撑点阵地为基础，以点制面和纵深、立体、环形的防御体系。依托阵地，严密防护，顽强抗击，与积极灵活的反冲击、反击、袭击相结合，近战歼敌。

2. 机动防御战斗

是以攻势行动为主要手段粉碎敌人进攻的防御战斗。它是我军信息化条件下实施防御战斗的基本样式之一，通常由师以上战术兵团组织，团以下部（分）队担负或防或攻的某一具体任务。其目的是通过大量杀伤、消耗敌人，剥夺其继续进攻的能力。根据敌军进攻战斗特点和我军机动防御战斗的目的、任务及战斗能力，机动防御战斗应采取"控点阻隔耗敌，阵内机动歼击"的基本战法，充分利用有利的地形和阵地条件，建立全纵深、区域式攻防结合的防御体系；在战斗全纵深和全过程，以部分兵力采取坚守要点及其他手段，强逼和消耗敌人，阻隔其战斗队形；抓住有利时机，以强大机动部队在重点坚守分队配合下，以坚决的反冲击、反击、伏击等方法机动歼击敌人，粉碎敌人的进攻。

3. 城市防御战斗

是战术兵团、部队和分队依托城市及其外围有利地形抗击敌人进攻的战斗。目的是直接保守城市或利用城市阻止、箝制、分散、消耗敌人，制止敌人长驱直入，稳定战局，为主力寻歼敌人创造条件。在信息化条件下局部战争中，防守或利用城市具有十分重要的意义。城市防御战斗，通常分外围战斗和市区（城区）战斗。其特点是：建筑物坚固稠密，街道及地下设施纵横交错，人力、物力资源丰富，便于凭坚固守，但观察、射击、指挥和协同比较困难，易遭敌核、化学、燃烧武器以及精确制导武器的袭击，易于发生火灾。部（分）队在当地群众的支援下，必须树立顽强坚守、独立战斗的思想，集中主要兵力扼守高大坚固建筑物，严密控制便于敌人进攻的街道、交叉路口（立交桥），善于利用地形和建筑物组织抗击和防护。

4. 运动防御战斗

是指部队在指定的地区和时间内，逐次转换阵地，抗击敌人进攻的防御战斗。具有半阵地防御的性质。目的是箝制、消耗敌人，迟滞其行动，利用空间，争取时间，为歼灭敌人创造条件。其特点是：依托多道阵地，节节抗敌；防御正面宽、纵深大，坚守与机动转换频繁，指挥协同复杂；任务紧迫，准备仓促，对防御的应变能力要求高。部（分）队应确立全纵深、全方位、节节抗击的防御战法，充分发挥各种力量及条件的整体作用，通过科学编组和部署，形成较好的防护力、高强度的抗击力、灵活的打击力，高效的机动力，使其在防御的全纵深能全方位同时抗击敌人的进攻，并能适时转换阵地，以抗击、阻滞、打击、转移等行动，有效地迟滞敌人，挫败敌之进攻企图。

5. 仓促防御战斗

是在受敌直接威胁，预先没有准备或准备时间极为短促的情况下实施的防御战斗。目的是争取时间，掩护主力开进、展开、转移、集结、调整部署、改善战场态势，为转入进攻或形成新的防御创造有利条件。其特点是：任务紧迫，准备时间短促，边打边组织准备；受敌威胁大，指挥协同困难；防护条件差，易遭敌火力毁伤；防御体系不完备，整体防御能力弱；战斗持续时间短。因此，部（分）队必须果断定下防御决心，迅速抢占有利地形，快速展开兵力、组织火力、设置障碍和构筑工事，全力抗击敌首次攻击，力求以最快的速度形成较完善的防御体系，将顽强抗击与积极的攻势行动有机结合，大量杀伤、消耗敌人。

6. 夜间防御战斗

是利用夜暗条件实施的防御战斗。可由昼间转入，也可在夜间组织。随着夜视、照明器材的发展和广泛运用，夜间防御战斗将成为常见的战斗样式，并由诸军兵种联合组织实施。其特点是：便于隐蔽企图，近战歼敌；便于对敌实施迟滞袭扰；但警戒任务加重，易遭敌突然袭击和分割包围，观察、射击、指挥、协同难度增大，独立战斗的时机增多。部（分）队在组织夜间防御时，除应贯彻基本防御样式确立的战法和

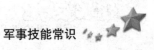

原则要求外，还应加强侦察警戒，严防敌人的穿插渗透和突然袭击；发扬独立战斗的精神，充分利用夜暗和阵地条件，积极与敌近战，坚决挫败敌夜间进攻。

7. 特殊条件下防御战斗

是在特殊地形、气象条件下实施的防御战斗。部（分）队应了解特殊地区地形、气象特点及对防御行动的影响，认真解决相关问题，充分利用有利条件，力争主动，力避被动。其具体战斗形式主要包括：

山地防御战斗。是在地形起伏显著，群山连绵交错，高差200米以上的地区进行的防御战斗。其特点是：便于利用有利地形，重点设防，凭险据守；便于隐蔽配置兵力兵器，建立多层火力配系；便于小分队隐蔽设伏，突然袭击敌人；便于就地取材和利用地形设置障碍物。但易形成较大间隙和暴露翼侧，易被分割包围。因此，部（分）队必须控点卡口，有重点地部署兵力；以点制面构成纵深、环形的支撑点防御阵地；依托高地，建立多层立体的火力配系；发扬勇敢、顽强和独立战斗的精神，积极近战歼敌。

特殊高原地防御战斗。斗是在气候寒冷的高原地区进行的防御战斗。其特点是：便于利用有利地形，重点设防，以逸待劳，抗击敌人。但防御间隙大，部署调整较难，易受敌穿插迂回攻击。因此，部（分）队必须采取防寒、防缺氧措施，防止非战斗减员。根据不同地形和季节特点，灵活运用不同的防御阵式，沿主要谷地、通道组成纵深梯次的支撑点式防御，卡口控道，顽强抗击，积极以攻势行动歼敌，挫败敌之进攻。

海岸防御战斗。是在濒海地区抗击敌人上陆和着陆的防御战斗。目的是保卫沿海重要地区和目标，粉碎敌人的登陆进攻。其特点是：受海岸地形、水文、气象条件影响较大；防御正面较宽，纵深较浅；参战军兵种多，指挥协同复杂；抗登陆同时抗着陆，夺取制海、制空权和夺占与反夺占登陆场的斗争激烈；坚守时间长、反分割、反包围的任务艰巨。部（分）队必须加强军警民联防，与支援的海军、空军密切协同，依托阵地，顽强坚守，坚决挫败敌之进攻。

岛屿防御战斗。是依托岛屿抗击敌人海上进攻的战斗。目的是固守岛屿，控制航道，掩护沿海重要地区和目标。其特点是：岛屿四面环水，利于凭险坚守。但独立于海面，地域有限，回旋余地小，易遭敌海、空军封锁围困和立体攻击，战斗独立性大。部（分）队必须树立长期坚守、独立战斗的思想。实行军警民联防，依托坚固阵地和充足的储备，积极发挥海上堡垒的作用，粉碎敌进攻企图。

热带山岳丛林地防御战斗。斗是在热带林草茂密的多山地区进行的防御战斗。其特点是：便于我隐蔽配置兵力，凭险据守。但视界、射界、通信指挥、协同受限，防御控制范围减少，战斗队形易被分割；便于敌隐蔽接近，秘密穿插，迂回渗透，突然袭击。部（分）队必须采取防毒虫、病疫措施，防止非战斗减员。集中主要兵力兵器守点卡口，以点制面，顽强防守；广泛运用袭击、伏击、反冲击等各种攻势行动，积

极打击敌人；注重反袭击，周密组织各种保障，挫败敌人进攻。

严寒地区防御战斗。是指在气温寒冷、冰雪较厚、冻土层深的地区进行的防御战斗。其特点是：便于伪装和隐蔽防御部署，便于利用有利地形重点设防。但兵力兵器机动较难，易受敌分割包围攻击。实施此种防御，部（分）队应具有战胜严寒的全面准备，综合采取各种防寒措施，保持战斗力和武器装备的良好战斗性能；善于利用地形和冰雪，构筑支撑点式的防御阵地，积极顽强抗击，坚决挫败敌之进攻。

荒漠草原地防御战斗。是在沙漠和生长草类并间有灌木的广大平坦地区进行的防御战斗。特点是：便于观察指挥和发扬火力，但缺乏可凭险扼守的地形、地物，防御部署和企图易暴露，伪装、防护和保障困难，便于敌实施迂回攻击和机降攻击。部（分）队应采取防沙暴措施，准备充足的饮用水，防止因缺水而丧失战斗力。同时，守点制面，组成支撑点式的环形防御；发扬独立坚守、英勇顽强的战斗作风，以火力和小分队袭击、伏击、反冲击、灵活机动地打击敌人，挫败敌人进攻。

江河防御战斗。是依托江河进行的防御战斗。目的是利用江河障碍，大量杀伤、消耗敌人，阻止或迟滞敌人进攻。特点是：便于依托堤岸和有利地形组织防御，便于观察和发扬火力，利于集火打击暴露的泛水之敌。但滩头岸边土质松软，地下水位高，不易构筑坚固工事。部（分）队应充分利用江河障碍，集中主要兵力火力，重点控制便于敌渡江河上岸的地段和可能机降的地域；对不便于敌上岸的地段，以必要的兵力、火力和障碍物加以控制。力求歼敌于水中（空中）和岸滩，敌人一旦上岸或者着陆，应当乘其立足未稳予以歼灭。

水网稻田地防御战斗。斗是在水系纵横交错、稻田众多的地区进行的防御战斗。特点是：便于利用水障设防，但工事构筑、伪装困难，防御间隙较大，战斗队形易被分割，翼侧易暴露，便于迂回攻击。部（分）队必须充分利用水障设防，集中兵力扼守水路和陆路交通要冲，制止敌人沿水路和陆路实施迂回包围。要主动协同，密切配合，抓住有利时机，积极打击敌人，粉碎敌人进攻。

8. 遂行特定任务时的防御行动

在掩护地区的战斗行动。动是指依托工事和有利地形，以阻击、袭扰、迷盲等手段进行的阻滞战斗。目的是制止敌侦察、渗透，迟滞敌前进，迫敌过早展开，为主力歼敌创造条件。其特点是：隐蔽企图难度大，指挥协同复杂。掩护任务重。为此，分队必须发扬英勇顽强、独立战斗的精神，灵活运用阻击、破袭、伏击等手段，杀伤、消耗和迟滞敌人，坚决完成掩护任务。

退却战斗行动。退却战斗行动是指部队放弃所占领的阵地或地区向后转移的行动，是保存力量争取主动，待机破敌的重要措施。信息化条件下的退却通常会受到敌人空中或地面火力、兵力的拦截或追击。因此，部（分）队要坚定沉着，保持高昂士气，周密组织计划，隐蔽完成准备，正确选定退却方向、路线和终点，建立强有力的掩护分队，利用夜暗或不良天候，秘密迅速地摆脱敌人，按时到达指定地区。退却战斗通常是在防御战斗背景下实施，有时也可在进攻战斗背景下进行。

反合围和突围战斗行动。是在受到敌人优势兵力的合围威胁或被敌人合围的情况下发生的。目的是摆脱被动，争取主动，保存力量，以利再战。其特点是：战斗应变时间短，保存军力困难，组织突围难度大，易被敌分割。针对其特点，组织与实施反合围和突围时，应预先准备，快速决策，合力抗击，慎重突围。反合围和突围战斗行动，可能发生在防御战斗条件下，也可能发生在进攻战斗条件下。

三、战术基本原则

战术原则，亦是战斗原则，是组织和实施战斗必须遵循的基本准则。正确的战斗原则，是战斗行动基本规律和指导规律的反映（《军语》2011年版）。它是前人和今人对战斗实践经验不断认识、不断总结，并经过高度概括、抽象所形成的具有普遍指导意义的战术理论，是战术理论的重要组成部分，是战斗指导规律的集中反映。它源于战斗实践，服务于战斗实践，从理论的更高层次上指导战斗实践，是一切战斗行动的准则和依据。战斗原则虽然是战术理论的组成部分，但是，它是一个相对独立、自成体系的理论实体，并具有独特的本质属性、丰富的理论内容和在实践中运用时应遵循的基本法则。研究学习战斗原则，其目的在于系统地了解它的基本内涵，掌握其精神实质，在实践中正确地运用和不断地注入新的思想。

（一）战斗原则的属性

正确认识战斗原则的本质属性，对深入理解其内涵具有重要意义。一般地说，战斗原则具有以下主要属性。

1. 实践性

战斗原则的实践性包括两个方面的含义，一是指战斗原则来源于战斗实践，是战斗实践的产物，并用于指导战斗实践；二是战斗原则只有在战斗实践中，才能得以检验和发展。

战斗原则来源于战斗实践。首先，战斗实践呼唤着战斗原则的产生。战斗历史表明，对抗双方有胜有负，而决定胜负的因素，除了力量等客观条件对比上的差异外，最根本的原因在于战斗指导思想和原则，以及组织和实施战斗的方法正确与否。于是客观上要求人们为了在战斗中趋利避害，取得胜利，必须自觉地透过战斗实践的一般现象，去认识战斗规律，能动地提出科学的战斗指导原则。其次，实践经验是战斗原则的理论源泉。从战斗原则的产生和表现形式上讲，它具有主观性，是人的主观意志的体现。但是，从本质上讲，战斗原则又具有客观性，它不仅反映了指导战斗的客观要求，而且是人们通过研究大量战斗实践经验，总结、归纳所得出的系统结论。只有战斗实践做中介，尤其是正反两方面战斗经验积累得十分丰富，并经过人的加工制作和理论升华，才能使战斗原则符合战斗实际，主观行为才有可能与客观要求统一。最

后，战斗原则是人们认识战斗规律的归宿。战斗是一种特殊的社会现象，有自身矛盾运动的特殊规律，反映战斗规律的一般战斗原则，是人们长期探索、认识战斗规律，并加以深刻揭示和总结的结果，反之，就无法创立真正符合战斗规律的战斗指导原则，就是主观臆造出来的，是唯心的和盲目的，不能用于指导战斗实践。

战斗原则用于指导战斗实践。用于指导战斗实践是人们总结战斗原则的根本目的，是其生命力所在。人们研究战斗实践，归纳、总结战斗原则，只是完成了对战斗原则的初步认识，是否正确，还必须再回到实践中去。因为不是自然界和人类去适应原则，而是原则只有在其适应于自然界和历史的情况下才是正确的。也就是说，战斗原则虽然可以用于"阐述"和"解释"以往发生过的战斗，但是，其主要功能或者说根本功能，是指导未来战斗。当然，这种指导不是对原则的生搬硬套，如果将战斗原则当作固定模式和僵死的教条，硬要实践服从于原则，那是注定要失败的。战斗原则只是为人们在战斗实践中思考问题、指导战斗行动指明了方向，人们在原则支配下，有相对的行动自由，只要不违背原则的基本精神，就有可能到达胜利的彼岸。

战斗原则在战斗实践中得以检验和发展。战斗原则具有客观性是对的，但是，战斗原则毕竟是人们一种主观意志的行为。由于受对客观事物认识能力和认识程度的限制，人们所总结的战斗原则是否符合或者完全符合客观实际，还必须再回到战斗实践中加以检验。我们知道，实践—认识—再实践—再认识这种循环过程是认识的一般规律。战斗原则是否正确，既不能主观臆断，也不能通过理论到理论的推理去检验，必须沿着认识事物的一般规律，在实践中进行考查和验证。通过实践的检验，不但可以发现战斗原则中不合理的部分，并加以修正，而且可以发现真理，发展和完善战斗原则。

2. 时代性

战斗原则的时代性，是指战斗原则具有时代特点，是对一定历史时期内战斗实践的客观反映，随着战斗实践的变化，战斗原则也必须填充新的内容或者注入新的思想。

马克思主义哲学认为，物质运动是绝对的，静止是相对的。这就是说，一方面，战斗随着时代的演进、条件的变化虽然不断发展变化，但是，这种发展变化是渐进的，所以，在一定时期内，战斗运动规律又是稳定的、相对静止的。正是因为战斗规律具有相对静止的特性，才使得研究和总结战斗原则有实际意义。另一方面，战斗随着时代的不同、条件的变化，发展是绝对的，有时甚至是质的飞跃。因此，反映战斗规律的战斗原则必须随着时代的进步而发展。斯大林指出："在军事上，特别在这种现代化战争中，不能停步不前。在军事上停步不前，就等于落伍。大家知道，落伍的人是会挨打的。"在不同的时代，由于作战对象、武器装备、战场环境及作战思想的发展变化，战斗形态、运动规律的差异，必须寻求新的战斗原则或者赋予那些尚有指导作用的原则以新的内容，淘汰那些不适应发展变化了的内容。如我国著名军事家孙武提出的"因敌制胜""以众击寡""以正合、以奇胜""攻其无备、出其不意""因粮于

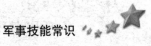

敌"等著名的作战原则，随着时代的不断发展，有些已被淘汰，如"因粮于敌"；有些内容已经有了很大的变化，有些尽管其精神实质没有变化，但是，其基本内涵却有了很大的发展。如"集中兵力"是自古以来军事家们都非常强调的训条，但是，目前集中兵力的含义比过去要丰富得多，已由过去主要强调量的集中，发展为强调质的集中，特别是信息化武器装备的集中；再如"突然性"，目前不仅强调在战斗时机、地点上要达成对敌的突然性，而且还强调在战斗方式、武器运用等方面达成突然性。随着新式武器装备的出现，如战术核武器的出现，提出了兵力、火力的使用"要与核突击效果保持一致"。

3. 继承性

战斗原则的继承性，是指战斗原则是在不断批判和继承前人研究成果的基础上得以发展的，不同时代的战斗原则虽然有所不同，但是，相互之间有着千丝万缕的联系。

战斗原则有些是依据当时、当地的具体情况提出的，只适用于特定的时间和地区，有些则是长期历史经验的总结，是不因阶级、社会发展不同而普遍适用的，是人类社会发展中形成的共同财富。

如封建社会军事科学是在批判地继承奴隶社会军事科学的基础上发展起来的，资产阶级军事科学是在批判地继承封建社会军事科学的基础上得以发展。无产阶级军事科学也要有批判地借鉴资产阶级及其以前的军事科学成就，也就是说一定时期的战斗原则是在总结和发展前人的研究成果中形成的。这是军事科学发展的普遍规律，也是战斗原则发展的规律。

战斗原则以以往战斗经验为基础，一方面，战斗经验是建立在一定战斗实践基础之上的，反映了当时的战斗规律；另一方面，战斗经验是前人在一定的观点指导下，按照一定的军事需求，继承和发展起来的，既有直接经验的升华，也有间接经验的借鉴。凡是以往的战斗经验，无论是自己的还是他人的，或者是古今中外的。只要适应于当时的战斗需要，都往往被吸取和继承。军事科学发展史上，卓有成就的军事家，无不从军事斗争遗产中吸取养分，批判地继承，并创造出适合于时代需要的军事理论。我国古代军事家孙武就是根据春秋时期军事斗争实践和吸收先秦时期的军事斗争遗产形成了一套系统的作战理论。资产阶级军事理论家克劳塞维茨，是通过总结拿破仑战争及其以前的军事斗争经验，形成了资产阶级军事理论体系。无产阶级革命导师马克思和恩格斯，以极大的精力分析研究了欧洲资产阶级革命战争、资本主义国家之间的战争，以及欧洲奴隶社会、封建社会的战争实践经验和军事理论，创立了无产阶级军事科学。

4. 系统性

战斗原则的系统性，是指战斗原则知识体系内的各条原则，既相对独立，有特定的含义，从不同侧面反映战斗规律；但是，各条原则又不是孤立的，相互之间有着内在的、不可分割的联系，以其整体内涵从较高层次上反映战斗规律，形成战斗指导的

系统理论。

历史的经验证明，人们在研究、认识和总结战斗原则时，为便于理解和操作，往往从不同角度或者侧面去总结归纳，提出若干条原则。从其具体内容来看，每一条原则均有特定的内涵和针对性、适用性，并且相对独立。但是，各条原则之间有着必然的、不可分割的内在联系，从不同角度反映了战斗的客观要求。战斗原则，可以从不同的侧面提出多条，但是，它是不可分割的理论体系。在组织实施战斗时既要遵循各条原则的基本精神，又要从整体上把握它的内涵，单纯依靠任何一条战斗原则都难以全面正确地指导战斗，只有根据具体情况，正确理解各条战斗原则的基本精神，并且准确把握相互间的联系，全面理解和执行战斗原则，才能保证多打胜仗。

5. 阶级性

战斗原则的阶级性，是指战斗原则即使是同一时代，不同阶级的军队，由于受各自阶级思想观念和政治、经济利益限制，无不显现出阶级的特色。

战争是政治的继续，军事活动从属于政治目的。不同阶级、不同军队的军事思想和军事哲学具有鲜明的阶级性，这种阶级化的思想基础，通过作战理论和作战方法反映出来，存在着指导思想的差异。这在战争、战役层次如此，战斗也不例外。我军是无产阶级的人民军队，从事的战争、战斗，是为保卫国家利益、保卫广大人民群众利益而进行的正义战，基于这种基础，我军广大官兵，对人民、对国家无比的爱，对侵略者、对人民和国家利益的破坏者无比的恨，在作战中具有牺牲个人、保全集体利益的高尚战斗精神，具有为正义而战，战之必胜的坚强信念。因此，我军的战略战术是建立在人民战争基础上的，是以劣势装备战胜优势技术装备的敌人为立足点，以英勇顽强的战术为本色，以灵活机动的战术为著称。正因为如此，我军的战术在蒋介石军队不能用，美国军队在朝鲜战场上同样无以抗衡。资产阶级军队虽然也都强调战斗精神的作用，但是，其基础和内涵与我军不同，运用于战斗活动中也会有质的差别。一般来讲，资产阶级军队，由于受其哲学基础影响，往往是唯武器论，故其战术特点是依仗技术，以强欺弱。这在海湾战争38天的空袭、科索沃战争78天的空袭中都可以得到证实。

（二）战斗原则的内容

1. 重点击敌

集中力量，击敌要害，是战斗的基本方法。指挥员应当紧紧围绕战斗任务，着眼于摧毁敌战斗能力和意志，正确选择主要方向和目标，集中主要战斗力量，实施重点攻击（抗击），力求击要制敌。通常在同一时间和空间内，只选定一个主要方向，将战斗力最强的分队、最有效的火力和主要战斗器材等，集中使用于主要方向；在同一时间内重点打击一个主要目标，求得先打击或者消灭敌之一部分，钳制其另一部分，然后再转移力量，各个歼灭敌人。根据上级意图、战斗目的和敌要害目标的性质、活动规律等，正确选择战斗手段、方式、时机和行动方法，以突然、勇猛的行动，一举摧毁敌要害目标。

2. 快速反应

快速做出反应，不失时机地打击敌人，是信息化条件下战斗制胜的基本要求。分队必须在精神、物质和组织上随时保持戒备；充分考虑复杂、困难的情况，预先计划，预做多手准备；充分运用各种侦察监视力量和手段，快速感知战场情况，快速做出判断和决策，及时组织指挥战斗，果断处置战场情况；快速实施机动，迅速到达战斗地区并展开战斗部署，快速实施火力打击和兵力攻击，对敌人的各种行动及时作出反应，抓住战机，以快制敌，力争主动。

3. 隐蔽突然

隐蔽突然地打乱敌人的部署和行动，是出奇制胜的有效途径。分队必须加强保密、伪装和欺骗，尽量疏散队形，利用有利地形和复杂气象条件，最大限度地隐蔽战斗企图、部署和行动；掌握敌人的行动特点、规律，采取各种方式和手段干扰、破坏敌侦察监视，降低敌各种侦察手段的发现率和敌各种兵器的杀伤率。指挥员应当及时发现并利用敌人的弱点和失误，巧用计谋，善于在敌人意想不到的时间和空间，出敌不意地运用力量、手段和战法，出其不意地给敌以猛烈打击。

4. 果敢灵活

发挥主观能动性，审时度势，果敢灵活地使用力量和变换战术，是克敌制胜的重要保证。指挥员必须根据战斗任务、敌人性质、地形条件等情况，果敢灵活地确定战法和战斗部署，并根据战斗的发展变化，灵活应变，大胆行动，始终掌握战场主动权。正确果断决策，适时调整部署，灵活变换和创新战法；大胆、灵活地实施穿插、迂回、包围、渗透、转移等，火力、突击、机动紧密结合，对敌实施坚决的火力打击和兵力突击；巧妙采取各种手段和措施，积极创造战机，迫敌处于被动地位。出现被动局面时，应当根据上级意图和战场实际情况，果敢灵活应对，摆脱被动。

5. 战技结合

战术与技术紧密结合，是充分发挥战斗效能的重要基础。分队必须熟练掌握所属装备的战术技术性能，采用与之相适应的战斗方法，最大限度地发挥分队的战斗效能。战斗中，指挥员应当依托装备的技术性能，紧密结合战斗任务、敌情、地形等，合理使用各种技术手段，形成能够充分发挥装备战术技术性能的战术。注重利用各种火力打击武器和侦察、通信、伪装、工程等技术器材，优先使用先进技术装备和手段，能用技术装备和手段达成目的的，就不用或者少用兵力。

6. 积极引导

主动和准确引导上级火力、兵力，是实现整体战斗的重要行动。分队必须强化积极引导上级火力、兵力实施打击的意识，善于把上级的战斗支援适时引导到敌体系重心，最大限度地把上级支援火力、兵力转化为自身战斗能力。战斗中，分队应当从战

斗全局出发，根据战场客观情况，充分发挥自身优势，灵活运用各种手段，快速发现和准确定位目标，及时请求上级火力支援，积极为上级支援火力指示目标，准确引导上级火力实施精确打击，并适时观察和上报目标毁伤效果。

7. 密切协同

主动配合，形成合力，是提高整体战斗效能的重要保证。分队必须树立整体战斗观念，遵循统一的战术思想，计划协同、临机协同等多种协同方式相结合，在统一的意图和计划下，按任务（目标）、时间、空间协调一致地行动。战斗协同应当遵循：兵种之间的战斗协同，通常以步兵为主，或者以上级明确的其他兵种为主；步兵各分队之间的战斗协同，以执行主要任务的分队为主。进攻时，应当主动配合发展顺利且有决定意义方向上的分队；防御时，应当积极支援主要方向、处于要害地位或者处境困难的分队。

协同失调或者遭到破坏时，指挥员应当采取有效措施，及时调整和恢复，或者迅速组织新的协同；各分队应当主动配合，相互支援。

8. 勇猛顽强

继承和发扬英勇顽强的优良战斗作风，是夺取战斗胜利的重要因素。分队必须充分发挥我军政治优势，发挥党、团组织和干部、骨干的带头作用，发扬勇敢战斗、不怕牺牲、不怕疲劳和连续作战的优良作风，激励全体官兵英勇顽强的战斗精神，调动和激发其高昂的斗志，坚定敢打必胜的信念。进攻时勇猛冲击，前赴后继；防御时顽强防守，敢于孤胆战斗和与阵地共存亡；坚决执行命令，积极承担最重要、最危险的任务，敢于近战，善于夜战，并千方百计地创造条件完成任务，坚决压倒敌人和夺取胜利。

（三）战斗原则的运用要求

战斗原则来源于实践，运用于实践，并在实践中不断发展，研究、提炼战斗原则的目的全在于应用。正如毛泽东讲的："对于马克思主义的理论，要能够精通它、应用它，精通的目的全在于应用。"灵活机动是我军战术的灵魂。一般来说，理解并熟记战斗原则不难，但是，要做到精通和灵活自如地运用原则，就不那么容易了。

1. 灵活运用

灵活地运用原则，是运用战斗原则首要的和最高的要求。毛泽东指出："许多国家颁布的军事条令书上，都指示了'按照情况活用原则'的必要，又都指示了打败仗时的处置方法。前者是不要指挥员因死用原则而主观地犯错误；后者是当指挥员主观地犯了错误，或客观情况起了非所预料的和不可抗的变化时，告诉指挥员怎样去处置。"战斗原则是行动的指南，不是教条。任何战斗都不是以往战斗得再现，每次战斗得情况千差万别，内容及其生动复杂，因此，在运用原则时必须结合具体情况，灵活地运用。

首先，运用战斗原则要掌握时机、地点、分队三个关节，如果不得其时，不得其地，不得知分队之情况，都将不能取胜。比如，掌握战机，要做到不迟不早，在没有把握时，则宁可失之过早，不可失之过迟。兵法云："机之未至，不可以先；机之已至，不可以后。"如果不能灵活地把握战机，或者创造战机，那么，仗就难以打胜。再如，集中兵力，毛泽东在"十大军事原则"中，就做了灵活规定，即两倍、三倍、四倍、有时甚至是五倍或者六倍于敌之兵力，至于每一次战斗究竟集中几倍于敌的兵力，需要综合考虑各方面的情况来确定。对弱敌，形成三倍优势即可，若以五倍或者六倍临之，就浪费兵力；对强敌，非形成五倍或者六倍的优势才有把握打胜，若以三倍或者两倍临之，就可能战胜不了敌人。当使用战斗力强弱不同的部队时，也会对集中兵力的倍数提出不同要求。还有，战场条件、部队士气、民众条件、后勤补给等因素，也不同程度地影响和制约着集中兵力的倍数。由此可见，战斗原则只是一种原则的规定，运用时只有与实际情况紧密结合，才能获得预期的效果。

其次，运用战斗原则要灵活机动。在任何情况下，不能恪守教条，机械套用，要审时度势，灵活、巧妙地运用。应用战斗原则不同于应用数学公式，必须适应于当时战斗的具体情况，特别应重视分析研究其特殊性，力求做到因情措法，灵活善变。如进攻战斗的突破口，通常应选在敌防御阵地关联要害的薄弱部位，但是，我军在过去的某些战斗中，也曾把突破口选在敌人的强点上，并取得了胜利。再如，坦克兵应力求使用在便于通行的地形上，但是，我军在1979年对越自卫还击作战中，多次把坦克使用在敌人意想不到的复杂地形上，达成了战斗的突然性，对取得整个战斗胜利起到重要作用。可见，善于灵活、巧妙运用原则，并不是违反原则，而是聪明的指挥员，基于客观情况，审时度势而采取及时的和适当的处置方法的一种才能，即是所谓"运用之妙"。

2. 综合运用

由于战斗原则具有系统性，各条原则既有相对独立的含义，成为解决战斗指导中某一方面问题的依据，又是一个相互联系的理论整体，成为解决战斗指导中诸问题的准则，因而要求在战斗中必须全面运用。战争史上获得成功的战例，总是由于指导者出色地运用了一系列战斗原则的必然结果。因为每次战斗的情况尽管千差万别，但是，组织与实施战斗的基本程序和方法是大体相同的，共同的规律经常在起作用。唯其如此，如果指导者遵循了某几条原则，同时又违背了另外几条原则，那是不可能赢得战斗胜利的。

要求全面地运用战斗原则，并不意味着不分主次轻重，在某些情况下，可能这几条原则起主导作用；而在另一种情况下，可能那几条原则起主导作用。由于战斗的类型、样式不同，战斗的时间、地点和条件的差异，各条原则的实际指导意义和作用也各不相同。因此，战斗指导者既要作全面的系统的思考，遵循诸原则指导战斗，又要善于紧紧把握对赢得战斗胜利最有决定意义的原则的基本精神。一般来说，对战斗最有决定意义的原则运用得好，那就是胜利的基础了。如1946年，山东野战军第8师在

烽山、晓店子进攻战斗中，奉命攻歼敌第69师之预备第3旅，敌我对比为0.6：1，我不占绝对优势，这无疑是关系战斗成败的最基本的情况，也是指导者必须很好解决的最有决定意义的问题。8师遵循"集中绝对优势兵力……从敌军诸阵地中，选择较弱的一点（不是两点）猛烈攻击之，务期必克，得手后，迅速扩张战果，各个歼灭敌人"的原则。首先夺取烽山，然后扩张战果各个歼敌，创造了一个师歼敌一个整旅的范例。当然，8师烽山、晓店子的胜利同样也较好地贯彻了周密计划、充分准备，协同一致、合力破敌，英勇顽强、连续作战等原则。但是，集中优势兵力，各个歼灭敌人的原则显然起主导作用。由此可见，紧紧把握有决定意义的原则，实质也是全面运用原则。因为，各条原则是互相关联的，紧紧把握了某条原则，其他原则才能更好地发挥作用。至于每一次战斗中哪一条原则具有决定意义和起主导作用，需要根据实际情况综合考虑，实事求是地确定。

3. 辩证运用

自古以来，在战争活动中都强调"按原则打仗"，世界各国的军队尽管对这一要求的表述不尽相同，意思却是一致的。例如，美国《大战略》一书曰："历史证明，胜者基本上都重视作战原则，而败者（不包括那些纯粹由于人力和物力原因而被击败的）则基本上不重视作战原则。"然而，在战争历史上，熟读兵书，自认为按兵法用兵的将领，如赵括等也演出了败军杀将的悲剧；有些将领在用兵时使用了同一原则，结果却有胜负之分。如"兵置绝地而后生"这一原则，韩信用之背水为阵，大破赵军，而马谡用之则失去了街亭。这就向人们提出了一个值得深思的问题，即为什么都认为自己按原则打仗，结果却完全相反。回答是，按原则打仗，应当合理适度。原则是有度的。原则的基本特征之一是以准则、法则、规则的形式予以确认。黑格尔说过，尺度即是一种规则。原则的规定性具体地表现为一定的度，有的用精确的数字表示，如集中兵力的倍数；有的则以达到何种程度提出要求，如知彼知己达到知其大略，知其要害；充分准备达到确有胜利的把握；节省兵力就是在次要方向上使用最低限度的力量，等等。可见，一定度的要求是原则的基本表述形式。如果原则没有一定度，既失去了客观性、普遍适用性，也失去了规定性、法规性。如同一切客观事物既有质又有量一样，原则的度也包括质度性和量度性。原则的质度性是区别各原则的标志，而原则的量度性则表明原则的深刻性、精确性。作战经验表明，原则的质度性容易被人们所掌握，而原则的量度性，往往容易被人们所忽视。比如，德国将领古德里安回忆道，法军的基本战术原则，是一定要等待把敌情完全弄清之后才采取行动。于是，古德里安在作战中就不断地向前推进，使法军一直弄不清楚对方的情况，因而也不能采取有效的行动。这说明，当法军对知彼知己的要求超出了原则的量度时，就授敌可乘之隙了。所以，战斗指导者只有合理地掌握应用原则的度，才能取得显著的作战效益。

合理掌握运用原则的度应当辩证地执行诸原则。在有些特殊场合和时机，运用原则时会遇到各种矛盾。比如，进攻战斗要力求达成突然性，必须选择出敌不意的时机和方向，并要直指敌人要害，而实战中往往实难两全。这时应综合考虑、权衡利弊，确保能够获得最大战斗效益的原则优先得以执行，并采取必要的补救措施。英国的魏维尔曾经指出，在某种程度上放弃一点原则，当然是有危险的事情，但是，如果没有这一点让步，那就很难赢得一场会战。若米尼也认为，理论的法规性质并不禁止指挥官根据当前的需要作出一些必要的违背原则的决定。

合理掌握运用原则的度意味着不能超越客观条件许可的限度。任何原则都是建立在客观条件许可的基础上的，为达成战斗行动的突然性，必要时可以把坦克分队使用在敌人意想不到的复杂地形上。但是，必须具备最低限度的条件，否则必然导致失败。在这里，辉煌的胜利与彻底失败之间仅有一步之差。如果分队准备不足、仓促应战，这时单纯强调不失时机，就没有取胜的可能。如果分队伤亡很大，战斗力大大减弱，这时仍然要求连续作战，同样不能达到预期目的。若米尼风趣地说："如果一个理论只有四分之三的机会获得成功，难道就要宣布它为谬论吗？"

4. 创新运用

创造性地运用原则，是聪明的战斗指导者正确运用原则的内在机制的反映。运用原则与运用谋略是紧密联系有机结合、不可分割的，两者统一于指挥决策过程的思维活动之中。原则是严格规范、高度抽象的常理，而谋略所反映的是军事斗争的哲理，是无比生动、丰富多彩、富于创造性的。运用原则若不与运用谋略有机结合，原则本身就会成为干瘪、缺乏活力的教条；指导者也将弄出纸上谈兵、削足适履的笑话来。指导作战不能不遵循原则，也不能不运用谋略。遵循原则是运用谋略的根据，运用谋略是遵循原则的体现。在一定意义上，所谓指挥艺术，也就是遵循原则与运用谋略的和谐统一。无数战斗的范例表明，大凡指导者正确运用原则赢得胜利，都是由于蕴含着深邃的谋略思想，富于创造性地运用了原则。

运用原则主要表现为指导者的决策思维活动，因此，创造性地运用原则首先要求能够进行创造性思维。从根本上讲，战斗情况千差万别，战斗原则只能提出解决问题的一般要求，有许多特殊情况，只有创造性的思维及其赋诸实践，才能在战斗中正确使用兵力和变换战法。在我军战史上，像毛泽东指挥的"四渡赤水"，刘伯承指挥的"七亘村重叠伏击"等，都是这方面成功的范例。要在实践中丰富、创新原则。富于创造性地运用原则与不断丰富、创新原则是相辅相成的辩证统一。没有前者，就没有后者；同时，丰富、创新原则也是创造性地运用原则的量的积累和质的飞跃。正如马克思所说："人们自己创造自己的历史，但是它们并不是随心所欲地创造，并不是在它们自己选定的条件下创造，而是在直接碰到的、既定的、从过去继承下来的条件下创造。"我军作战原则，就是在中国革命战争的实践中长期探索、总结，不断丰富、发展起来的，是富于我军特色的独创性的产物。富于创造性地运用原则，最根本的是指导者要有渊博的军事知识、丰富的作战经验、革命的胆略和科学的头脑；要注意在实践中总结经验，做到打一仗、进一步，并且善于把实战经验抽象到理论的高度，才能为

丰富和发展战斗原则做出贡献。

四、战术基础动作

士兵要想在战场上有效地躲避敌火力杀伤和消灭敌人，就必须熟练掌和能够灵活地应用战术基础动作。本节主要讲述几种最基本的单兵战术动作。

（一）持枪

持枪是士兵在战斗中为了便于运动、便于观察、便于射击，而采取的携带武器的方法。根据不同的敌情、地形和距离，应采取不同的持枪动作。

1. 单手持枪

右臂微屈，右手虎口正对护木握枪，背带上挑压于拇指下，用五指的握力将枪身固定，枪身轴线与地面略成45度，枪身距身体约10厘米。左臂自然下垂，运动时自然摆动。

2. 单手擎枪

右手正握握把，食指贴于扳机护圈，将枪置于身体右侧，枪口向上，机匣末端贴于肩窝，枪身微向前倾，枪面向后，右大臂里合，枪托贴于右胁（枪托折叠时除外），背带自然下垂，目视前方，左手自然下垂，运动时自然摆动。

3. 双手持枪

左手握护木或弹匣弯曲部，右手握握把，食指贴于扳机护圈，将枪身置于胸前，枪口向前，枪身略成水平，背带自然下垂或挂在后颈上。

4. 双手擎枪

在单手擎枪基础上，左手托握护盖或弹匣弯曲部，枪身略低，枪口向前上方，背带自然下垂或压于左手下，身体与射向略成30度。

（二）卧倒、起立

1. 卧倒

在战场上，士兵如突遭敌火力射击，应迅速卧倒。卧倒分三种基本动作：单手持枪卧倒双手持枪卧倒和徒手卧倒。

单手持枪卧倒时，左脚（也可右脚）向前迈出一大步，同时身体前倾，按手、膝、肘的顺序侧卧，右手同时将枪向目标方向送出，左手接握下护木或弹匣弯曲部，全身伏地据枪射击。

双手持枪卧倒时，左脚向前一步，上体前倾，右膝跪地，按右肘、左膝、左小臂的顺序着地，然后转体，在全身伏地的同时两手协力将枪向目标方向送出。地面松软时也可按双膝双肘、腹部的顺序扑地卧倒。

徒手卧倒时的动作与单手持枪卧倒动作基本相同，只是卧倒后，两手掌心向下放置于头部的两侧或交叉于胸前，两腿自然伸直和分开。

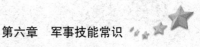

2. 起立

双手持枪起立时，应首先观察前方情况，尔后迅速收腹、提臀、用肘、膝支起身体，左脚先上步，右脚顺势跟进，双手持枪继续前进。

单手持枪时，右手移握上护木收枪，同时左小臂曲回并侧身，尔后用臂、腿的协力撑起身体，右脚向前一大步，左脚顺势跟进，继续携枪前进。

徒手起立时，按单手持枪的动作进行。也可双手撑起身体，同时左（右）脚向前迈步起立，尔后继续前进。

（三）前进

1. 屈身前进

屈身前进是在遮蔽物略低于人体时采用的运动方法，是战场上接敌最常用的一种运动动作。

屈身前进，通常是在距敌较近，通过开阔地或敌火力控制区时采用。前进前，应先观察敌情和地形，选择好路线和暂停位置，尔后起立前进。运动中，通常是单手持枪（也可双手持枪），枪口朝向前上方，并注意继续观察敌情。当进至暂停位置或运动中遇敌火力威胁时，应迅速就地隐蔽或卧倒，做好射击或继续前进的准备。

2. 匍匐前进

士兵在敌火力威胁较大、自身处于卧倒状态下，如发现近处（10m以内）有地形和遮蔽物可利用时，可采用匍匐前进的运动姿势向其靠近。根据地形和遮蔽物的高低，匍匐前进可分为低姿匍匐、侧身匍匐等姿势。

低姿匍匐：在遮蔽物高约40cm时采用。

侧身匍匐：在遮蔽物高约80cm时采用。

3. 滚进

在卧倒后为避开敌人观察、射击而左右移动或通过棱线时采用。其要领是：先将枪关上保险，左手握枪表尺向上方，右手握枪颈附近或两手握上护木，枪面向右，顺置于胸、腹前抱紧，两臂尽量向里合，两脚腕交叉或紧紧并拢，全身用力向移动方向滚进。跃进中，也可在卧倒的同时向移动的方向滚进。

（四）利用地物

地物是地面上自然形成和人工建造的固定物体。利用地物是士兵的基本战术动作，是单兵战斗行动的基础。

1. 利用地物的目的与要求

利用地物的目的，在于隐蔽身体发扬火力。为此，士兵在战斗中，应选择便于观察、射击和隐蔽身体；便于接近、占领和离开；不妨碍班（组）长指挥和邻兵动作的有利地形，并尽量避开易燃、易爆、易倒塌的物体和难以通行的地段。利用地物时，

应根据遮蔽物的高低、大小、距离远近，采取适当的姿势。迅速隐蔽地接近，由下而上地占领，周密细致地观察，不失时机地出枪，突然迅速地离开。对不便于射击的位置应加以改造。

2. 利用地物的方法

（1）接近。右手持枪并握住背带，根据敌情和地物的高低、大小，取适当姿势迅速隐蔽地接近。地物较高时，可以直身（曲身）前进直接接近；地物较低时，应在离地物适当距离处，采取匍匐前进的方法接近。

（2）占领。接近地物后，应由下而上的占领，周密细致地观察。观察时，应从右至左、由近至远地反复观察。需要出枪时，可用单手或双手出枪。单手出枪时，右手握护盖，以虎口的压力和四指的顶力，将枪向目标方向送出，左手接握弹匣上部（弹仓），右手移握握把，成射击姿势；双手出枪时，左手握弹匣上方（护盖），右手握握把，两手协力将枪向目标方向送出，成射击姿势。

（3）离开。当占领的位置不便于观察、射击或根据班（组）长的指挥需要转移或变换位置时，应迅速收枪前进，也可先采取向左（右）移动或滚动的方法迷惑敌人，尔后突然迅速地离开。

3. 利用堤坎、田埂防护

由于是横向地物，应利用背敌斜面，根据地物的高低采取不同姿势隐蔽防护。田埂低应横向卧倒，身体紧贴田埂。堤坎高，也可采取跪、蹲、坐、立等姿势进行防护。需要射击时，可利用堤坎的右侧或顶部。

4. 利用土堆（坑）、沟渠防护

利用土堆时，应横向卧倒，身体一侧紧贴在土堆的背敌斜面上如土堆较小时，也可纵向卧倒，头紧靠土堆。需要射击时，可利用土堆的右侧和顶部。利用土（弹）坑、沟渠时，通常利用其前沿和底部，纵向沟渠利用弯曲部，根据敌情和坑的大小、深度，可采取跳、滚、侧间等方法进入。在坑里可采取卧、跪、仰等各种姿势实施防护，待敌火力减弱时才能实施观察和射击。

5. 利用树木防护

可以有效防敌直瞄和间瞄火力的杀伤。利用树木防护时，通常利用其背敌面。树干粗（直径50厘米以上），可取卧、跪、立各种姿势。较小的树通常采取卧姿。机枪手通常采取卧姿，根据树的粗细和地形情况，脚架可超过树木。火箭筒手卧姿射击时，应将筒口前伸超过树木或离开树木20厘米，以便使火箭弹脱离筒口时尾翼能张开。

6. 利用墙壁、墙角、门窗

（1）墙壁：按其高度取适当姿势，矮墙可利用顶端或残缺部，墙高于人体时，可挖射击孔或将脚垫高。机枪手利用墙壁射击时，可将脚架折回。

（2）墙角：通常利用右侧，左小臂紧靠墙角，取适当姿势。火箭筒手利用墙角射击时，阀距墙角不小于20厘米。

（3）门窗：门通常利用左侧，窗可利用左（右）下角。

（五）冲击

冲击，是近距离内向敌人猛扑，以火力、爆破、突击相结合的手段消灭敌人的战斗行动，是战士的战斗意志和军事技术全面发挥的关键时刻，是决定战斗成败的重要阶段。

1. 冲击准备

冲击准备，是为了冲击而进行的各项准备工作，对战士的冲击行动有着直接影响。冲击时，必须具有一往无前的精神，以压倒一切敌人的英雄气概，根据不同的冲击目标、地形及任务，灵活地采取不同的冲击行动，勇猛冲入敌阵，坚决消灭敌人占领冲击出发阵地后，应根据情况构筑或加修工事，注意观察和伪装；看清冲击目标、前进路线、通路位置和便于利用的隐蔽地形；记住班（组）、自己的任务和信（记）号冲击准备过程中，战士应做到迅速、确实、隐蔽，并不断地观察敌情和班（组）长的指挥，如发现敌坦克、火力点距我较近，并对我威胁较大时，火箭筒手应根据班（组）长的口令将其击毁。

2. 前进

发起冲击：战士听到"冲击前进"的口令或看到冲击信号时，应迅速跃起或跃出工事，最大限度地利用我火力效果，迅猛地向指定目标冲击前进。

向敌步兵冲击时的动作：向敌步兵冲击时，战士应充分利用我炮火准备的效果勇猛冲击前进。冲击中应不断地观察敌情、班（组）长的指挥及邻兵动作，发现目标则以行进间或短停顿射击，消灭或压制敌人。进至投弹距离时，应自行或按班（组）长的口令向敌堑壕内投弹，乘手榴弹爆炸的瞬间，勇猛冲入敌阵地，不停地向指定目标冲击前进。

（六）夜间行动

1. 做好行进准备

确实着装：扎紧腰带、弹带和裤脚，系紧鞋带，装具器材固定紧。穿大衣或雨衣时，将衣襟下角扎于腰带上。

严密伪装：根据气候、季节和地形的特征选用伪装材料对人员进行伪装，对易发光和反光的物体可将其遮盖好。

防止声响：灌满水壶，塞紧弹盒，通条、枪背带环等用布条扎紧。准备好后，可用跳跃或跑步的方法进行检查。

2. 行进中应注意的事项

（1）行进中要不断观察敌情、地形，正确地保持运动方向，随时做好战斗准备。

（2）保持肃静，尽量避免咳嗽、打喷嚏，不得吸烟、打手电筒，严禁大声说话；跌倒或失掉联络时，不得高声呼唤；持枪时，应将枪连同背带握紧，防止绊倒或枪托碰地。

（3）充分利用地形，注意运动的姿势和方法，设法避开敌夜视器材的侦察。

（4）要善于利用触觉、嗅觉识别物体，发现敌人。夜间行进中，要通过触觉识别各种物体。

（5）遇到意外情况，应据上级的意图机智灵活地处置，尔后向上级报告。

第三节 军事地形学

识图、用图是军事地形学在军事应用方面的重要组成部分，是战场指挥员的必备技能。未来战争形态复杂多样，指挥员识图、用图能力对战争局势起着决定性作用。

一、军用地形图基础知识

军用地形图是战场环境认知与判断，作战指挥方案制订与评估等工作的基本工具。军事地形学的形成与发展离不开地图的发展与应用。军用地形图相关内容和使用方法的介绍，不仅是军事地形学中地图识别与应用的重要内容，而且构成了现地用图、地形分析、军事标图的基础。

（一）军用地形图

为军事需要制作的各种地图，统称为军用地形图。它能为指挥员组织指挥作战、军事机关分析利用地形提供地形资料和数据。我国地形图比例尺主要有1∶1万、1∶2.5万、1∶5万、1∶10万、1∶25万、1∶50万和1∶100万等七种。其中大比例尺1∶1万、1∶2.5万、1∶5万、1∶10万为军用地形图。

军用地形图图上绘有独立地物、居民地、道路、桥梁、水系、土质、植被等各种地形要素，并绘有平面直角坐标和地理坐标。具有内容详细、精确的特点，可以从图上量取角度、距离、坡度、坐标、高程和面积，用于研究地形、确定炮兵射击诸元和组织指挥部队作战，是合成军队作战指挥的基本用图。

军用地形图通常为纸质，也有用绸布、塑料等其他材质加工制作，用以满足军队作战和训练的需要，如防水地图、夜光地图、塑料立体地图、影像地图等。随着信息作战中数字化部队的出现和数字化战场建设的需求，以及计算机、可视化、虚拟现实等新技术在地图学科中的应用，军用地形图的品种、功能、应用领域以及信息传输方式和载体都不断发生重大变化。

（二）军用地形图图面要素

军用地形图的图面要素可分为图廓线外的各要素注记、图廓线上的数字刻划注记、图廓线内的各地形要素的表示。图廓线外的要素注记包括方位，比例尺等；图廓线上的数字刻划注记包括经纬度注记、平面直角坐标注记等；图廓线内的各地形要素包括地物地貌。

1. 地形图的方位

地形图的方位是：上北、下南、左西、右东。

2. 地图比例尺

地图比例尺，就是图上某线段长与相应实地水平距离之比。如图上甲乙两点间距离是 1 厘米，该两点间在相应实地的水平距离为 50 000 厘米（500 米），那么这幅地图的比例尺就是 1/50 000。

地图比例尺的大小是按比值的大小来衡量的，比值的大小可按比例尺的分母确定，分母小则比值大，比例尺就大；反之，分母大则比值小，比例尺就小。如：1∶5 万大于 1∶10 万。

由于地图的使用目的和要求不同，因而地图的比例尺也就不同。不同的比例尺，图上长度相当于实地的水平距离也就不一样，如表 6-1 所示。

地图比例尺有三种常见的表示形式。数字式比例尺，如：1/50 000 或 1∶50 000；文字式比例尺，如"五万分之一"或"图上 1 厘米相当于实地 500 米"；直线比例尺，是用线段长度表示图上长度，并在不同线段长度上注出相应实地水平距离的关系，如图 6-1 所示。

表 6-1　图上长度与实地水平距离对照

地图比例尺	图上长	实地水平距离
1∶2.5 万	1 厘米	250 米
1∶5 万	1 厘米	500 米
1∶10 万	1 厘米	1000 米
1∶25 万	1 厘米	2500 米
1∶50 万	1 厘米	5000 米

1∶5 万

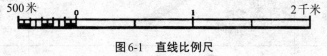

图 6-1　直线比例尺

3. 地物符号

地物，是指分布在地面上人工或者自然形成的固定性物体，如居民地、道路、江河、森林等。地物符号，就是将地物用统一规定的图形、颜色，并结合注记而绘制在地形图上的符号，如图 2-2、2-3 所示。

（1）地物符号的图形特点。地形图符号依其图形形状，主要有以下三个特点。

图形与地物的平面形状相似。这类符号的图形与地物正射投影后的平面形状相似，并保持一定的比例关系，所以叫正形图形。一般用以表示占地面积较大的地物，如居民地、森林、河流、湖泊等。

图形与地物的侧面形状相近。这类符号的图形与地物的侧面形状相近，所以叫侧形图形。一般用以表示占地面积较小的独立地物，如突出树、烟囱、水塔等。

軍事理论教程

图形特点	符号及名称		
与平面形状相似	居民地	河流、苗圃	湖泊
与侧面形状相近	突出阔叶林	烟囱	水塔
与有关意义相应	变电站	矿井	气象站

图6-2　符号的图形特点

名称		图形	说明
居民地		独立房　陈庄　　董村	通常用"━●"表示居民地内的突出部位
道路	铁路	车站	▪▫铁路信号灯
	公路	路堑　　　有堤路段	路堤、路堑依需要描绘
	大车路		乡村小路可用虚线来表示
水系		河　水　清　流向	大河一般按其形状描绘，小河及渠用单线表示；车行桥和人行桥要明显区分
独立地物		独立树　水塔　烟囱　土堆　窑　碑	其他符号可酌情自定，必要时可注记文字
森林			外围轮廓依实地、树种用文字注明
地貌			闭合曲线位置走向依实地描绘，条数多少，区分高低

图6-3　地物符号

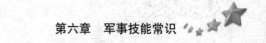

图形与地物的有关意义相应。这类符号的图形是按照会形、会意的方法构图的，所以叫象征图形。具有形象和富有联想的特点，如变电站、矿井、气象台（站）等。

（2）地物符号的分类。按符号与实地物体的比例关系，可分为以下四种：

依比例尺符号（又叫轮廓符号）。占地面积较大的地物，如大居民地、森林、江河、湖泊等，其外部轮廓是按比例尺缩绘的，内部文字注记是按配置需要填绘的，如图6-4所示。在图上可了解其分布、形状和性质，量算出相应实地的长、宽和面积。这类符号的轮廓线与实地地物的轮廓一致，特别是轮廓转折点的位置精度较高，可供部队指示目标用。但轮廓内的文字注记，并不代表实地物体的真实位置，只具说明物体性质的作用。

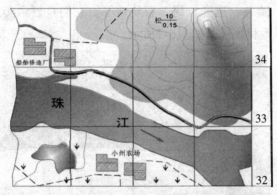

图6-4　依比例尺符号

半依比例尺符号（又叫线状符号）。实地的窄长线状地物，如道路、垣栅、土堤、通信线等，其转折点、交叉点位置是按实地精确测定，其长度是按比例尺缩绘的，而宽度不是按比例尺缩绘的，如图6-5所示。因此，在图上只能量测位置和相应的实地长，而不能量取宽度和面积，此类地物的转折点、交叉点可用以判定方位和确定位置。

以符号的中心线表示其真实位置	以符号的底线表示其真实位置

图6-5　半依比例尺符号

不依比例尺符号（又叫点状符号）。实地上一些对部队行动有影响或有方位意义的地物，如突出树、亭、塔等，因其占实地面积较小，不能按比例尺缩绘，只能用规定的符号表示，如图6-6所示。在图上可了解实地地物的性质和位置，但不能量读其大小。

三角点 △	独立房屋 ▬	气象站
碑	变电所	散热塔 散热

图6-6　不依比例尺符号

说明和配置符号。主要是用来说明、补充上述三种符

号不能表示的内容。说明符号，是用来说明某种情况的，如表示街区性质的晕线、表示江河流向的箭头等。配置符号，是用来表示某些地区的植被及土质分布特征的，如草地、果园、疏林、道旁行树、石块地等。它们只表示实地地物的分布情况，不表示地物的真实位置和数量，如图6-7所示。

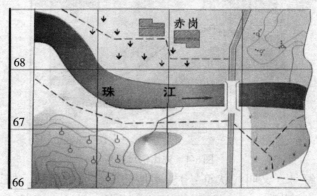

图6-7　说明和配置符号

（3）地物符号的定位

不依比例尺符号。主要是指独立地物符号，其定位点的规定，如图6-8所示。

半依比例尺符号。主要是指线状地物符号，其定位线的规定，如图6-9所示。

定位点	符号举例		
图形中有一点的，在该点上	三角点 △	亭子	窑
几何图形，在图形的中心	油库	水车、风车	发电厂
底部宽大的，在底部中点上	水塔	古塔	纪念碑
底部为直角的，在直角的顶点	路标	突出阔叶树	突出针叶树
组合图形，在主体图形的中心	石油井	泉	小面积树林
其它图形，在图形的中心	桥	矿井	水闸

图6-8　不依比例尺符号的定位点

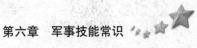

定位线	符号举例	定位线	符号举例
成轴对称的符号，在中心线上。	公路 土堤 高出地面的渠	不成轴对称的符号，在底线或缘线上	城墙 土城墙 陡岸

图6-9 半依比例尺符号的定位线

（4）地物符号的识别。地物符号虽然很多，但识别和记忆这些符号是有规律可循的，其规律是：符号具有象形特点。

符号图形的设计，通常是以抽象概括的方法，把复杂的地物用有规律的图形典型化，作为设计符号的基础。因此，每个地物符号具有象形的特点，符号的图形主要来源于三个方面：一是选择地物最有代表性的部位。如：气象站符号，以风向标表示；矿井符号，以采矿的风镐表示；水（风）车符号，以水轮（或者风叶）表示等；二是用容易产生联想的图形。如：变电所符号，以房屋的上方示意有电表示；庙、亭和钟鼓楼等符号以我国古代传统的大屋顶建筑表示；竹林符号，以象征竹叶的图形表示；石块地，以象征有棱角的三角石块表示；三是用象征会意的图形。如：境界符号，因实地无明显形状，用虚线表示；河流流向和海洋潮流符号，用有指向的箭形符号表示等。

符号构图具有逻辑性。

地物符号的图形与符号的意义具有内在的、有机的联系，符号构图具有逻辑。通常规定：

①虚（点）线符号。表示同类地物中比较低级的、不稳定的、地下的或者无形体的实地地物。如小路、时令河、坎儿井等。

②"齿线"符号。基本含义是"陡面"，实线代表示坡线，齿线所指为斜坡（降落）方向。单面齿线符号为单面陡坡，双面齿线符号为双面陡坡，颜色仅仅说明是天然物体（棕色和蓝色），或者是人工物体（黑色）。如堤岸、梯田坎等。

③"反括号"符号。凡是线状符号遇有"反括弧"，则说明于此处转入地下。如铁路符号遇有"反括弧"，则说明铁路线进入隧道；河流遇有"反括号"则说明河流流入地下，称为地下河段。

④桥梁符号。桥梁，通常是道路跨越河流的设施，当两种线状地物于不同平面相交（立体交叉）时，也用桥梁符号表示，例如公路在铁路上（下）方通过，沟渠从河流上方通过，沟渠在道路上方通过等。当沟渠位于上层平面时，桥梁符号用蓝色表示，不留间隔，一般称作输水槽或者过水桥。另外，水闸、拦水坝等，也是以桥梁符号为基础表示的，如在桥梁符号中间开口，则为水闸；在桥梁符号上加绘齿线，则为

拦水坝；如果它们上面不能通行汽车，则桥梁符号两端没有短折线。

（3）注记字体具有联想意义

地形图上的各种注记字体，都是经过选择之后才予以规定的，如城镇居民地用等线体，农村居民地用仿宋体，乡镇居民地用中等线体，水系名称用左斜宋体等。根据这些规定，并阅读习惯之后，就会使人容易联想到实地地物。

（四）地貌

地貌，主要是指地球表面高低起伏的变化形态。

1. 地貌表示

地形图是采用等高线法来表示地貌的，它是现代地形图表示地貌的主要方法，虽然缺乏立体效果，但能科学地反映地面起伏形态及其特征，能准确地量测地面点的高程和坡度，能判定山脉走向、地貌类型以及微型地貌特征等。

（1）等高线显示地貌的原理

如图6-10所示，假设把一座山，从底到顶按照相等的高度，一层一层地水平切开，这样，在山的表面便出现许多大小不同的截口线，再把这些截口线垂直投影到同一平面上，便形成一圈套一圈的曲线图形。因为同一条曲线上各点的高程都相等，所以叫等高线。地图就是根据这个原理显示地貌的。

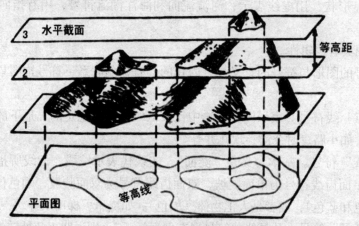

图6-10 等高线显示地貌的原理

（2）等高线的种类

等高线分为首曲线、计曲线、间曲线和助曲线四种，如图6-11所示。

①首曲线（基本等高线）。是按规定的等高距，由平均海水面起算而测绘的细实线，线粗0.1毫米，用以显示地貌的基本形态。

②计曲线（加粗等高线）。规定从高程起算面起，每隔四条首曲线加粗描绘一条粗实线，线粗0.2毫米，用以数计图上等高线与判读高程。

③间曲线（半距等高线），是按1/2等高距描绘的细长虚线。用以显示首曲线不能

显示的某段微型地貌，如小山顶、阶坡或鞍部等。

④助曲线（辅助等高线）。是按四分之一等高距描绘的细短虚线。用以显示间曲线仍不能显示的某段微型地貌。

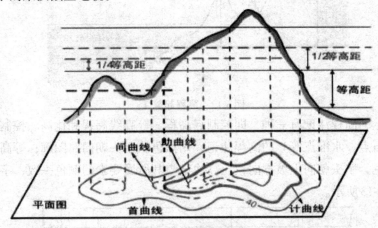

图6-11　　等高线的种类

（3）等高线显示地貌的特点

①等高闭合。即在同一条等高线上各点的高度相等，每条等高线都是闭合曲线。

②多高少低。即在同一幅地图上或同一等高距的条件下，等高线多，山就高；等高线少，山就低；凹地则与此相反。

③密陡稀缓。即在同一幅地图上或同一等高距的条件下，等高线间隔密，实地坡度陡；等高线间隔稀，实地坡度缓。

④形似现地。即图上等高线的弯曲形状与相应实地地貌形状相似。

（4）等高距的规定

相邻两条等高线间的实地垂直距离，叫等高距。等高距应根据地区的地貌特征、地图比例尺和地图的用途等情况来规定。我国基本比例尺地形图等高距的规定，如表6-2所示。但特殊地区，等高距可扩大一倍。

表6-2　等高距的规定

比例尺	1:2.5万	1:5万	1:10万	1:20万
等高距	5米	10米	20米	40米

（5）高程起算和注记

从黄海平均海水面起算的高程，叫真高，也叫海拔或绝对高程。从假定水平面起算的高程，叫假定高程或相对高程。地貌、地物由所在地面起算的高度，叫比高，它是相对高程的一种。起算面相同的两点间高程之差，叫高差，如图6-12所示。

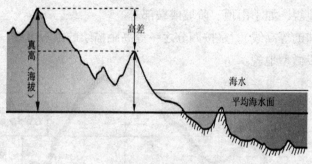

图6-12　高程起算

地形图上的高程注记有三种，即控制点高程、等高线高程和比高。控制点（包括三角点、埋石点、水准点等）的高程注记，用黑色，字头朝向北图廓；等高线的高程注记，用棕色，字头朝向上坡方向；比高注记与其所属要素的颜色一致，字头朝向北图廓，如图6-13所示。

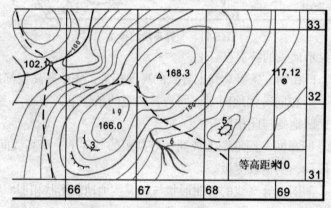

图6-13　地形图上的高程注记

2. 地貌识别

（1）山的各部形态识别

①山顶、凹地。山顶，是山的最高部位。图上表示山顶的等高线是一个小环圈，环圈外面通常绘有示坡线。山顶的形状分为尖顶、圆顶、平顶三种，如图6-14所示。

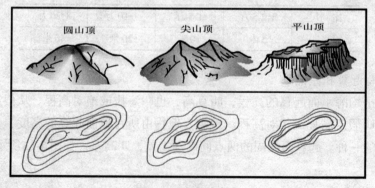

图6-14　山顶的表示

凹地，是指比周围地面凹陷，且经常无水的地方。图上表示凹地的等高线是个小环圈，示坡线绘在环圈内侧。

②山背、山谷。山背，是山顶到山脚的凸起部分。表示山背的等高线，是以山顶为准向外凸出。各等高线凸出部分顶点的连线为分水线，如图6-15所示。

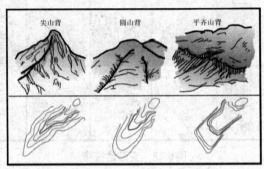

图6-15　山背的表示

山谷，是相邻山背、山脊之间的低凹部分。表示山谷的等高线，向山顶或鞍部方向凹入。各等高线凹入部分顶点的连线为合水线。

③鞍部、山脊。鞍部，是相连两个山顶间形如马鞍状的部分，如图6-16所示。图上是由一对表示山背和一对表示山谷的等高线显示的（山背相对，山谷相背，对称同高）。

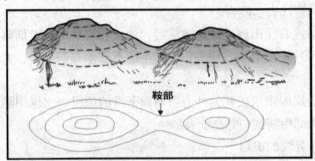

图6-16　鞍部的表示

山脊，是山顶、鞍部相连而成的凸棱部分。它的最高棱线叫山脊线，如图6-17所示。

（2）变形地识别

变形地，是地表面因受自然或者其他因素影响，而改变原来形状的部分。

图6-17　山脊的表示

其坡度通常较陡，在地形图上一般不易用等高线表示，而采用特定符号表示，如图6-18所示。

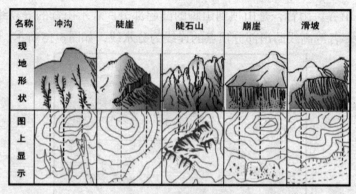

名称	冲沟	陡崖	陡石山	崩崖	滑坡
现地形状					
图上显示					

图6-18　变形地符号

冲沟。在斜坡上，因流水冲蚀而形成的大小不等的沟壑，也叫雨裂。其沟壁一般较陡。图上根据其宽度，分别用单线或双线表示，沟旁注记有宽度和深度。陡崖。比较高的陡峭崖壁（坡度在70度以上）。用实线表示陡崖的上缘，虚线表示斜坡降落方向，一般都注记比高。

陡石山。岩石裸露的陡峭石山（坡度一般在70度以上）用断续的山脊线表示岩顶，以纵横交错的短线表示陡岩。

崩崖。沙土质或石质山坡受风化破坏后；沙土岩屑从山坡上崩落下来的地段，用密集的小圆点表示沙土质崩崖，用三角块加小圆点表示石质崩崖，大面积的崩崖用等高线配合表示。

滑坡。斜面表层因雨水或其他外力影响而下滑的地段。上缘用陡崖符号绘出，范围用点线描绘，内部用断续的等高线表示。

（3）斜面与防界线的识别

①斜面。斜面是指山顶到山脚的倾斜部分。在军事上以敌对双方各自控制的高地为例，朝向对方的斜面叫正斜面，背向对方的斜面叫反斜面。

②防界线。防界线，通常是斜面上凸起的倾斜变换线。在防界线上能展望其下方的部分或者全部斜面，利于观察射击。在图上，防界线一般是从山顶往下，等高线由稀变密的地方。

二、图上量算

军用地形图区别于其他地形资料的最大特点，是可以在图上量取距离、坐标、角度、坡度；判定高程、起伏、通视；计算角度、面积等。

（一）图上距离的量读

距离分直线距离和弯曲线距离。直线距离一般用直尺量读、依直线比例尺量读，

曲线距离常用里程表量读。

1. 用直尺量读

用直尺量读距离时，先用直尺从图上量取所求两点间的长度（厘米），然后乘以该图比例尺分母，即得相应的实地水平距离（米或千米）。其换算公式为

$$实地距离＝图上长×比例尺分母$$

为计算方便，可先将比例尺分母消去两个零。如在1：5万地形图上量得某两点间长为3.4厘米，则实地水平距离为

$$3.4×500＝1700（米）$$

若已知实地距离，同样可以算出图上长，其公式为

$$图上长＝实地距离÷比例尺分母$$

如已知两点间实地水平距离为1700米，在1：5万地图上的长度则为

$$1700÷500＝3.4（厘米）$$

2. 在直线比例尺上量读

直线比例尺上，从"0"向右大间隔注记公里数的部分叫尺身，用以量取整公里距离；从"0"向左以小间隔注记米数的部分叫尺头，用以量取不足整公里的距离。量取两点间的实地水平距离，其量读方法是：

先用两脚规量出两点间的长度，保持其张度不变，再移到直线比例尺上比量，使一脚落在尺身的整公里数上，使另一脚落于尺头，即可直接读出两点间实地水平距离。

若两点间图上长大于直线比例尺长度时，可先在坐标线上比量，然后将不足方格边长的剩余部分移到直线比例尺上比量。

3. 用里程表量读

在地形图上量取弯曲路段或曲线距离时，使用指北针上的里程表比较方便。里程表由表盘、指针及滚轮三部分组成，表盘的外分划圈上有1：100 000、1：50 000、1：25 000等比例尺注记和公里数注记，每个数字均表示相应实地水平距离的千米数，如图6-19所示。

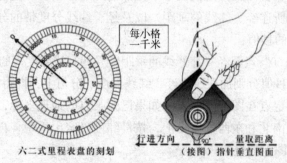

图6-19 用里程表量读距离

量读时，先使指针归0（即指针对准盘内0处），然后手持里程表，将滚轮放在所量线路的起点上（使指针按顺时针方向转动），沿所量线段滚至终点。指针在相应比例

尺分划圈上所指的千米数，即为所求实地水平距离数。

（二）坐标量读

军用地形图上的坐标有两种形式，一种是地理坐标，另一种是平面直角坐标。

1. 地理坐标的量读

确定地面某点位置的经纬度数值叫该点的地理坐标。通常用度、分、秒表示。用地理坐标指示目标或确定某点在图上位置时，按先纬度、后经度的顺序进行。

图上量取点的地理坐标。在比例尺小于1：25万（含）的地形图上，绘有地理坐标网，并在内图廓线和整度经、纬线上绘有小分划格。要量取某点的地理坐标时，如图6-20，先用两脚规量取该目标定位点至下方纬线的垂直距离，并保持张度，平移到西（或东）图廓的纬度分度带上去比量，即得出其纬度。同样方法利用两脚规量取该目标定位点至左方经线的垂直距离，平移到南（或北）图廓上量得该点的经度。由于不同纬线上分度带的分划长不同，因此量取点的经度小数值时，点位靠近南图廓的，应在南图廓上比量；点位靠近北图廓的，应在北图廓上比量。

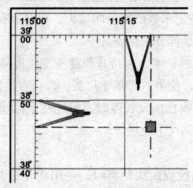

图6-20 依地理坐标网量读地理坐标

在1：2.5万—1：10万地形图上，欲量取点的地理坐标，可先在南北图廓和东西图廓间的分度带上，找出最接近但又小于该点的经度分划和纬度分划，并连以经、纬线；再量取A点至所连经、纬线的垂距，以及经、纬线分度带的分划长，然后按下列公式计算不足一分的秒值：

秒值＝60″×点至经（纬）线的垂距经（纬）线分度带的分划长

最后，将所得秒值分别加在所连经、纬线的度、分值上，即得A点的地理坐标。

按地理坐标确定点在图上的位置。如果已知某点的地理坐标，当需确定它在图上的位置时，可先在南北和东西分度带上，按经纬度确定出垂距，再将对应点连线，其交点即为目标点在图上的位置。

2. 平面直角坐标的量读

确定平面上某点相对位置的长度值，叫该点的平面直角坐标。用平面直角坐标指示目标或确定点的位置时，按先纵坐标、后横坐标的顺序进行。

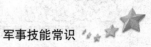

（1）用概略坐标指示目标和查找目标在图上位置。用概略坐标指示目标，通常只用该目标所在方格纵横坐标的末两位千米数，采用方格法和井字法。

方格法。是以目标所在方格左下角纵、横坐标指示目标位置的方法。如图6-21，要指示116.6高地的位置时，可先找出该点下方横线的纵坐标67，后找出左方纵线的横坐标46，该点的方格坐标即为（67、46）。

井字法。是将一个方格划为九个小方格，并按顺时针方向编为1—9号，指示目标时在方格坐标后加注小方格编号指示目标具体位置的方法。通常是在一个方格内有两个以上相同目标时采用。图6-21，桥的井字格坐标为（66、479）。

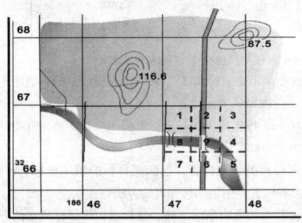

图6-21 用方格法、井字法指示目标

用末两位千米数指示目标，只适用于一百千米范围以内。如超过一百千米范围时，就会产生重复而造成混淆。此时，还应指出图幅名称、编号或使用概略坐标的全值。如图6-21，116.6高地的方格法坐标全值为（3267、18646）；桥的井字格法坐标全值为（3266、186479）。

用概略坐标查找目标在图上位置时，可按坐标数字先找纵坐标，后找横坐标，在两坐标线交点右上方方格内，便可找到目标。

（2）用精确坐标指示目标和确定点的图上位置。精确坐标是由目标的概略坐标（千米数），加上该点至所在方格下方和左方坐标线的垂直距离（米数）组成。

在图上精确量取点的平面直角坐标。通常用坐标尺量读。以图6-22为例，欲量取A点的平面直角坐标，使坐标尺纵边与A点左侧的坐标纵线重合，横边与A的定位点相切；从坐标尺纵边上读出下方坐标横线所截的分划数（它相应于实地水平距离575米），然后与下方坐标横线标注的85千米数相加，即得A的纵坐标X＝85575米。再从坐标尺横边上读出定位点所截的分划数300米，并与相邻左侧坐标纵线标注的49千米数相加，即得A的横坐标Y＝49300米。其要领可归纳为："纵边压纵线，横边通过点，公里数在前，米数看尺边。"

如果没有坐标尺，可用厘米尺量取。如图6-22，使用厘米尺量取A点的精确坐标

时，方法如下：

首先查出A点的概略坐标（85、49）；

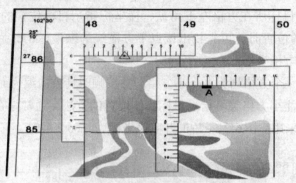

图6-22　用坐标尺量读坐标

用厘米尺量取A点至下方坐标横线（即85坐标横线）的垂直距离，将其换算成米数，与85千米相加，即得出纵坐标数值。

量取A点至左方（即49坐标纵线）坐标纵线的垂直距离，并将其换算成米数，与49公里相加，即得出横坐标数值。

用精确坐标确定目标的图上位置。已知某目标的精确坐标为：（X=86075、Y=48410），求其在图上的位置。用坐标尺确定的方法是：

以图2-26为例，首先按概略坐标（86、48）找到该目标所在的方格，将坐标尺纵边与48坐标纵线重合，并使75米分划落在86坐标横线上；再沿坐标尺的横边找到410米的分划处，该点的图上目标为三角点。

用厘米尺确定的方法是：

先按概略坐标找到该目标所在的方格；将纵、横坐标米数依比例尺换算成相应图上长；自下而上在方格的纵线上量取相应图上长，并通过这一点做坐标横线的平行线；自左至右在方格的横线上量取相应图上长，并通过这一点做坐标纵线的平行线；两平行线的交点即是目标在图上的位置。

记述与报告方法。利用平面直角坐标指示目标，在书面文电中，应按地点、坐标、目标的顺序记述。如：龟山（85、49），敌火力点；在口头报告时，应按坐标、地点、目标的顺序。如：坐标：85、49，龟山，敌火力点。

（三）方位角的量读与换算

从某点的指北方向线起，按顺时针方向量至目标点方向线的水平角，叫做某点至目标点的方位。通常用密位或360°角度制量度。点的指北方向有坐标纵线、真子午线和磁子午线北方向（分别简称坐标北、真北和磁北），因此相应的方位角有坐标方位角、真方位角和磁方位角三种。军事上标定地图方位、指示目标、确定射向和保持行进方向等，都用到方位角。

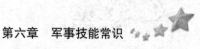

1. 量读坐标方位角

用量角器量读坐标方位角的方法。如图6-23，量读三角点至162.6高地坐标方位角。

第一步：连线。由三角点向162.6高程点用直尺连线（如两点在同一方格内时，应将连线延长至与坐标纵线相交）。第二步：估判。根据连线与坐标纵线相交的方位角，估判方位角值是小于30-00密位，还是大于30-00密位。若小于30-00，量角器放在坐标纵线右边，零分划朝北；若方位角值大于30-00，量角器放在坐标纵线左边，零分划朝南。

第三步：量读。将量角器的圆心对准连线与坐标纵线的交点，并使密位线与坐标纵线重合，读出两点连线通过量角器边缘的密位数（若量角器放在坐标纵线左边，零分划朝南时，应将读出的密位数加上30-00），即为量读的坐标方位角。

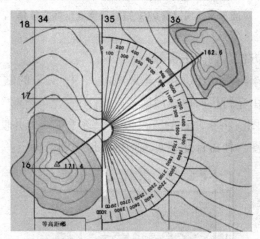

图6-23 用量角器量读坐标方位角

用武警98式指挥尺量读坐标方位角的方法。武警98式指挥尺上端长边和右侧弧边上均刻有密位分划，以顺时针方向注记，左端的直边上刻有距离分划，距离分划线的零点为密位分划的圆心。

如图6-24，量读三角点（17、32）至烟囱（19、34）的坐标方位角，可按如下步骤进行：

第一步：由三角点向烟囱方向连一条直线，作目标方向线。

第二步：过三角点的定位点，作一条坐标纵线的平行线（目标位于15-00到30-00或45-00到60-00密位时，作坐标横线的平行线）。

第三步：圆心对准三角点，并使短距离尺边与平行线相切。

第四步：读取目标方向线通过指挥尺边缘的分划8-20，即为所求的三角点至烟囱的坐标方位角。

当目标位置在15-00到30-00的位置时，读出的分划数应加上15-00；在30-00到45-00的位置时，应加上30-00；在45-00到60-00的位置时，应加上45-00，即为所要

量读的坐标方位角。

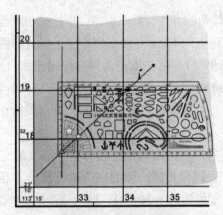

图6-24　用武警98式指挥尺量读坐标方位角

2. 量读磁方位角

用指北针量读磁方位角的方法步骤：

如图6-25，量读车行桥（18、34）至凤凰山（19、32）的磁方位角。

第一步：连线。由车行桥向凤凰山连一直线。

第二步：标定地图。将指北针的直尺边切于磁子午线，并使准星的一端朝向地图的上方，然后转动地图，使磁针北端对准指针，地图即已标定。

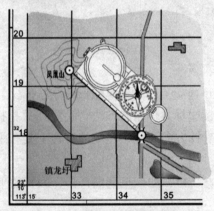

图6-25　用指北针量读磁方位角

第三步：量读。保持地形图不动，再将指北针直尺切于车行桥至凤凰山两点的连线上，并使准星朝向凤凰山方向，待磁针静止后，其磁针北端所指的密位数，即为车行桥至凤凰山的磁方位角。

3. 方位角的换算

用图时，常利用偏角图进行不同方位角的换算。换算的方法分为公式法和图解法。

公式法：为省去记忆规定的偏角符号和简化计算，可按下式进行：

欲求方位角＝已知方位角±|相应偏角|

相应偏角前的±号，依偏角图确定，其原则是：若已知方位角的基准方向位于欲

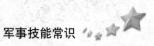

求方位角的基准方向右侧，取正号；反之，取负号。

例 1. 已知某方向的坐标方位角为 20-03，求相应的磁方位角。

解： 该图幅偏角图。如图 6-26 所示，由偏角图可知，磁坐偏角为 0-63（3°47'），坐标纵线位于磁子午线右侧，故：

$$磁方位角＝（20-03）＋（0-63）＝20-66$$

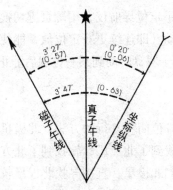

图 6-26　偏角图

图解法：用绘图的方法将原方位角与现偏角的关系绘出图形，而后依图内容求出现相应方位角。

例 2. 偏角图同上，已知某方向的真方位角为 23°30'，求相应的坐标方位角。

解： 由偏角图可知，坐标纵线偏角为 0°20'，且真子午线位于坐标纵线左侧，故：

$$坐标方位角＝（23°30'）－（0°20'）＝23°10'$$

三、现地判定点位

点位是指用图者在现地站立的地点和所关心的其他点。用图者在现地站立的地点称为站立点，站立点以外用图者所关心的点称为目标点。

现地判定点位指通过地形图与现地的对照，采用根据点位判定原理结合不同实际情况所派生出来的各种点位确定方法，确定站立点、目标点的图上位置，确定图上点在实地位置的过程。现地判定点位的前提是现地判定方位，其落脚点则在于现地介绍地形。

（一）判定方位

判定方位，就是在现地辨明东、西、南、北方向。它是现地用图和遂行作战任务的前提。判定方位的方法有很多，这里主要介绍最常用的六种方法。

1. 利用指北针判定

指北针，是武警部队常用的一种装备器材，是现地判定方位的基本工具。其使用方法很简单，就是将指北针打开放平，待磁针静止后，磁针涂有夜光剂一端（或者注

有北字）所指的方向，就是现地的磁北方向。

使用前，应检查磁针是否灵敏。其方法是：用一钢铁物体多次靠近磁针一端，若每次移开钢铁物体后，磁针都能回到原处，则说明磁针灵敏，可以使用；否则，磁针偏差大，不能使用。注意在使用指北针时，要避开高压线和带磁性的物体，以免影响指北针判定方位的准确性。

2. 利用GPS定位仪判定

在开阔地上打开GPS卫星定位导航仪，用翻页键切换到导航页面，将导航仪水平持握，并沿某一方向直线移动（即连续更新定位值，能使横坐标值不变，而纵坐标值增加的方向即为坐标北），电子罗盘转动到某一位置后静止，此时罗盘环圈"北"所指的方向即为北方。

3. 利用北极星判定

寻找北极星是夜间判定方位简便易行的方法。北极星是正北方天空中北极附近一颗比较亮的恒星，所以只要找到了北极星，就找到了北方。我国位于北半球，只要天气晴朗，常年夜间都可以看到北极星。直接寻找北极星较为困难，可根据大熊星座和仙后星座的关系位置来寻找。

大熊星座（即北斗七星）由七颗明亮的星组成，形状像一把勺子，故俗称勺子星。将勺端α、β两星的连线沿α星向β星方向延长，约在两星间隔的五倍处，有一颗较亮的星，就是北极星。

仙后星座（即女帝星座）由五颗明亮的星组成，形状像一个"3"，故也称3字星或"W"星座，从中央的γ星向缺口方向延伸约ε星至β星宽度的两倍处，有一颗较亮的星，就是北极星，如图6-27所示。

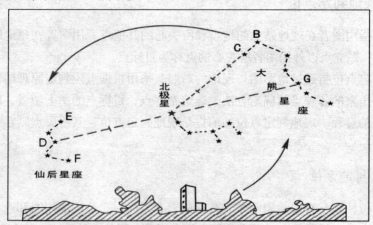

图6-27 利用北极星和仙后星座判定方位

4. 利用自然特征判定

有些地物、地貌由于受阳光、气候等自然条件的影响，形成了与方位有关的某种特征，利用这些特征可以概略地判定方位。

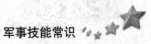

独立大树，通常是南面枝叶茂密，树皮较光滑；北面枝叶较稀少，树皮粗糙。砍伐后，树桩上的年轮，北面间隔小，南面间隔大。

突出地面的物体，如土堆、土堤、田埂、独立岩石和建筑物等，南面干燥，青草茂密，冬季积雪融化较快；北面潮湿，易生青苔，积雪融化较慢。凹入地面的物体，如土坑、沟渠和林中空地则情况相反。

我国大部地区，尤其是北方，庙宇、宝塔的正门多朝南开；农村住房的门窗一般也多朝向南方。

以上地物特征只能概略判定方位，有时还可能出现反常现象。因此，应注意地区、季节的不同，采用多种方法，综合判定，以免误判。

5. 利用已知点判定

通过已知高地的走向及高低走势，河流的流向及走向，村庄（街道）的方向与自己的站立点的关系位置，也能概略地判定方位。例如：已知一条河流为东西走向，在河岸的某一点，就可判定方位。

6. 利用太阳和时表判定

太阳东升西落是大自然永远不变的规律，据此就可以概略地判定方位。一般来说，在当地6时左右，太阳位于东方，12时位于南方，18时位于西方。另外，还可把太阳和时表结合起来判定方位。方法是：时数折半对太阳，12所指是北方。即将手表放平，以表盘中心和时针所指时数（每天以24小时计算）折半位置延长线对向太阳，此时，由表盘中心通过"12"的方向就是北方。

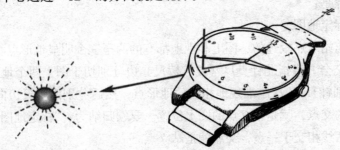

图6-28　用太阳和时表判定方位

例如：当地时间下午2时（即14时）40分，折半是7时20分，应以表盘中心与"7"字后两小格处的延长线对向太阳，则"12"字的方向即为北方。为便于操作，可将时数折半位置竖一细草棍，转动时表，使其阴影通过表盘中心，如图6-28所示。

（二）确定站立点在图上的位置

现地用图需随时确定站立点在图上的位置，以便利用地图了解周围地形。确定站立点的主要方法有：

1. 目估法

利用明显地形点目估确定站立点在图上的位置，是确定站立点最常用的方法。当

站立点在明显地形点上时，从图上找出该地形点的符号，即是站立点在图上的位置。如果站立点在明显地形点附近时，可先标定地图，再在图上找到该明显地形点，对照周围地形细部，根据该站立点与明显地形点关系，即可判定站立点在图上位置。如图6-29所示，用图者站在三角标左下方的山背上，根据左侧冲沟和前方山顶的关系，确定站立点在图上的位置。

图6-29　目估法

2. 后方交会法

当站立点附近地形特征不明显，但周围有两个以上图上、现地都有的地形点时，可采用后方交会法确定站立点，如图6-30所示。

其作业步骤是：

（1）精确标定地图。

（2）选择离站立点较远的、图上和现地都有的两至三个明显地形点。

（3）现地交会。将指北针直尺（或三棱尺）边分别切于图上两个地形点符号的定位点上（可插细针）；依次瞄准现地相应的地形点，然后分别沿直尺边向后画方向线；图上两方向线的交点，就是站立点的图上位置。要领归纳为："标定地图选两点，分别描绘方向线；两线相交于一点，交点就是站立点。"

图6-30　后方交会法

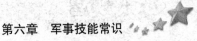

3. 截线法

当站立点在线状地物（如道路、河流、土堤等）上时，可利用截线法确定其图上位置，如图6-31所示。

图6-31 截线法

其确定方法是：

（1）精确标定地图。

（2）在线状地物的侧方选择一个图上和现地都有的明显地形点。

（3）进行侧方交会。交会时，先将指北针直尺（或三棱尺）边切于图上相应地形点符号的定位点上（可插细针），再照准现地该地形点；然后沿直尺边向后画方向线，该方向线与线状地物符号的交点，就是站立点在图上的位置。

4. 磁方位角交会法

在丛林或不便于直接从图上找准目标的地区，确定站立点的图上位置时，可用磁方位角交会法，如图6-32所示。

（1）攀登到便于向远方通视的树上，选择图上和现地都有的两个明显地形点，并用指北针分别测出至该两地形点的磁方位角。

（2）在树下附近标定地图。

（3）将所测磁方位角图解在地图上。图解磁方位角时，先将指北针的直尺边，分别依次切于图上被照准的两地形点符号的定位点上；再转动指北针，使磁针北端指向所测相应的磁方位角分划；然后沿直尺边描画方向线，两方向线的交点，就是站立点的图上位置。

也可将所测磁方位角先换算成坐标方位角，再在地形图上过两个图上和现地都有的地形点，按相应的坐标方位角图解方向线。两方向线的交点，即为站立点的图上位置。其要领归纳为："登高选择两目标，分别测量方位角；标定地图移角度，尺切符号绘线条；两线相交于一点，图上位置就找到。"

图6-32　磁方位角交会法

5. 膜片法

当站立点上无法精确标定地图时，可采用膜片法确定站立点的图上位置，如图6-33所示。

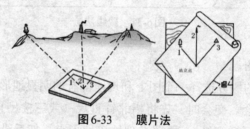

图6-33　膜片法

其作业步骤是：

（1）选择在图上和现地都有的三个以上明显地形点。

（2）在透明纸上描画方向线。描画时，先将透明纸固定在图板上，并在适当位置插一细针；再以指北针直尺（或三棱尺）边紧靠细针，图板保持不动，依次向三个地形点瞄准，并向前画方向线；然后在各方向线的末端注记相应地形点名称。

（3）取下透明纸，蒙在地图上，并转动透明纸，待各方向线均能通过图上相应地形点符号的定位点时，即将透明纸上的针孔刺于图上，该点即为站立点的图上位置。

6. 极距法

当便于测量站立点到已知点的距离时，可采用极距法确定站立点的图上位置，如图6-34所示。

其作业步骤是：

（1）标定地图。

（2）选择一个距离较近，在图上和现地都有的明显地形点。

（3）描画方向线。描画时，先将指北针直尺（或三棱尺）边与图上该地形点符号的定位点相切，向现地明显点瞄准，沿直尺边画方向线（也可测角图解出方向线）。

（4）估测出从站立点到明显地形点的距离，并按比例尺在方向线上定出一点，该点即为站立点在图上的位置。

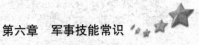

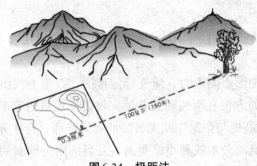

图6-34 极距法

7. 定直线法

当站立点位于两个明显地形点的连线上,如图6-35所示,或延长线上,如图6-36所示。可用定直线法确定站立点的图上位置。

(1) 其作业步骤是:

①标定地图;

②过图上两明显地形点连直线;

③估测出从站立点到最近明显点的距离,并按比例尺在连线上定一点,该点即为站立点在图上的位置。

(2) 确定站立点时应注意的问题:

①不论采用何种方法确定站立点,均应首先仔细地分析研究站立点周围地形。选择明显地形点作已知点时,图上位置一定要找准,防止判错点位,用错目标;

②标定地图后,在定点过程中,地图方位不能变动,并应注意检查;

③采用交会法时,为提高交会点准确性,两方向线的交角,一般不得小于30度(5-00)或大于150度(25-00);条件允许时,最好用第三条方向线(或其他方法)进行检查。

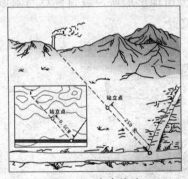

图6-35 定直线法

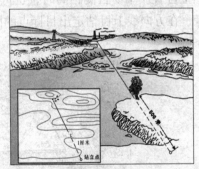

图6-36 定直线法

(三) 确定目标点在图上的位置

在现地用图中,将新增加的地形目标或战术目标,准确地测定、标绘在地形图的相应位置上,叫确定目标点。确定目标点的方法如下:

1. 目估法

当目标点在明显地形点上时，从图上找出该明显地形点，即为目标点在图上的位置。

当目标点在明显地形点附近时，应先标定地图，在图上找出该明显地形点，再根据目标与明显地形点的方位、距离和高差等，将目标点目估定于图上。如图6-37，目标（凉亭）位于145.0高地与张家庄北无名高地间的鞍部，且在分水线近处缓坡上、小路的前方，根据目标点离分水线和小路距离，及目标附近地面的倾斜情况，即可目估确定目标点在图上的位置。

图6-37　目估法

2. 光线法

当目标较多，其附近没有明显地形点时，多采用光线法确定目标点的图上位置，如图6-38所示。其方法是：

（1）精确标定地图。

（2）确定站立点在图上的位置。

（3）向目标描画方向线。描画时，先将指北针直尺（三棱尺）边切于图上的站立点（可插细针），再向现地各目标瞄准，并向前画方向线。

（4）目测站立点至目标点距离，并根据距离按地图比例尺在各方向线上截取相应目标的图上位置。不易目测距离时，也可通过分析地形层次，或目标点与附近地形的关系位置，在方向线上目估定出目标点的图上位置。

图6-38　　光线法

3. 极距法

利用器材直接测定方向角和距离，来确定目标点在图上位置的方法，叫极距法，如图6-39所示。

其方法是:

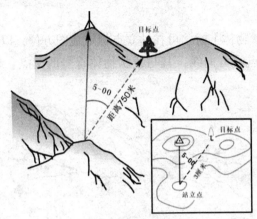

图2-39 极距法

(1) 在目标区域选一明显地形点(三角标),并用望远镜(或方向盘)等器材测出该点至目标点的方向角为5-00。也可不选明显地形点,而直接测出目标点的磁方位角,并换算成坐标方位角。

(2) 在图上将站立点和三角点连一直线,并以此直线为准 (或坐标纵线),按所测方向角(或坐标方位角)图解画出站立点至目标点方向线。

(3) 测出站立点至目标点距离,并按地图比例尺,在方向线上找出目标点位置。也可根据目标点附近地形关系位置,在方向线上通过分析比较,目估定出目标点在图上位置。

4. 前方交会法

当目标点较远而附近又无明显地形点时,可在两个测站点上用前方交会法,确定目标点在图上的位置。如图6-40,欲交会目标(独立树)在图上的位置时,其方法是:

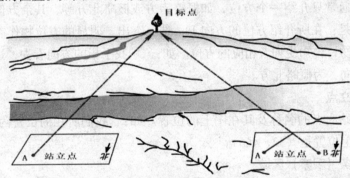

图6-40 前方交会法

(1) 选定现地与图上都有的二至三个明显地形点,如A、B点作为测站点。

(2) 在第A点上先标定地图,确定该点图上位置并插一细针;再以指北针直尺(三棱尺)边紧靠细针向现地独立树瞄准,并向前画方向线。

(3) 以同样方法在B点上描画方向线,两方向线的交点就是目标点(独立树)的

图上位置。

5. 截线法

当目标点位于线状物体上时，可在站立点标定地图方位，以照准器直尺边切绕图上站立点并照准目标点绘方向线，其与线状物体符号的交点，即为目标点的图上位置，如图6-41所示。

图6-41　截线法

（四）现地介绍地形

指挥员在组织现地侦察，下达口述战斗命令，组织协同或报告情况之前，为了使部属或上级了解当面地形和敌情，应进行地形介绍。介绍的顺序、内容和方法是：

1. 介绍方位

介绍时，通常只介绍一个方位，如概略南方或概略北方等，其余方位由受训者自行判断。方法是：在所介绍方位的方向上，选一突出、明显的方位物作参照，尔后面向并手指方位物，告知受训者相应的方位。如："顺我手指的方向看去，远方位独立石向后延伸的方向，为概略北方。"

2. 介绍站立点

通常表述站立点的名称及其在图上的位置。如："我们所在的位置为89高地东侧无名高地，图上位置是（32、465）。"

3. 介绍任务（观察）区域

通常应根据本级的任务，明确任务区域。必要时，也可介绍地域纵深。如："观察区域左界为村东北500米无名高地，观察区域右界为187高地左侧独立房。"

4. 介绍方位物

面向所要介绍的地形，选择3—5个特征明显不易损坏的独立地物或地形点，由近及远，由右至左，手指口述，逐次、简明、具体地指明目标的方位、特征和名称，必

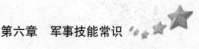

要时对所介绍的方位物按由近及远、由右至左的顺序进行编号。对于难以说明的目标，可借助于指幅和密位指示。如："顺我手指方向看去，右前方80米处有一电线杆，为1号方位物；1号方位物向左三个指幅，远方位山坡上、其左侧有一块黄土疤的坟墓，为2号方位物；2号方位物向左四个指幅，近方位树木比较茂密、右侧有一口水塘的居民地，为唐下村，其左后侧的居民地为米龙村……"

5. 介绍战术情况

当面若有敌方（对方）情况时，应结合地形对相关战术情况进行介绍，使受训者全面了解当面的地形、敌（对方）情况，及其两者之间的关系。介绍时，要注意讲清战术情况与地形之间的关系，为战术研究提供清晰、准确的地形资料。如："逃跑的罪犯于今日5时45分出现在1号方位物以东300米的水渠旁，被发现后，沿1、2号方位之线向北逃窜，在永利庄东南侧突然消失……"

四、按地图行进

按地图行进，就是利用地形图选定行军路线，通过地图与现地对照，以保持沿选定的路线，到达预定地点的行进方法。按方位角行进，是按地图行进的一种辅助方法。它是利用指北针，按照图上量测的磁方位角保持正确行进方向的方法。

（一）按地图行进

按地图行进，不论行进时机和行进方式如何，行进前都应做好充分准备，准备工作越充分、越细致，完成任务的把握就越大。

1. 行进前的准备

选择行进路线。行进路线，是根据受领的任务、敌情、地形和部队装备等情况在图上选出行进的最佳路线。选择时，应着重考虑和研究路线上与行动有关的地形因素，如地貌起伏、沿线居民地、森林地、山垭口以及桥梁、渡口和徒涉场的状况。如有敌情顾虑时，更应注意研究沿道路两侧地形的起伏与荫蔽情况，遇空袭时的疏散区域，遭遇敌人时可能利用的有利地形等。组织大部队行进，还应根据部队的大小选择平行路，以便分路行进。

在越野行进时，尤应使每一转弯点都有明显的方位物。在夜间行进时，则应注意选定夜间便于识别的方位物。

为便于行进中掌握方向，在路线选定后，还应在沿线选定明显突出、不易变化的目标作为方位物，如行进路线上的转弯点、岔路口、桥梁、居民地的出入口、城市中的广场和突出建筑物，以及沿线两侧的高地等。

在图上标绘行进路线。标绘行进路线和方位物，就是将选定的行进路线（起点、转折点和终点）和方位物，用彩色笔醒目地标绘于图上，并按行进方向顺序进行编号，以便行进中对照检查。必要时也可专门调制行军路线略图。

量取里程和计算时间。在图上量取行进路线上各段里程和计算行进时间，并注记在图上或工作手册上。如行进路线上地貌起伏较大时，还应当将图上量得的水平距离，按不同的坡度改正为实地距离。为了便于掌握行进速度和时间，需要时可将改正后的各段距离，根据预定行进速度换算为行进时间。

熟记行进路线。熟记行进路线的方法，一般按行进的顺序，把每段的里程、行进时间、经过的居民地、两侧方位物和地貌特征，特别是道路的转弯处，岔路口和居民地进出口附近的方位物及地形特征等都记在脑子里，力求做到：胸中有图，未到先知。

图上准备可归纳为：一选、二标、三量算、四熟记。

2. 徒步沿道路行进

徒步沿道路行进是军队机动的主要方式。其要领是：

（1）在出发点上，先标定地图，对照地形，判定出发点的位置，明确行进的道路和方向，然后记时出发。

（2）在行进中，应根据记忆，边走边回忆，边走边对照，随时明确站立点的图上位置，随时清楚已走过的里程；随时明瞭前方将要通过的方位物和将到达的位置等，力求做到"人在路上走，心在图中移"。

（3）在经过岔路口、道路转弯点、居民地进出口时；应及时对照现地地形，明确站立点的图上位置，以保持正确的行进方向。

（4）在遇到现地地形变化与地图不一致时，应采用多种方法，仔细对照地貌，全面分析地形的变化和关系位置，然后准确地判定站立点的位置和行进方向。做到有疑不走，有矛盾不走，方向不明不走。搞准方向，消除疑虑和矛盾后再继续走。

（5）当发现走错了路时，应立即对照地形，回忆走过的路程，判明从什么地方错的，偏离原定路线有多远，根据情况决定另选迂回路线或返回原路。回到正确路线后，再继续前进。

（6）夜间行进由于视度不良，应多找点，勤对照，对照点应选高大、透空、发光的物体（如行进道路近旁的高大建筑物，透空可见的山顶、鞍部等）。还可根据流水声、蛙声、人畜声和灯光等判断行进的位置与方向。

3. 乘车沿道路行进

乘车行进也是部队机动的一种方式。乘车行进的特点是：行进速度快、方向转换多、观察地形粗略等特点，又有以下几点不同之处。

（1）选择路线时，应仔细研究道路通行情况，路面质量的变化，桥梁的载重量、渡口的摆渡能力等。方位物应多选择道路两侧大而明显的突出目标，并选择迂回路线。地图应按行进的顺序依次叠放，以便沿途取用、对照。

（2）随时标定地图。由于实地道路弯曲，使行车方向变换多。因此，要使图上的行进路线与现地的道路方向保持一致，就必须经常转动地图，做到"图、路成一线，车转图也转，方向正相反"，以使图上的行进路线与现地行进的道路始终一致。为此，行进的车辆向右转时，手中地图必须向左转。

（3）逐个对照方位物。由于车速快，车辆颠簸，方位物一闪而过，地图与现地对照容易忽略。因此，在行进中，对沿路的居民地、桥梁、转弯点、岔路口和沿路两侧突出目标等，要高度集中精力，不间断地逐个地提前对照，做到"人在车中坐，心在车前行"。

（4）掌握行车里程和速度。出发时要记下时间和汽车里程表上的里程数，行进中随时根据里程表上的数字和行进时间，对照事先在图上量算好的各段距离和时间，以便判定车子在图上的位置。

（5）遇到岔路口、转弯处，提前给司机打招呼，同时车速放慢，以便能仔细对照，确认前进方向。无把握时还要停车辨认，直至现地对照无疑后，再继续行进。

4. 越野行进

在道路稀少地区（如沙漠、草原等），或因任务需要，不能沿道路行进时，部队常采用越野行进。越野行进时，因为地面起伏不平，障碍多，容易偏离方向，所以多采用按地图与方位角相结合的方法行进。行进时应注意下列几点：

（1）行进路线应选择在方位物较多的地形上，特别是转折点及其附近应有明显的方位物，以利对照检查，保持正确的行进方向。

（2）在起点和各转弯点上都要仔细标定地图，明确行进方向和下一点方位物。或按预先测定的各段磁方位角，照准行进方向，找到下一点方位物，选择便于通行的地形前进；如不能直接看到下点方位物，应选择辅助方位物，这样逐段按方位物方向行进，直到终点。

（3）行进中，要勤对照，多分析，随时判定站立点的图上位置，这在复杂地形上行进尤为重要。如果发现走错了方向，应停止前进，查明原因，重新确定站立点的图上位置，尽量选择近道插到原方向上，不得已时可原路返回，再按正确方向继续前进。

（二）按方位角行进

按方位角行进，就是按照图上预先测好的磁方位角保持行进方向的行进方法。它是按地图行进的辅助方法。通常在缺少方位物的沙漠、草原和森林等地区，或在夜间、浓雾、风雪等不良天候下经常采用的行进方法。

1. 行进资料的准备

选路线。要根据任务、案情、地形等条件选定，一般应选择距离近、障碍少、起伏小、便于行进、在各转弯点有明显地形点的地形。各转换点的距离一般在 1 千米左右，平原地区可稍远一些，山区和夜间行进则应近些。

选线方法：起点、终点连一直线，在连线两侧或一侧按选线条件确定合适的方位物，将各方位物用直线连接起来，就是行进路线。

测角度。用指北针分别在地形图上测出各段路线的磁方位角数值。作业要领可归

纳为："地图标定好，尺切两符号，磁针静止后，读出方位角。"

在图上量读磁方位角时，先用指北针标定地图，再使指北针有准星的一端朝前进方向，直尺边与两转弯点的连线重合，磁针静止后，其北端所指的密位数即为该段路线的磁方位角。

量距离。用直尺在地图上，分别量出各转换点间的实地距离。当地面起伏较大时要适当增加修正量。为了行进中便于掌握距离，需把距离（米数）换算成复步数。换算公式为

复步数=实地距离（米数）÷复步长（1.5米）。

若两点间距离较长，可采用计算时间的方法，计算公式为

行进时间=实地距离÷行进速度（昼70米/分、夜50米/分）。

绘略图。行进路线图可直接在地形图上标绘，也可以单独绘略图。

（1）根据地形图上各点的关系位置，按一定比例转绘到一张白纸上，其关系位置概略相符。

（2）按行进顺序用红笔套圈、编号并标绘前进方向矢标。

（3）将行进资料（磁方位角、距离）注记在各段路线之间，字头一律朝向图上方。

2. 行进要领

在出发点上。在出发点上，依据行进资料在现地找到出发点的准确位置，查明到达下一点的磁方位角、复步数、时间和方位物；手持指北针，转动身体，使磁针北端指向下一点的方位角密位数，这时沿照门至准星方向就是前进的方向。在行进方向上找第二点的方位物，如看不见，可在该方向线上选择辅助方位物。然后即按此方向行进。行进时，通常是越野照直行进，也可记准方向，选择便于通过的道路走到该点。

在行进中。要随时根据地图或记忆，对照地形，用指北针检查行进方向，记清走过的复步数或行进时间。到辅助方位物后，如仍看不到第二点方位物时，则按原磁方位角再选一辅助方位物，继续前进，直至到达第二点为止。若在起伏较大的地段上行进时，要注意调整步幅。

在转弯点上。当快到达第二点时，应特别注意附近地形特征；当走完预定距离，未见到第二点方位物时，可在这段距离十分之一为半径的范围内寻找。如仍寻找不到，应仔细分析原因，是地形有了变化，还是方向、距离出了差错，或者利用反方位角向第一点瞄准，进行检查。到达第二点方位物后，仍按出发点的要领，再向下一点前进。依此要领逐段前进，直到终点。

行进中如果遇到障碍物，应根据不同情况采取不同的办法通过。对能通视的障碍，可沿行进方向在障碍地段的对面选一辅助方位物，然后找一迂回路线绕过障碍地段，但应将该段的距离，加在已走过的距离内，到达辅助方位物后继续按原方向前进。遇到不能通视的障碍地段时，可采取走直角四边形（或平行四边形）的方法绕过（亦应将该段距离数加到已走过的距离内），然后按原方向继续前进，如图6-42所示。

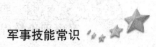

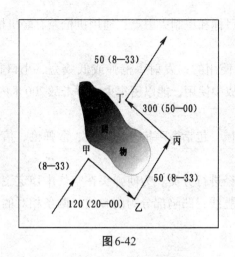

图6-42

第四节　轻武器射击

一、轻武器分类

轻武器根据用途一般分为单兵点杀伤武器和单兵面杀伤武器两大类。

（一）单兵点杀伤武器

点杀伤武器主要指发射子弹的各种枪械。凡口径在20毫米以下，利用火药气体压力发射弹头的身管武器叫枪械，主要用于攻击敌暴露的生动目标和低空目标。

枪械按用途通常分为五大类：

1. 手枪

以单手握持射击为主要使用方式的短管枪械。短小轻便，发射迅速，隐蔽性好，适用于近距离使用。

2. 步枪

单兵使用的抵肩射击长管枪械。主要装备步兵，以发射枪弹杀伤有生目标，也可用刺刀、枪托进行格斗；有的能发射枪榴弹，杀伤有生目标或射击轻型装甲目标。分为非自动装填步枪和自动装填步枪，自动装填步枪又分为半自动步枪和自动步枪。

3. 机枪

配有枪架或枪座能连发射击的自动枪械，分为轻机枪、重机枪、高射机枪和通用机枪（轻重两用机枪）。轻机枪是配有两脚架，重量较轻的机枪，主要用于射击敌800米内的集群生动目标；重机枪是配有稳定枪架，重量较大的机枪，主要用于杀伤1000米内的敌集群有生目标，压制敌火力点，射击轻型装甲目标和低空目标；高射机枪是采用三脚架，或装于装甲车辆、舰艇等载体上的机枪，主要用于射击空中目标，也可

用于射击地面轻型装甲目标和压制火力点；通用机枪兼有轻机枪和重机枪的性能特点。

4. 冲锋枪

可双手握持、抵肩使用的，发射手枪弹或低威力、小口径枪弹的轻型全自动枪械。适合在丛林战、巷战中使用，能以密集火力射击敌200米内的有生目标。

5. 特种枪

具有特殊用途的枪械，包括微声枪、防暴枪、散弹枪、信号枪、水下射击枪、运动枪等。

枪械还常按枪的口径进行分类。为使弹头在空气中稳定飞行，枪管内部通常有四条膛线，突出部分叫阳膛线，凹陷部分为阴膛线。两条相对的阳膛线之间的距离就是枪的口径（图6-43）

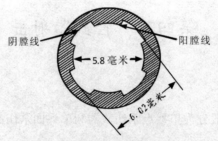

图6-43　95式自动步枪的口径

按枪的口径不同枪械分为四类：大口径枪，口径在12毫米以上的枪械；中口径枪，口径在6—12毫米的枪械；小口径枪，口径在5—6毫米的枪械；微口径枪，口径在5毫米以下的枪械。

（二）单兵面杀伤武器

单兵面杀伤性武器既能杀伤有生目标又能破坏坦克和装甲车辆。特点是体积小、质量小、携带使用方便。

1. 手榴弹

用手投掷的爆炸弹药，包括杀伤手榴弹、反坦克手榴弹、烟幕和化学手榴弹等。通常在距目标50米内使用。

2. 榴弹发射器

榴弹发射器可分为枪械型和迫击炮型两大类。枪械型又有结合在步枪枪管下面的枪挂式榴弹发射器、步枪式肩射榴弹发射器（也称榴弹枪）和机枪式架设自动榴弹发射器（也称榴弹机枪）之分迫击炮型抵地发射，主要包括掷弹筒和弹射榴弹发射器。可用于填补手榴弹与迫击炮之间的火力空白，杀伤距离较远的暴露或遮蔽物后有生目标，也可打击轻型装甲目标。

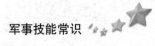

二、射击学理

简易射击学理是一门综合应用各学科相关知识，解答身管武器射击主要问题的知识体系。对提高轻武器射击训练水平，增强部队使用轻武器作战的能力都具有重要作用。

（一）发射与后坐

1. 发射

发射分为枪械发射、火炮发射、导弹发射、火箭发射、鱼雷发射等。后坐与发射相伴而生，既是武器自动装填的动力，也会对射击精度产生不利影响。

由发射药燃气能量产生的膨胀力，将射弹从身管装置推送出去的过程，叫枪械的发射。

击针撞击子弹底火使起爆药发火，火焰通过导火孔引燃发射药，产生大量火药气体，在枪膛内形成很大的压力，迫使弹头脱离弹壳，沿膛线旋转加速前进，直至推出枪口。

弹头飞出枪口时，火药气体随之从膛内喷出，其速度比弹头速度大一倍以上，并在5厘米—50厘米距离内继续推送弹头，此时，弹头飞行的速度最大。发射过程中弹头速度的变化规律是：由静到动，由慢到快，始终是加速运动。

2. 后坐

发射时，武器向后运动的现象，叫后坐。

（1）后坐的形成。发射药燃烧时，产生的气体同时作用于各个方向（图6-44），作用于膛壁周围的压力被膛壁抵消；向前作用于弹头后部的压力推送弹头前进；向后作用于弹壳底部的压力通过枪机传给整个武器，使武器向后运动，形成后坐。在弹头脱离枪口瞬间，大量的火药气体随弹头后部从膛内向外喷出，形成猛烈的反作用力，使武器后坐明显增大。

图6-44 火药气体作用的方向

（2）后坐对命中的影响。后坐对单发（连发首发）射击的命中影响极小。因为弹头在膛内运动的时间极短（约千分之一秒），并且枪比弹头重得多（95式和03式自动步枪比弹头重800倍以上），所以弹头在脱离枪口以前，枪的后坐距离只有一毫米多，而且是正直向后运动的，加之衣服和肌肉的缓冲，射手是感觉不出来的。射手感觉到的后坐，主要是弹头在脱离枪口的瞬间，火药气体猛烈向枪口外喷出形成的反作用力造成的。此时，弹头已脱离枪口在空气中飞行，其运动轨迹已不受枪管指向的影响。

后坐对连发射击的命中有较大的影响。连发射击时,第一发子弹发射后,由于枪的明显后坐很容易改变原来的瞄准线和枪管指向,造成第二发以后的射弹产生较大偏差。但只要射手据枪要领正确,适应连发武器射击时的后坐规律,就能减小后坐对连发命中的影响,提高连发弹命中的精度。

(二)弹道的形状及实用意义

各种枪射击时形成的弹道分为起始弹道、内弹道、中间弹道、外弹道和终点弹道,本节主要介绍与命中直接相关的外弹道(射弹在空气中运动的轨迹)。

1. 弹道

(1)弹道及其形成。射弹的质心从开始点到终点运动的轨迹,叫弹道。

外弹道的形成:弹头脱离枪口后,如果没有地心引力和空气阻力的作用,它将保持其所获得的速度,沿着发射线无止境地成匀速直线飞行(图6-45)。

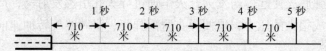

图6-45 在没有地心引力和空气阻力作用下弹头的飞行

一般枪弹发射时,弹头脱离枪口在空气中沿发射线飞行一小段距离后,一面受到地心引力的作用,逐渐下降;一面受到空气阻力的作用,越飞越慢,弹道就会低于发射线,形成了一条不均等的弧线。其特点是升弧较长较直,降弧较短较弯曲(图6-46)。

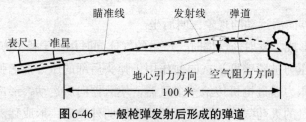

图6-46 一般枪弹发射后形成的弹道

(2)弹道要素

弹道要素主要包括(图6-47)

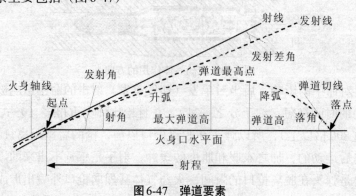

图6-47 弹道要素

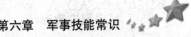

起　点：外弹道开始点。

火身轴线：射击武器的身管轴线。

火身口水平面：通过起点的水平面。

射　线：发射前火身轴线的延长线。

射　角：射线与火身口水平面所夹的角。

发射线：发射瞬间火身轴线的延长线。

发射角：发射线与火身口水平面所夹的角。

落　点：弹道降弧与火身口水平面的交点（射表落点）。

弹道最高点：火身口水平面上弹道最高的一点。

升　弧：由起点到弹道最高点的弹道。

降　弧：由弹道最高点到落点的弹道。

弹道高：弹道上任何一点到火身口水平面的垂直距离。

最大弹道高：弹道最高点到火身口水平面的垂直距离。

落　角：落点的弹道切线与火身口水平面的夹角。

射　程：起点到落点的水平距离。

2. 直射

（1）直射和直射距离

瞄准线上的弹道高在整个表尺距离上不超过目标高的射击，叫直射。这段表尺距离叫直射距离（图6-48）。

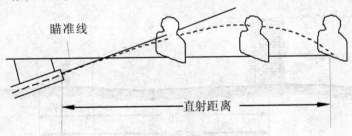

图6-48　直射和直射距离

（2）直射距离的求法

直射距离的大小，决定于目标的高低和弹道的低伸程度。目标越高，弹道越低伸，直射距离就越大；目标越低，弹道越弯曲，直射距离就越小。因此，直射距离可根据武器在瞄准线上的最大弹道高与目标高相比较求出（表6-3）。

表6-3 常用武器对主要目标射击的直射距离（概略值）

	人头目标高（30cm）	人胸目标高（50cm）	半身目标高（100cm）	跃进目标高（150cm）
81式自动步枪	200	300	400	500
95式自动步枪	300	400	500	600
03式自动步枪	300	400	500	600
85式狙击步枪	300	400	500	600

战斗中，轻武器直射距离的目标一般指人胸目标，7.62毫米步枪、轻机枪的直射距离约为300米，其对应表尺为"3"；5.8毫米步枪、轻机枪和85式狙击步枪直射距离约为400米，其对应表尺为"4"。直射距离表尺就是常用表尺。

3. 危险界、遮蔽界和死角

（1）危险界。在实际地形上弹道高没有超过目标高的一段距离叫实地危险界。危险界分为表尺危险界和实地危险界。

表尺危险界是指瞄准线上的弹道高没有超过目标高的部分。由于多数武器是依靠弹道降弧杀伤目标，即在落点附近杀伤目标，因而，表尺危险界主要指弹道降弧部分在瞄准线上的高度没有超过目标高的一段距离。

实地危险界是指在实际地形上弹道高没有超过目标高的一段距离。

（2）遮蔽界和死角。从弹头不能射穿的遮蔽物顶端到弹着点的一段距离，叫遮蔽界。目标在遮蔽界内不会被杀伤的一段距离，叫死角。遮蔽界内包括死角和危险界（图6-49）。

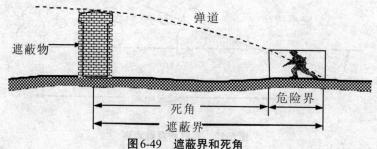

图6-49 遮蔽界和死角

遮蔽界和死角的大小是由遮蔽物的高低和落角的大小决定的。死角的大小还取决于目标的高低。

（三）选定表尺（瞄准镜）分划和瞄准点

为使射弹命中目标，赋予射击武器身管轴线以一定方向角和射角的操作过程叫瞄准。瞄准是射手通过瞄准具和瞄准镜来实现的。

1. 瞄准具（镜）的作用

由于地心引力和空气阻力的作用，如果用枪管直接瞄向目标射击，射弹就会打低打近（图6-50）。

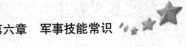

图6-50 用枪管直接瞄准目标射击的景况

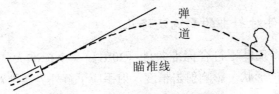

图6-51 抬高枪口对目标射击的景况

在最大射程角内，为了命中目标，必须将枪口抬高，使火身轴线与瞄准线之间形成一定的角度，即瞄准角。

瞄准角的大小，是根据射弹在不同距离上的降落量来确定的。距离越远，降落量越大，所需要的瞄准角也就越大；距离越近，降落量越小，所需要的瞄准角也就越小。

2. 瞄准要素

瞄准要素主要包括（图6-52）：

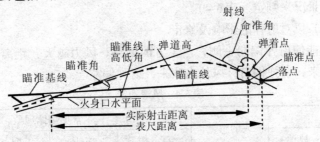

图6-52 瞄准要素

瞄准基线：觇孔圆心（缺口上沿中央）到准星上沿中央的直线。

瞄准线：视线通过瞄准基线的延长线。

瞄准点：瞄准线所指向的一点。

瞄准角：射线与瞄准线的夹角。

瞄准线上弹道高：弹道上任何一点到瞄准线的垂直距离。

落　点：弹道降弧与瞄准线的交点。

弹着点：弹道与目标表面或地面的交点。

表尺距离：起点到落点的距离。

实际射击距离：起点到弹着点的距离。

高低角：瞄准线与火身口水平面的夹角。

3. 选定表尺（瞄准镜）分划和瞄准点

为了使射弹准确地命中目标，射击时，射手应根据目标的距离、大小及武器的弹道高，正确地选定表尺（瞄准镜）分划和瞄准点其方法：

（1）定实距离表尺（瞄准镜）分划，瞄目标中央

（2）定大于或小于实距离的表尺分划，适当降低或提高瞄准点

（3）定常用表尺分划，小目标瞄下沿，大目标瞄中央

（四）外界条件对射击的影响及修正

射击时，若外界条件不符合标准条件（20℃、一个标准大气压、风力不超过一级），就会改变弹道的形状、影响射击精度。射手应了解外界条件对射击的影响，并学会修正和克服的方法。

1. 风对射弹的影响及修正

风是一种具有速度和方向的气流，它能改变射弹的飞行方向和距离。因此，必须准确地判定风向和风速，根据风对射弹的影响进行修正，以保证射弹准确命中目标。

（1）风向和风速的判定。按风吹的方向和射击方向所形成的角度通常把风分为横风、纵风和斜风。

风速按其大小分为强风、和风、弱风三种。风速的大小，可根据人的感觉和常见物体被风吹动的景况来判定（表6-4）。

（2）横（斜）风对射弹的影响及修正

横（斜）风能使射弹偏向一侧，产生方向偏差。风力越大，距离越远，偏差也就越大。风从左吹来，射弹偏右；风从右吹来，射弹偏左。

表6-4　风速判定

风力			人的感觉	常见物体现象			
区分	风级	风速		草、树	旗帜	烟	水面
弱风	二级风	每秒2至3米	面部和手稍感到有风	草丛、细树枝、树叶微动，并沙沙作响	旗帜微动并稍离开旗杆	微被吹动	有小波浪，船身摇动，风帆基本正直
和风	三至四级风	每秒4至7米	明显的感到有风，耳边时时鸣鸣响，面对风可睁开眼	草丛半倒伏，细树枝被吹弯，树叶剧烈地摆动	旗帜展开并飘动	被吹斜约成45°	有轻浪，船身摇动明显，风帆倾向一侧
强风	五至六级风	每秒8至12米	迎面行走有阻力，尘土飞扬，面对风感到睁眼困难	草丛倒伏，树杆摆动，粗枝被吹弯	旗帜飘成水平状态，并哗哗作响	被吹成水平状态，并被吹散乱	有大浪，浪顶的白色泡沫很多，被风吹离浪顶

各种枪射击时，为了使射弹准确地命中目标，必须根据射弹受风影响的偏差量，将瞄准点向风吹来的方向修正。修正时，以横方向的和风修正量为准，强风加一倍，弱（斜）风各减一半。修正量从预期命中点算起，偏差多少，就修正多少。

（3）纵风对射弹的影响及修正。纵风能影响射弹的飞行距离。顺风时，空气阻力减小，使射弹打远（高）；逆风时，空气阻力增大，使射弹打近（低）。

近距离内纵风对射弹影响很小，在400米内，风速小于10米/秒可不修正。但当风速高于10米/秒，对更远距离的目标射击时，应适当降低或提高瞄准点。

2. 阳光对瞄准点的影响及克服方法

在阳光下瞄准时，缺口部分产生虚光，形成二层缺口。若用虚光瞄准，射弹就会偏向阳光照来方向；若用黑实部分瞄准，射弹就会偏向阳光照来的反方向。因此，射手应多在不同方向的阳光照射下练习瞄准。练习时，可采取遮光瞄准，不遮光检查，或不遮光瞄准，遮光检查的方法，反复区别，去伪存真，用真实部分进行瞄准。瞄准时间不宜过长，以免眼花而产生偏差。平时应注意保护好瞄准具，不使其磨亮发光。

3. 气温和海拔高度对射弹的影响及修正

气温升降和海拔高度的变化会导致空气密度变化，从而改变射弹所受阻力，影响射弹的飞行速度。气温和海拔升高时，空气密度减小（稀薄），射弹在飞行中受到的空气阻力减小，射弹就打得远（高）；气温和海拔降低时，空气密度增大（稠密），射弹在飞行中受到的空气阻力就大，射弹就打得近（低）。

射击时，以矫正射效时的气温海拔为准，若差别不大，在400米内对射弹命中的影响较小，不必修正。若在温差超过30℃，海拔高差超过1000米的条件下对远距离目标射击，则应适当提高或降低瞄准点。气温和海拔降低时，提高瞄准点或增加表尺分划；气温和海拔升高时，降低瞄准点或减小表尺分划。

三、实弹射击要领

射击基本动作包括验枪、射击准备、据枪、瞄准、击发以及瞄准镜的安装使用等，是射手用好手中武器，快速准确射击的动作基础，更是实现训练安全的重要保证。

（一）射击前的准备

1. 验枪

验枪是一项保证安全的重要措施，使用武器前后及必要时均应验枪，认真检查弹膛、弹匣和教练弹中有无实弹。验枪时，严禁枪口对人。

听到"验枪"的口令后，两手协力将枪口指向前上方，约成15度仰角，枪托抵于右肩，枪口约与眼同高，左手打开保险，卸下弹匣，使弹匣口向上、挂耳向后交于右手握于握把左侧，食指勾住机柄，同时，稍向左旋转枪面（便于右眼检查弹膛内有无实弹）。

当指挥员检查或自行验枪时，左手向后拉枪机到定位，验过后，送回枪机（必要时可多拉、送两次）。装上弹匣，右手扣扳机，左手关保险，移握下护盖。

听到"验枪完毕"的口令后，两手协力将枪口旋至左前下，恢复持枪姿势。

2. 射击准备

射击准备是准确、快速射击的基础和前提，要做到动作要领正确、熟练、规范。

听到"装填弹匣"的口令后，左手握弹匣，弹匣口朝上，右手捏住子弹前半部，将弹底缘朝向弹匣后壁放在进弹口上，两手协同将子弹压入托弹钣低坡并推到定位，再按此法依次压入。装好弹后，应从弹匣口向下按压子弹数次，检查弹匣能否正常送弹。如压下后松开，子弹不能弹回到进弹口上沿，则必须重装弹或更换弹匣。

听到"卧姿——装子弹"的口令后，两手协同将枪口指向目标方向右（左）脚向前一大步，右手紧握握把使枪口向前，枪托抵于肩部，左手在身体前方撑地，顺势卧倒。

右手将枪向目标方向送出，左手卸下空弹匣，交于右手握于枪的左侧，从子弹袋内取出实弹匣装上，将空弹匣装入子弹袋内，打开保险，拉枪机向后送子弹上膛，关上保险（即将射击时不关保险，下同），拇指扳动表尺转轮，使所需表尺分划位于正上方，移握下护盖，全身伏地，目视前方准备射击。

听到"退子弹——起立"的口令后，左手卸下弹匣交给右手握于握把左侧。

向后慢拉枪机，退出膛内子弹并压入弹匣。换上空弹匣，将卸下的弹匣装入子弹袋并扣好。扣扳机，关保险、复回表尺。左手、右肘和两脚合力撑起身体，右脚在前，左脚向前一步，右脚靠拢左脚的同时，恢复警戒持枪姿势。

（二）据枪、瞄准、击发

据枪、瞄准、击发被称为射击三要素，三者相辅相成，缺一不可。在实际操作中，任何一个环节把握不好都会影响射击效果。

1. 据枪

射击时持枪、握枪、举枪等操枪动作统称为据枪。

两腿分开稍宽于肩，两脚内侧着地，身体舒展、自然，呼吸顺畅。身体轴线与枪身略成一线，并自然指向目标，下护盖前端置于依托物上。左手握下护盖后端或弹匣，也可握护盖与弹匣结合部。右手虎口向前紧握握把，食指第一节轻贴扳机，右大臂与地面略成垂直，两肘着地外撑（肘皮控制在内侧），保持稳固，身体稍前跟，上体自然下塌，两手合力适当后带，使枪托抵实于肩部，头稍前倾，自然挂腮。

2. 瞄准

首先使瞄准线（即实现通过缺口上沿中央和转型尖的延长线）自然指向目标，俗称"三点成一线"。不可迁就和强扭枪身，必须调整姿势。需要修正方向时，可左右移动圣体或两肘。需要修正高低时，可前后移动整个身体或两肘里合、外张，也可适当调整依托物。

3. 击发

通常用右手食指第一节均匀正直地向后扣压扳机，余指力量不变。当瞄准线接近瞄准点时，开始预压扳机，并减缓呼吸。当瞄准线稳定地指向瞄准点时，应屏住呼吸，继续增加对扳机的压力，直至击发。击发瞬间做到瞄准、姿势、用力三不变，切忌眨眼、耸肩，或为捕捉瞄准点而猛扣扳机。

点射时，应稳扣快松。在扣扳机的过程中，应始终保持姿势稳固和据枪力量不变。

（三）易犯毛病及纠正方法

1. 迁就依托物，导致据枪动作变形，射弹散布增大

纠正方法：指导射手根据自己的身高、臂长构筑或选择依托物，依托物如不适宜，应及时调整高低，直至合适为止。

2. 抵肩位置不正确，导致枪托下滑，射弹产生偏差

纠正方法：射手反复体会的抵肩动作要领。相互间通过
摸（枪托与肩部接触部）和推、拉的方法检查抵肩位置是否正确。

3. 瞄准时间过长，导致眼花，影响瞄准精度

纠正方法：应明确瞄准时间不宜过长，一般控制在3至7秒内，如果出现眼睛模糊现象，应通过闭眼休息或观察绿色植物等方法进行调整，然后再继续瞄准。

4. 击发瞬间闭眼（眨眼），影响瞄准、观察弹着和修正偏差

纠正方法：通过自我调节、控制以及保持长时间睁眼练习，养成击发过程中不闭眼（眨眼）的习惯。

5. 屏住呼吸过早，憋气，导致肌肉颤抖，据枪不稳，进而勉强击发

纠正方法：射手应反复体会瞄准、预压的同时开始减缓呼吸，在瞄准线指向瞄准点或在瞄准点附近轻微晃动时屏住呼吸的要领，并养成习惯。

6. 耸肩、松腕、余指加力和猛扣扳机，造成枪身摆动，破坏正确瞄准，导致射弹偏差

纠正方法：在正确据枪基础上，把主要精力、视力集中在觇孔与准星的正确关系上，大胆预压扳机，达到自然击发。

7. 枪面倾斜，造成左右偏差

纠正方法：射手应反复体会挂腮动作，并通过自我检查或他人检查的方法进行纠正。

第五节　综合训练

综合训练，是对部队人员进行的走、打、吃、住、行等各个方面的训练，包括行军、宿营、野外生存等内容，是对部队综合作战能力的检验。

一、行军

行军是指军队徒步或乘坐建制内和配属的车辆，沿指定路线进行有组织地移动。其目的是为了争取主动，形成有利态势，造成歼敌的有利条件。按行军方式分为徒步行军、摩托化行军和履带行军；按与敌关系分为向敌、侧敌、背敌行军；按行军时速和每日行程分为常行军和强行军；按天文时间分为昼间行军和夜间行军；按地形、天候条件分为一般条件下的行军和特殊条件下的行军。

（一）行军组织准备

1. 传达任务，确定行军方案

指挥员接到行军命令后，应迅速向部队传达任务，分析敌情、任务、地形、道路、气象等情况，以确定行军方案。其主要内容是：行进路线、行军序列；各分队和配属分队的任务，前卫及搜索分队的编成、任务及警戒、搜索的方法；行军途中可能遇到的情况，处置方案及各种保障措施等。尔后，明确军官职责分工，分头组织各项准备工作。

2. 下达本级命令，进行动员

行军命令通常在行军前向所属和配属分队下达。时间紧迫时，也可在行进中逐次明确。其内容包括：敌情；上级任务；本分队任务；行军出发时间、路线，通过调整点的时间和行程，到达的时间和地点；行军序列、集合时间与地点；友邻的行军任务；行军时速及分队间隔；大休息、宿营（集结）位置及到达时间；行军中可能与敌遭遇的地点及行动，通过敌人火力封锁区、沾染地段的方法，对空火力的组织和遭敌袭击时的行动；伪装与侦察；行军纪律、通信联络方法及信（记）号；指挥观察所与保障组的位置；完成行军准备的时限。必要时，还应明确行军警戒的编成和任务。下达行军命令后，指挥员应根据实际情况，对分队进行政治动员。

3. 组织各种保障

组织侦察。分队行军时，应组织对行军方向的前方和两侧实施不间断的侦察。任务是及时发现敌情，查明行军道路的质量、通行和隐蔽情况，侦察沿途的城镇、较大居民地、交叉路口、隘路、渡口等复杂地形的通行情况，查明沿途可能遭敌人火力封锁的地段、受染地区和迂回路线情况等。

组织警戒。当分队单独组织行军时，应向前、后、侧方派出尖兵。必要时，在可

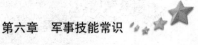

能遭敌袭击的主要地段，增派固定的侧方警戒，在分队通过后撤回。

组织通信联络。当上级允许实施无线电通信时，通常在尖兵分队、指挥所、所属（配属）各分队、收容组之间建立无线电通信联络网。当上级要求在行军中保持无线电静默时，应以旗语、灯光、音响信号等简易方法实施通信联络。

组织对空防护。一是组织对空观察报知勤务，指定对空观察员，充分利用观察器材组成对空观察网，并规定简易的报知信号；二是组织对空射击火力，组织编成内的便携式地空导弹、高射机枪、步机枪形成一定密度的对空火网，掩护队顺利行军。

做好物资器材保障。主要包括武器、弹药、装具、给养、饮水和药品等准备。

组织技术保障。通常选择3—5名技术骨干组成技术保障组，主要负责对车辆的检查、修理和行军中车辆故障的排除。

组织设营组、收容组。在无敌情顾虑的情况下，可组织司务长（给养员）、炊事员等组成设营组并提前出发。其任务是：在预定大休息及宿营（集结）地筹备食物、燃料和饮水；调查社情、疫情，选择和区分各分队大休息地点，划分所属分队（车辆）的位置，派出人员在进入宿营地的路口接引分队；向指挥员报告设营情况。徒步行军时应成立收容组。通常由一名军官率卫生员、数名体质较好的士兵组成，在本队后跟进，负责收容伤病员和掉队人员，并组织其跟进，根据情况消除路标。

4. 检查行军准备

指挥员在出发前，应对所属分队行军准备情况进行督促和检查。主要包括：所属分队对行军命令传达落实和动员情况；武器、弹药、油料、粮秣和各种器材的领取、携带情况；炊事班的生活物资保障准备情况；卫生保障准备情况以及车辆状况等。检查完毕后，将行军准备情况及时报告上级。

（二）行军实施

行军时，指挥员应加强观察，掌握行军路线、方向和速度，及时了解敌情、沿途地形和道路状况，及时灵活地处置各种情况，沿上级指定的路线迅速隐蔽地行军，按时到达指定地区。

1. 准时集合出发，严格行军秩序

接到行军命令后，应迅速在指定地区集合，同时派出警戒，检查各分队人员、武器、车辆、着装等情况，适时登车，按上级规定的时间准时出发和通过出发点。

2. 掌握行军路线和速度

为了避免走错路和迷失方向，应利用多种方法和手段掌握行军路线。在复杂地形和夜间行军时，可派一名军官加强前方尖兵的指挥，或由军官、骨干组成方向组，随尖兵行动。如发现走错路，应首先确定站立点，尔后选近路插向原定路线。如无把握应立即返回开始走错的地点，尔后继续前进。行军速度和一日行程应根据敌人的袭扰程度、行军队形的编成、人员的体质、移动工具及其技术状况、道路的数量及质量、

驾驶员的驾驶技能、行军时间及水文气象等条件确定。

3. 适时组织休息

正确规定行军中的休息时间和地点，是缓解行军疲劳、保持行军能力、顺利实施行军的重要条件。摩托化行军时，小休息通常每2—3小时进行一次，每次20—30分钟。徒步行军的首次小休息，通常在行军30分钟后进行，时间在15—20分钟。尔后每行军1—2小时休息一次，每次约10—20分钟。组织小休息时，车辆应按规定间隔停靠在道路右侧。除留信号观察员、值班火器（分队）、无线电员外，其余人员下车在道路右侧休息。徒步行军时，人员应靠近路边面向外侧并保持原来队形，指挥员应督促士兵整理鞋袜和装具。大休息应在日行程过半时进行，时间为1—2小时，徒步行军为2小时左右。组织大休息时，应离开道路进入指定地区或沿行军路线疏散隐蔽。指挥员应明确乘车时间，派出警戒，必要时指定值班分队（火器）占领附近有利地形。分队应利用地形构筑简易工事。司机应检查车辆，并对其进行技术保养，必要时还应进行小修。炊事班给全体人员分发熟食。必要时，可利用大休息调整行军队形。夜间休息时，人员不准随意离队，武器、装具随身携带，出发前清点人数，检查装备。

4. 灵活、果断处置情况

行军中，指挥员应注意观察，及时发现和灵活果断的处置各种情况。

当临时改变行军路线时，指挥员应迅速命令分队停止前进，向各分队简要明确新的行军路线。当前方有迂回路线能进入新的行军路线时，可仍按原行军序列从迂回路线进入新的行军路线；当已超过通向新路线的路口，前方又无新的迂回路线，或迂回路线较远时，应选择较宽阔的路段或空地作为调头点，组织依次调头进入新的行军路线。此时，通常应变后方尖兵为前方尖兵、前方尖兵为后方尖兵。

当遭受敌空袭时，应迅速离开道路，利用地形地物隐蔽伪装。夜行军时应严格灯火管制。根据命令，组织对空射击。如任务紧急，可增大各分队间隔、车距，加速行驶，快速通过当遭敌火力封锁时，力求绕行，或者利用敌火力间隙分批跃进通过。

当遭敌核、化学武器袭击时，应迅速就近利用地形防护，人员迅速穿戴防护器材，下车就近隐蔽防护。警报解除后，应迅速查明人员伤亡和车辆损坏情况并报告上级，抢救伤员，抢修车辆，恢复行军序列。遇有受染地段，应迅速查明情况，选择迂回路线绕过或沿开辟的通路通过。如任务紧急、不允许绕过而短时间内又不能开辟通路时，应采取必要的防护措施，选择受染轻、距离短的地段直接通过。

当遭敌兵力袭击时，指挥员应沉着冷静，立即判明敌情，迅速组织反击。如敌兵力较弱，应展开必要兵力歼灭或驱逐之，主力继续前进，并将情况报告上级；如敌兵力较强，应迅速就近抢占有利地形，掩护上级主力展开歼灭之；如误入敌伏击区，应迅速展开，抢占有利地形，抗击敌人冲击，并迅速将情况报告上级，伺机向敌薄弱方向突围，或根据上级指示，协同主力歼敌。

当道路、桥梁遭敌破坏或者遇到难以通行的地段时，应当绕行。无法绕行时，及

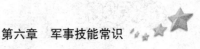

时通知组织抢修，并报告上级。

二、宿营与警戒

（一）宿营

宿营是军队在行军或战斗后的住宿。宿营的目的是为了部队得到适当的休息和整理。为继续行军和战斗做好充分准备。

1. 宿营

（1）宿营的种类及宿营的选择。宿营可采取舍营、露营或两者结合的方式进行。宿营时，必须提高警惕，加强侦察警戒和通信联络，注意隐蔽伪装，确保安全休息和迅速投入战斗。宿营地应根据敌情、地形情况，由设营组预先选择或指挥员临时选定。

（2）宿营的组织与管理。宿营配置与要求。露营时，应利用地形，以排、班为单位配置。舍营时，应根据房屋条件尽量按建制分配住房。以舍营和露营相结合的方式宿营时，应根据情况灵活配置。乘车行军宿营时，视情况可配置适量人员在车上住宿，车辆通常疏散隐蔽于宿营地内便于机动的位置。

宿营报告。进入宿营地后，及时以文字和口述两种方式向上级报告。

组织好休息。宿营部署完，干部深入排、班检查监督人员尽快休息，加强查铺、查哨。

做好群众工作。应及时与当地政府和人民群众取得联系，了解社情、疫情和风俗习惯，开展拥政爱民活动。

2. 复杂地形、天候条件下的宿营

在山林地宿营。宿营时应避开悬崖、陡坡、峡谷和可能发生山洪、雪崩的危险区。做好防虫工作。警戒要注意控制制高点、道路交叉点，严防敌人突袭。

在草原、沙漠、高原地宿营。宿营时，应力求选择有水、居民地区、避开风口。搞好伪装，注意防空、防火、防风暴、沙、泥石流等。

在严寒条件下宿营。宿营时，应尽可能舍营，力求集中住宿，预防冻伤。已冻伤者切忌用火烤或用热水烫脚，尽量吃热饭，睡觉时注意保暖。

在炎热条件下宿营。宿营时，应注意防暑、防病、防毒虫、防火等。露营时，帐篷、草棚或地铺周围应铲除杂草。挖好排水沟，增供开水等。

（二）警戒

警戒是防止敌人袭击，掩护部队展开战斗、转移或休整，保障部队安全所采取的必要措施。警戒通常分为地面警戒、对空警戒和对海上警戒。按部队行动性质，可分为行军警戒宿营警戒和战斗警戒。

1. 行军警戒保障部队行军安全

现代条件下行军，随时可遭受敌人来自前方、侧翼或后方的威胁。因此组织实施行军警戒，行军警戒时指挥员应周密计划，明确规定任务，加强通信联络，果断处理各种情况，完成警戒任务。

2. 宿营警戒保障部队临时住宿安全

宿营警戒要防止敌人接近警戒地域，及时发现敌人袭击征候，保障部队安全休息。宿营警戒通常分为营哨、连哨、排哨、班哨、步哨、潜伏哨、游动哨等，配设明确记号，灵活处置各种情况。

3. 战斗警戒

战斗警戒可分为防御战斗警戒和进攻战斗警戒，防止敌人侦察、渗透和袭击。

三、野外生存

（一）野外生存的概念

野外生存，即人在住宿无着的山野丛林中求生。深入敌后的特种部队、侦察兵和空降兵、海军陆战队，以及在战斗中与部队失去联系的战士和失事的空勤人员，在孤立无援的敌后或生疏的荒野丛林和孤岛上，在仪器断绝的情况下，更需要野外生存的本领。

在现代社会，无论是军人还是大学生，在非作战的特殊情况下，如进行旅游、探险等活动时，有时也会迷失在荒岛、丛林、沙漠，这个时候，野外生存知识掌握得越多，生存几率就越大。另外，野外生存活动自从"军转民"以来，作为一种有益身心并有利于培养团队精神的群众性文体活动，更加强调如何去接近大自然，去探索未知的精彩世界。

野外生存主要有两种情况：一是有准备，包括精神上的和物质上的准备，一般是为从事某项活动，提前数月或数天进行有目的的准备，然后有计划、有步骤地开展野外生存活动；一是毫无准备的，在意外情况下的野外生存活动，这种时候就是对一个人在精神和意志上的综合考验。

（二）野外生存的装备

1. 背囊

背囊容量的大小与野外生存的天数有直接关系，一般不应小于50升。例如，美军LC-2军用背包，它的容积是49升，采用外框架式结构，包与人体背部散热，可调肩带和腰带，使该包容易掌握平衡，外框架也方便加挂睡袋等物品。

2. 绳索

纵横野外，最大的目的就是要走前人没有走过的道路，而有些地方根本就没有路，此时绳索就显得极为重要。专用攀岩绳和锁扣最好，但价格偏高，不过可以到附近的建材店看看。建筑工人使用的安全绳和锁扣是物美价廉的代用品。一般登山绳索长20米左右即可。登山不同于攀岩，超过10米的悬崖峭壁对于普通人来说是"禁区"。

3. 鞋具

可选用登山鞋，最好有户外丛林鞋，它的橡胶底加防刺钢板，真皮鞋面，全棉鞋腰，防滑透气，能很好地保护脚部和踝骨。

4. 电筒及荧光棒

野外生存用的电筒要求照射距离不小于50米，电池使用时间不小于5小时，电筒自身至少达到30米深能防水，电筒配有备用灯泡。荧光棒轻便，小巧，发光时间长，成本低，在实际应用中可以作为照明或求救的光源。荧光棒的发光时间目前可达4—48小时。使用时将荧光棒轻轻弯曲，折断塑料管中的玻璃管，轻轻摇动即可。荧光棒中的液体不可食用，且具有一定的黏附性。如果泄漏，容易污染家具、地板、衣物、皮肤等，若出现以上情况须及时清洗；如果荧光棒中的液体进入眼睛中，须及时用清水洗净或就医。

5. 指北针

建议使用专用指北针，例如军用65式指北针，具有指向、测距、量角、地图比例尺测距等多种功能。其实指北针同相应的地图配合使用时作用最大，出发前应充分掌握指北针的使用方法

6. 求生哨

普通的军用哨子即可，在荒郊野外，在探查出路、寻找水源时，事先约定好的哨间长短和不同组合，都是野外近距离联络时最方便和最简捷的通信方法。

7. 帐篷

在野外，帐篷的主要功能是防风、御寒、避免昆虫及小动物滋扰，保证使用者能够得到良好充足的睡眠，对保持使用者的体力起着至关重要的作用。野外帐篷常见的有人字型、圆顶型等多种款式，使用者应按所要前往地区的季节和气候等情况选择适用的类型，并要在出发前学会怎样搭建。

8. 睡袋

野外生存用的睡袋至少要达到防潮、保证透气、质量轻、体积小的基本功能要求。睡袋通过内里的填充材料不同，以达到不同的保温效果，使用者应根据所要到达的地区的气温来选择不同保温效果的睡袋。

9. 望远镜

置身野外，观察野生动植物，寻找水源，判定行动方向等都少不了望远镜，而野外观察用望远镜倍数一般应在7—12倍，且最大物镜直径不应小于35毫米，因为小于7倍的望远镜观察距离有限，大于12倍的望远镜在手持观察时晃动太大。

10. 生火工具

野外用的生火工具主要还是火柴或打火机。火柴分别为野外防风火柴和野外防水火柴，其中防风火柴在使用时应捏住火柴的木杆部分，以免烧伤手指。

（三）野外生存的技巧

1. 利用自然特征判定方向

利用太阳。用一根标杆（直杆），使其与地面垂直，把一块石子放在标杆影子的顶点A处；约10分钟后，当标杆影子的顶点移动到B处时，再放一块石子。将A、B两点连成一条直线，这条直线的指向就是东西方向。与AB连线垂直的方向则是南北方向，向太阳的一端是南方。

利用指针式手表。手表水平放置将时针指示的（24小时制）时间数减半后的位置朝向太阳，表盘上12点时刻度所指示的方向就是概略北方。假如现在时间是16时，则手表8时的刻度指向太阳，12时刻度所指的就是北方

利用北极星。寻找北极星首先要找到大熊星座（即人称的北斗星）。该星座由7颗星组成，开头就像把勺子一样。当找到北斗星后，沿着勺边A、B两颗星的连线，向勺口方向延伸约为A、B两星间隔的5倍处一颗较明亮的星就是北极星。北极星指示的方向就是北方。还可以利用与北斗星相对的仙后星座寻找北极星。仙后星座由5颗与北斗星亮度差不多的星组成，形状像W。在W字缺口中间的前方，约为整个缺口宽度的2倍处，即可找到北极星。

利用地物特征。利用地物特征判定方位是一种补助方法，在使用时，应根据不同情况灵活运用。独立树通常南面枝叶茂盛，树皮光滑。树桩上的年轮线通常是南面稀、北面密。农村的房屋门窗和庙宇的正门通常朝南开。建筑物、土堆、田埂、高地的积雪通常是南面融化得快，北面融化得慢。大岩石、土堆、大树南面草木茂密，而北面则易生青苔。

在野外迷失方向时，切勿惊慌失措，而是要立即停下来，冷静地回忆一下所走过的道路，想办法按一切可能利用的标志重新制定方向，然后再寻找道路。最可靠的方法是"迷途知返"，退回原出发地。在山地迷失方向后，应先登高远望，判断应该向什么方向走。通常应朝地势低的方向走，这样容易碰到水源、顺河而行最为保险，这一点在森林中尤为重要。因为道路、居民点常常是滨水临河而筑的。如果遇到岔路口，道路多而令人无所适从时，首先要明确要去的方向，然后选择正确的道路。若几条道路的方向大致相同，无法判定，则应先走中间那条路，这样即便走错了路，也不会偏差太远。

2. 复杂地形行进方法

山地行进，为避免迷失方向，节省体力，提高行进速度，应力求有道路不穿林翻山，有大路不走小路，如没有道路，可选择在纵向的山梁、山脊、山腰、河流小溪边

缘，以及树高林稀空隙大、草丛低疏的地形上行进。要力求走梁不走沟，走纵不走横。行进时，能大步走就不小走。这样几十千米下来，可以少走许多步。疲劳时，应用放松的慢步来休息，但是不停下来。

攀登岩石时，应对岩石进行细致的观察，慎重地识别岩石的质量和风化程度，确定攀登的方向和路线。基本方法是"三点固定"法，即两手一脚或两脚一手固定后再移动剩余的手或一脚，使身体重心上移。手脚要很好地配合，避免两点同时移动，一定要稳、轻、快。根据自己的情况选择最合适的距离和最稳固的支点，不要跨大步和抓、蹬过远的点。攀登30°以下的山坡可沿直线上升。攀登时，身体稍向前倾，全脚掌着地，两膝弯曲，两脚呈"外八字形"，迈步不要过大过快。坡度大于30°时，一般采取"之"字形攀登路线。攀登时，腿微曲，上体前倾，内侧脚尖向前，全脚掌着地，外侧脚尖稍向外撇。在行进中不小心滑倒时，应立即面向山坡，张开两臂伸直两腿，脚尖翘起，使身体尽量上移，以减低滑行的速度。这样，就可设法在滑行中寻找攀引物和支撑物。千万不要面朝外坐，因为那样不但会滑得更快，而且在较陡的斜坡上还容易翻滚。

河流是山区和平原地区经常遇到的障碍。遇到河流不要草率入水，要仔细地观察之后再确定渡河的地点和方法。山区河流通常水流湍急，水温低，河床坎坷不平。涉渡时，为了保持身体平衡，应当用一根竹子支撑在水的上游方向，或者手执重达15—20千克的石头。集体涉渡时，可3人或4人一排，彼此环抱肩部，身体最强壮的位于上游方向。

3. 采捕食物的方法

野外生存获取食物的途径主要有两种：一种是猎捕野生动物；另一种是采集野生植物。

猎捕野生动物首先要知道动物的栖息地，掌握动物的生活规律，然后再采取压捕、套猎、捕兽夹以及射杀等方法进行猎捕。这需要在专家指导下经过较长时间的训练和实践后才能真正掌握。这里仅简单介绍一下可食用昆虫和可食野地生植物的种类、食用方法。

常见的可食昆虫有以下几种。

蝗虫：浸酱油烤着吃，煮或炒也可以；螳螂：去翅后烤或炒，煮也可以；蜻蜓：干炸后可食；蝉：生吃或干炸，幼虫也可食；蜈蚣：干炸，但味道不佳；天牛：幼虫可生食或烤；蚂蚁：炒食，味道好；蜘蛛：除去脚烤食；白蚁：可生食或炒食；松毛虫：烤食。

可食野生植物包括可食的野果、野菜、藻类、地衣、蘑菇等。对可食野生植物的识别是野外生存知识的主要内容。常见的可食野果有山葡萄、笃斯、黑瞎子果、茅莓、沙棘、火把果、桃金娘、胡颓子、乌饭树、余甘子等。常见的野菜有苦菜、蒲公英、鱼腥草、马齿苋、刺儿草、荠菜、野苋菜、扫帚菜、菱、莲、芦苇、青苔等。野

菜可生食、炒食、煮食或通过煮浸食用。

但是，一般人需要在专家指导下经过一定时间的训练才能掌握这些知识。这里介绍种最简单的鉴别野生植物有毒无毒的方法，供紧急情况下使用。通常将采集到植物割开个小口子，放进一小撮盐，然后仔细观察是否改变原来的颜色，通常变色的植物不能食用。

4. 获取饮用水的方法

获取饮用水的途径通常有两条：一条是挖掘地下水，另一条是净化地面水。这里只介绍从地表水获取饮用水的方法。

通常雨水可以直接饮用。下雨时，可用雨布、塑料布大量收集雨水，也可用空罐头盒、杯子、钢盔等容器收接雨水。当没有可靠的饮用水又无检验设备时，可以根据水的色、味、温度、水迹，概略鉴别水质的好坏。纯净水在水层浅时无色透明，深时呈浅蓝色，可以用玻璃杯或白瓷盛水观察。通常水越清水质越好，水越浑则说明杂质多。一般清洁的水是无味的，而被污染的水则时常带有一些异味。地面水的水温，因气温变化而变化，浅层地下受气温影响较小，深层地下水水温低而恒定。如果所取样的水不符合这些规律，则水质一般都有问题。此外，还可以用一张白纸，将水滴在上面晾干后观察水迹。清洁的水无斑迹，如有斑迹则说明水中有杂质，水质差。

在野外最好不要饮用从杂草中流出的水，而以从断崖或岩石中流出的清水为佳。饮用河流或湖泊中的水时，可在离水边1—2米的沙地上挖个小坑，坑里渗出的水较之直接从河湖中提取的水清洁。另外，可以用饮水消毒片、漂白粉精片以及明矾等药品净化水。在专家指导下，还可用一些含有黏液质野生植物净化水。切记，不论多么口渴，都不要饮用不洁净的水，万不得已时，也要把水煮开再喝。

5. 野外常见的伤病的防治

虫叮咬的防治。在野外为了防止昆虫的叮咬，人员应穿长袖衣和长裤，扎紧袖口、领口，皮肤暴露部位涂搽防蚊药。不要在潮湿的树荫和草地上坐卧。宿营时，烧点艾叶、青蒿、柏树叶、野菊花等驱赶昆虫。被昆虫叮咬后，可用氨水、肥皂水、盐水、小苏打水、氧化锌软膏涂抹患处止痒消毒。此外，遇到蚂蟥叮咬时，不要硬拔，可用手拍或用肥皂液、盐水、烟油、酒精滴在其前吸盘处，或用燃烧着的香烟烫，让其自行脱落，然后压迫伤口止血，并用碘酒涂搽伤口以防感染。部队行进中，应经常查看有无蚂蟥爬到脚上。如在鞋面上涂些肥皂、防蚊油，可以防止蚂蟥上爬。涂一次的有效时间约为4—8小时。此外，将大蒜汁涂抹于鞋袜和裤脚，也能起到驱避蚂蟥的作用。

昏厥。野外昏厥多是由于摔伤、疲劳过度、饥饿过度等原因造成的。主要表现为脸色突然苍白，脉搏微弱而缓慢，失去知觉。遇到这种情况，不必惊慌，一般过一会儿便会苏醒。醒来后，应喝些热水，并注意休息。

中毒。其症状是恶心、呕吐、腹泻、胃疼、心脏衰弱等。遇到这种情况，首先要洗胃，快速喝大量的水，用指触咽部引起呕吐，然后吃蓖麻油等泻药清肠，再吃活性炭等解毒药及其他镇静药，多喝水，以加速排泄。为保证心脏正常跳动，应喝些糖水、浓茶，暖暖脚，立即送医院救治。

中暑。其症状是突然头晕、恶心、昏迷、无汗或湿冷，瞳孔放大，发高烧。发病前，常感口渴头晕，浑身无力，眼前阵阵发黑。此时，应立即在阴凉通风处平躺，解开衣裤带，使全身放松，再服十滴水、人丹等药。发烧时，可用凉水浇头，或冷敷散热。如昏迷不醒，可掐入中穴、合谷穴使其苏醒。

冻伤。如发现皮肤有发红、发白、发凉、发硬等现象，应用手或干燥的绒布磨擦伤处，促进血液循环，减轻冻伤。轻度冻伤用辣椒泡酒涂擦便可见效。如发生身体冻僵的情况，不要立即将伤者抬进温暖的室内，应先摩擦肢体，做人工呼吸，待伤者恢复知觉后，再到较温暖的地方抢救。

6. 野外求救的方法

放烟火。燃放烟火是最常见的求救方法。白天用烟，即在燃火上放一些橡胶片、生树叶、苔藓、蕨类植物等，可以生成燃烟，以便通知外界。夜晚用火应在开阔地上，向可能的居民区方向点三堆明火，用火光传达求救信号。

光信号。白天用镜子借助阳光，向可能的居民区或空中的救援飞机反射间断的光信号，光信号可传16千米之远。方法是将一只手指瞄准应传达的地方，另一只手持反光镜调整反射的阳光，并逐渐将反射光射向瞄准的指向即可。夜晚用手电筒，向求救方向不间断地发射求救国际通用的求救信号是SOS，即三长三短，不断地循环。

现代求救方法。随着时代的发展，各种现代求救设备逐渐普及，如信标机、无线电通讯机、卫星电话等设备，如果有条件可以逐步配备这些现代设备。

利用声音求救。在位于听觉范围之内，应不断地呼救。如位于听觉之外，利用哨声、击打声呼救。

利用地面标记物求救。地面标记物使营救者能了解你现在的位置或过去的位置，方向指示标有助于寻找行动路径。方向指示标可就地取材，指示方向。

（四）野炊

1. 野外就地取材烧火做饭

在没有制式炊具可供使用的情况下，利用就地器材和材料热熟食物为野炊，方法有：

（1）用石头做支架或用铁丝吊脸盆、罐头铁盒等物，用火加热、烹煮食物烧水等。

（2）将食物穿插缠裹在铁丝、木棍上，放在火上烧烤。

（3）将石板烧热以后把食物切成薄片，放在上面烙熟。

（4）用和好的黄泥摊成泥饼，用泥饼将食物包裹成团放在火中烧两个小时即可食用。

（5）选粗壮的竹筒一段，把竹节的一端打通，将米和水灌入竹节里，将竹节放入火中烘烤40分钟即可食用。

2. 烧青（湿）柴草

青（湿）柴草是野炊常用的燃料，烧青（湿）柴草时，要将湿柴劈细，烧时，要少添、勤添烧草，要将草挑松散，勤除草灰。

3. 寻水

找水。根据野生植物的种类、生长的数量和分布范围及动物出没活动规律等寻找地下浅层水源。

采水。沙漠、戈壁地区不宜寻找地下水，可在清晨采集植物枝叶上的露珠或在地上挖一个露出湿土层的坑，蒙上塑料布，布上将会凝结一些水珠，聚少成多解决一部分饮用水。某些植物的枝干、茎叶、果实或块根中含水多，可直接食用。

净化水。野外水源不便直接饮用时，应辨别水中是否含有有毒、有害物质，若有强烈异味的水不宜饮用，可做净化再供饮用

（五）简易自救

（1）昆虫叮咬急救。在野外最好穿长袖衣和长裤，扎紧袖口、领口和裤腿。被昆虫叮咬后，可用氧水、肥皂水、盐水、小苏打水、氧化锌软膏涂抹患处止痒消毒。

（2）蚂蟥叮咬急救。在野外遇到蚂蟥叮咬时，不要硬拨，可用手拍打或用肥皂液、盐水、烟油、酒精滴在其前吸盘处，或用烧着的香烟烫让其自行脱落，然后压迫伤口止血。有条件时要用碘酒洗涤伤口以防感染。

（3）伤急救。被蝎子、蜈蚣、黄蜂等毒虫蜇伤后，出现伤口红肿痛痒等症状。要先挤出毒液，后用肥皂水、氨水、醋等涂擦伤口，也可用捣碎马齿苋汁冲服，渣外敷，也可用蜗牛洗净捣碎后涂在伤口处，大蒜汁对蜈蚣的咬伤有一定疗效。

（4）毒蛇咬伤急救。在野外随身携带棍棒，边走边驱赶蛇虫。一旦被毒蛇咬伤，应立即采取紧急救护措施保持冷静，立即包扎。用布条等缚住伤口处靠近心脏一端以减少毒血上流同时冲洗伤口，洗出毒液然后尽快就医。

（5）中毒急救。遇到这种情况时，应让病人侧卧快速大量喝水，用手指触咽部引起呕吐，吃泻药清多喝水加速排泄，然后迅速就医。

（6）中暑急救。在炎热暑季会引起中暑，应迅速急救，解开衣带，使全身放松，用冷毛巾敷头部，聚用仁丹、十滴水等。

（7）冻伤急救。轻度冻伤可以用辣椒泡酒，涂擦后便可以缓解症状，如发生全身冻圆应先摩擦身体，做人工呼吸，待伤者恢复知觉后，再到较温暖的地方抢救。

（8）昏厥急救野外昏厥多是由于摔伤，疲劳过度，饥饿过度等原因造成，遇到这种情况，让病人静重者应抬起病人双腿，高于头部，以改善脑部血液循环。

（9）扭伤急救。发生扭伤，应迅速停止行走。肿胀不明显时，用冷水，冷毛巾冷敷患处。肿胀明显时，抬高患肢，贴消肿药膏等。然后送医院检查治疗。

（10）出血急救。遭受外伤出血，应立即果断止血。指压止血后要及时包扎。

第七章 知识拓展

第一节 中国古代战例

长勺之战

长勺，在今山东莱芜东北地区。长勺之战发生在公元前684年，是春秋时期齐、鲁之间的一次战役。当时，齐桓公企图一举征服鲁国，冒然发兵攻打鲁国，鲁庄公迅速动员，决心抵抗。国平民曹刿自告奋勇，请随庄公出战，并进言：不能独自享用财物，要分赐给群臣；不敢虚报祭品，要虔敬神明；不能忽视大小狱讼，要合情合理地予以处理。鲁庄公答应了。两军相对长勺，鲁庄公欲进攻，被曹劝止，曹刿在齐军三次擂鼓冲锋之后才擂鼓命令鲁军出击，一举将齐军击溃，庄公欲急于追击，曹刿说不可，在下车察看了齐军车辙痕迹又登车眺望齐军旌旗之后，才建议庄公追击。鲁庄公不明原因，曹刿解释说：作战全凭勇气，一鼓而作气，再次击鼓则勇气衰退，三次击鼓勇气就没有了。敌三鼓气竭，而我初鼓气盛，所以能战胜敌人。齐是大国，难以摸清它的意图，怕有埋伏。发现他们的车印混乱，军旗也倒下了，才下令追击他们。长勺之战是中国战争史上早期在政略、战略和策略上体现军事辨证思想的一场经典战役。

城濮之战

城濮，在今山东鄄城西南地区。城濮之战是春秋时期中原晋国和南方楚国的一次战役。该战役，晋国参战兵力3.25万；楚国参战兵力4.2万。此外前的公元前636年，晋公子重耳结束长期流亡生活，回国继承王位，成为晋文公。晋文公修明政治，任贤使能，发展经济，崇俭省用，整军经武，对外尊王，树立威信，实力大增，与争夺中原霸权的楚国，矛盾加深。晋文公先发制人，联合齐、秦、宋，引诱楚国出师。公元

前632年，楚成王发兵逼近晋军，爆发城濮之战。开战之初，晋文公主动后退90里，表面上遵守当年对楚王"退避三舍"的承诺①，实际上是为赢得"君退臣犯，曲在彼矣"的政治主动，以博取舆论同情，也为战术上的诱敌深入奠定基础。战役中，晋军避开楚军锋芒，等待时机会合齐、秦等盟军，先占据地利，以逸待劳，实现军事上的后发制人，夺取决战胜利。对晋军的主动后撤，楚军感到事有蹊跷，有人主张持重待机，停止追击。但楚军前线指挥子玉刚愎自用，企图聚歼晋军，结果中了晋军埋伏，遭到惨败。城濮之战是中国古代战争史上诱敌深入战术的典范。

柏举之战

柏举，在今湖北省京山县西南地区。柏举之战是春秋末期一次规模宏大、影响深远的大战役。该战役，吴国参战兵力3万，楚国参战兵力20万。公元前506年春，在召陵①，晋、齐、鲁、宋、蔡、卫、陈、郑、许、曹、莒、邾、顿、胡、滕、薛、杞、小邾18国诸侯会盟，形成伐楚联盟。同年秋，楚国发兵围攻蔡国。吴国认为攻楚良机已至，决定以救蔡为名，经淮道绕过大别山脉，从楚守备薄弱的东北部突入楚境，打击楚国。公元前506年冬，吴王阖闾亲率其弟夫概和伍子胥、伯嚭、孙武等，乘船溯淮水西进，至战略要地州来，舍舟登陆前进。齐军3500名精锐穿楚北险隘，迂回奔袭，直趋汉水，深入楚腹地。楚军仓促赶至汉水西岸布防，阻止吴军渡汉水攻楚都城。吴、楚在汉水对峙。但此时楚国将领在战术选择发生了重大分歧：一方主张变被动为主动，与吴军周旋，正面牵制吴军，同时集结兵力，迂回至吴军侧后，毁坏吴军舟船，阻塞三关，断其归路，而后前后夹击，歼灭吴军；一方贪功，主张速战速决，反对持久战。楚军前线指挥子常接受速战观点，擅自率军渡过汉水攻击吴军。吴军为避免腹背受敌，防止被楚军夹击，立即改变原定在江、汉腹地与楚军决战的计划，由汉水东岸后退，调动楚军于不利地形。这种形势下，楚军以为吴军畏楚而退，紧追不舍，企图速胜。结果双方连续三战，楚军受挫，锐气大减。11月18日，吴军停止后退，在柏举与楚军对阵。此时，吴军也发生了战术分歧：一方主张先发制人，击溃楚军；一方主张胜败在此一举，务求万全无虞之策。吴军前线指挥，当机立断，率5000人猛攻楚军，楚军一触即溃，楚军大乱。吴军继之发起全面攻击，楚军大败。吴军乘胜追击，连续五战击败楚军。楚昭王逃走，全军溃散。公元前506年11月29日，吴军攻入楚都郢③。柏举之战是中国战争史上以少胜多的著名战例。

---

① 早年晋文公重耳曾流亡楚国，受到过楚王的盛情款待，楚王问他：将来你要是当上了晋国国君之后会怎么回报我？晋文公回答：如果将来哪天我们两国的军队要是相遇，定当退避三舍。（古时一舍等于30里，三舍就是90里。）

② 今河南省郾城县东。

③ 今湖北省荆州市荆州区城北。

桂陵之战

桂陵，在今河南长桓西北地区。桂陵之战是战国时期齐国和魏国之间的一场战役。战国初年，魏文侯任用李悝变法，魏国率先在诸侯国中强盛起来，并积极向外扩张，对齐国所属的东部构成严重的威胁。为摆脱魏国的控制，赵国与齐国结成军事同盟。公元前354年，魏国派大将庞涓率8万大兵进攻赵国，包围赵国都城邯郸，赵国向齐国求救。齐威王早有图霸之意，遂趁势出兵，以田忌为主将，孙膑为军师，率兵救赵。田忌企图率军赴赵进攻魏军主力以解赵围，但孙膑认为，魏国长期攻赵，主力消耗于外，老弱疲惫于内，齐军应乘魏防务空虚，直趋魏国都城大梁，迫使魏军回师自救，于归途截击它，以达到既援救赵又打击魏的目的。田忌采纳孙膑围魏救赵的计谋，以一部兵力南下，围攻位于大梁东南的魏邑襄菱，显示齐军已攻魏救赵，坚定赵国抗魏的决心；主力则进至大梁东面的军事重镇平陵附近。平陵本不易攻取，且齐军有粮道被断绝的危险，使魏军产生齐军指挥无能的错觉，齐军由此成功的把魏军继续拖在了赵国。等到邯郸城破，魏军急需休整时，田忌、孙膑派轻车锐卒直扑大梁城郊，迫使庞涓回师救援，齐军主力则在魏军回师的必经之路桂陵设伏，重创魏军。桂陵之战堪称中国战争史上经典战例，尤其是围魏救赵的战术已家喻户晓。

长平之战

长平，在今山西晋城高平市城北。长平之战发生在公元前262年—前260年，是战国后期秦国和赵国之间的一次决战，是中国古代战争史上最大规模、最为激烈、最有影响的一次战役。此役，赵国参战兵力四十五万余，秦国参战兵力六十万余。到公元前264年，秦国已成为战国七雄中实力最强大的国家。这时，秦国大举攻韩，韩王献上党郡以求和，但上党太守不愿献地入秦，主动献给赵国，以促成韩、赵联合抗秦。赵王贪利受地，与秦直接冲突。公元前261年，秦国攻打上党，赵军退守长平。老将廉颇率赵军主力增援长平，阻挡秦军。廉颇清楚秦军实力，赵军无法速胜，且秦远道来攻，欲速战，遂改变策略，坚壁不出，打持久战，企图拖垮秦军。秦军不断挑战，廉颇坚守不出，双方长久相持。秦国见状，用千金收买赵王宠臣，利用后者四处散布流言，离间赵王与廉颇的关系。赵王中计，遂以赵括代廉颇。赵括是纸上谈兵之人，没有实战经验。赵王要任他为将时，赵括的母亲不同意，赵王不听。赵括到任后，求胜心切，立即派兵出击，秦军佯装败走。赵军追赶，陷入白起设置的包围圈中。秦军把赵军包围后，将其粮道断绝。赵军只得在包围圈中筑工事坚守，以待援军。同时，秦国发壮丁堵塞赵国的援军及粮道。赵军被围困46天，草粮断绝，轮番向外冲击，不能突围。赵括亲自出战，被秦军射死，赵军大败降秦。白起只放走240人归赵报信，赵国士卒45万被斩杀，其中被活埋的达40万人，开创了中国古代军事史规模最大的坑杀敌军降卒的历史先河，达到"不义之战"的顶峰。赵国从此衰落。经此一战，六国无力单独和秦国全

方位对抗，为秦统一六国奠定了坚实的基础，加速了秦国统一的历史进程。

巨鹿之战

巨鹿，在今河北平乡。巨鹿之战是秦末农民起义时楚地起义军同秦军主力之间的一次重大决战性战役，也是中国战争史上著名的以少胜多的战役之一。此役，楚地义军参战兵力6万，秦军参战兵力40余万。公元前207年，秦军上将军章邯打败楚地反秦义军首领项梁后，认为楚军主力已被消灭，于是渡河北上，移兵邯郸，攻击赵歇的河北起义军，赵歇退守钜鹿。而此时秦将王离率领的几十万边防军也赶到并包围了钜鹿，章邯则在巨鹿以南筑甬道，以运粮供给王离军。赵歇粮少兵单，危在旦夕，乃遣使向各路诸侯求救。当时秦军十分强大，救赵诸军驻扎在巨鹿城北，没有人敢前去迎战。项羽为报秦军杀叔父项梁之仇主动请缨，于是楚怀王便以宋义为上将军，项羽为次将，范增为末将，率军六万余人救赵。大军进至安阳后，宋义被秦军的气势所吓倒，逗留46天不敢前进。项羽痛斥宋义的怯懦行为并杀死了他，夺取了军队的指挥权。楚怀王迫不得已封项羽为上将军。12月，项羽率楚军到达巨鹿县南的漳水，先派遣部将英布、蒲将军率领两万人为先锋，切断秦军运粮通道，包围了王离军队。项羽亲率全部主力渡河，并下令全军将士破釜沉舟，每人只携带三天的干粮，以示有进无退之决心。项羽破釜沉舟的决心和勇气，极大地鼓舞了将士们的士气。楚军个个士气振奋，以一当十，奋勇死战，九战九捷，大败秦军，俘获了秦军统帅王离。巨鹿之战摧毁了秦军的主力，扭转了整个战局。

官渡之战

官渡，在今河南中牟东北地区。官渡之战发生在公元200年，是东汉末年曹操袁绍之间的一次战役，也是中国历史上著名的以弱胜强的战役之一。此役，曹操参战兵力3—4万，袁绍参战兵力约10万余。196年曹操把汉献帝挟持到许昌，形成"挟天子以令诸侯"的局面，取得了政治上的优势。196年袁绍击败公孙瓒，占有青、幽、冀、并四州之地。197年，袁术在今安徽寿县称帝。曹操进讨袁术、吕布并将其消灭，控制黄河以南、淮汉以北大部地区，与袁绍南北对峙，但袁绍兵力上占上风，胜过曹操。199年6月，袁绍10万精兵南下进攻许都，曹操深知袁绍弱点，力排众议决定迎击。战略上，曹操不是分兵把守黄河南岸，而是集中兵力，扼守要隘，重点设防，以逸待劳，后发制人，采取了主动作战部署，派将领率精兵牵制袁绍，防止袁军袭击许都；又派步骑2000屯守黄河南岸的重要渡口，阻滞袁军渡河和长驱南下；派人镇抚关中，拉拢凉州，以稳定翼侧；曹操亲率主力在官渡筑垒固守，阻挡袁绍正面进攻。200年初，袁绍企图渡河寻求与曹军主力决战。4月，曹操为争取主动，求得初战的胜利，亲自率兵北上解救白马之围。此时谋士荀攸认为袁绍兵多，建议声东击西，分散其兵力，先引兵至延津，伪装渡河攻袁绍后方，使袁绍分兵向西，然后遣轻骑迅速袭击进攻白马的袁军，攻其不备，以击败颜良。曹操采纳了这一建议，袁绍果然分兵延津。曹操乃乘机率轻骑，派张辽、关羽为前锋，急趋白马。关羽迅速迫近颜良军，冲进袁军之中杀死颜良并斩首尔还，袁军溃败。曹操解白马之围后，迁徙白马的百姓沿黄河向西撤退，袁绍率军渡河追击，军至延津南，派大将文丑与刘备继续率兵追击曹军。曹操当时只有骑兵600，驻于南阪（在白马南）下，而袁军达五六千骑，尚有步兵在后跟进。曹操令士卒解鞍放马，并故意将辎重丢弃道旁。袁军一见果然中计，纷纷争抢财物。曹操突然发起攻击，终于击败袁军，杀了文丑（死于乱军，并不是关羽斩杀），顺利退回官渡。袁军初战失利，但兵力仍占优势。七月，进军阳武（今河南中牟北），准备南下进攻许昌。八月，袁军主力接近官渡，依沙堆立营，东西宽约数十里。曹操也立营与袁军对峙。九月，曹军一度出击，没有获胜，退回营垒坚守。袁绍构筑楼橹，堆土如山，用箭俯射曹营。曹军依谋士刘晔之计制作了一种抛石装置的霹雳车，发石击毁了袁军所筑的楼橹。袁军又掘地道进攻，曹军也在营内掘长堑相抵抗，粉碎了袁军的计策。双方相持3个月，曹操外境困难，前方兵少粮缺，士卒疲乏，后方也不稳固，曹操几乎失去坚守的信心。荀彧给予曹操方面决心，使得曹操得以坚持危局，加强防守，命负责后勤补给的任峻采取10路纵队为一部，缩短运输队的前后距离，并用复阵（两列阵），加强护卫，防止袁军袭击；另一方面积极寻求和捕捉战机，击败袁军，不久派曹仁、史涣截击、烧毁袁军数千辆粮车，增加了袁军的补给困难。同年十月，袁绍又派车运粮，并令淳于琼率兵万人护送，屯积在袁军大营以北约20公里的故市（河曹操南延津县内）、乌巢（今河南延津东南）。恰在这时，袁绍谋士许攸投奔曹操，建议曹操轻兵奇袭乌巢，烧其辎重。曹操立即付诸实行，留曹洪、荀攸守营垒，亲自率领步骑5000，冒用袁军旗号，人衔枚马缚口，各带柴草一束，利用夜暗走小路偷袭乌巢。到达后立即围攻放火。袁绍获知曹操袭击乌巢后，只派轻骑救援，主力则猛攻曹军大营。可曹营坚固，攻打不下。当曹军急攻乌巢淳于琼营时，袁绍增援的部队已经迫近。曹操励士死战，大破袁军，杀淳于琼等，并将其粮草全数烧毁。袁军前线闻得乌巢被破，军心动摇，内部分裂，大军遂溃。袁绍仓惶带800骑退回河北，曹军先后歼灭和坑杀袁军7万余人。官渡之战奠定了曹操统一北方的基础。

赤壁之战

赤壁，在今湖北赤壁西北地区。赤壁之战发生在公元208年，是三国形成时期，孙权、刘备联军与曹操军队之间的一次重大战役。此役，孙刘联军参战兵力5万，曹操参战兵力20万（号称80万）。东汉末年，中原动荡。曹操因势而起，逐渐扫平群雄，统一了北方。208年，曹操率军南下，夺取荆州，进而准备攻取江东，实现全国的统一。曹军自江陵（今湖北荆州）顺流而下，水陆并进。孙权与刘备联军抵抗，双方会于赤壁（今湖北蒲圻西北）。当时，曹军拥有20万人，孙刘联军不到5万人。但曹军长途跋涉，疲病之极，正所谓"强弩之末势不能穿鲁缟"，士气不高。而联军方面，

尤其是东吴的水师，一向训练有素，战斗力较强。且因这场战争关乎孙刘两家前途，均是背水一战，故而战斗意志相当坚决，这在一定程度上也弥补了军队数量上的劣势。两军在赤壁相遇的，一经接战，曹军便告不利，曹操引军退至长江北岸的乌林休整，等待决战。曹军不适应水上作战，因而将战船"首尾相接"，以求平稳。孙刘联军的指挥官周瑜的部将黄盖看到这种情况，便向周瑜进火攻之计。为实施这项计划，周瑜让黄盖诈降。曹操轻敌，信以为真，便约定了投降的时间和信号。黄盖于是率战舰十艘，满载饱浸油脂的干柴，上蒙布幕，插上投降的旗号，向曹营出发。时值东南风起，战舰顺风而驰，很快接近了曹营。黄盖令各舰同时点火，然后跳上小船退回。风助火势，顷刻间，曹军水营便淹没在一片火海之中。不久，又蔓延至岸上的大营，曹军一片混乱，人马被烧死、溺死者不计其数。此时，孙刘联军发起进攻，曹军大溃。曹操率残部向江陵方向撤退，孙刘联军水陆并进，紧追不舍。曹军一路饥病交加，退至江陵，已伤亡过半。曹操只得退回北方。曹操兵败赤壁，关键在于骄傲轻敌，急于求战。而曹军恰恰不习水战，以己之短，击敌之长，犯了兵家大忌。而孙刘联军却能利用曹军的弱点，发挥自己的优势，一战成功，取得了以弱胜强的胜利。赤壁之战，是形成三国鼎立局面的关键性战役。经过这次战役，曹操力量受挫。孙权保住了江东，刘备占据了荆州四郡，有了立足之地，接着又取得了天府之国的益州，从而形成了三分天下的格局。赤壁之战是奠定三国鼎立基础的著名战役，是中国战争史上为数不多的水战。

淝水之战

淝水，在今安徽省寿县的东南方地区。淝水之战发生于公元383年，是东晋时期北方的前秦与南方的东晋的一次战役。此役，前秦参战兵力约112万人，东晋参战兵力8万。此时，北方前秦在苻坚领导下统一北方，企图实现全国的统一，遂向东晋宣战。383年，苻坚命步骑25万为前锋直趋安徽寿县，幽州、冀州兵力集结在江苏徐州，梁、益之师顺江而下，自率主力经河南趋寿县，号称80万，水陆并进，企图席卷江南、荡平东晋。东晋集中兵力，控扼长江上游，北府兵八万则赴淮南迎击秦军主力。但前秦军因协调不力，进军快慢不一，其优势兵力已呈分散之形。到秋季，其前锋军包围部分晋军。苻坚大喜，亲率8000轻骑赴寿阳，并派原东晋的襄阳守将朱序去劝降晋军。朱序心怀故国之情，力劝谢石趁前秦大军未集，迅速出击，挫其锐气，以利于全面破敌。谢石于是决定改变原来坚守不战以待秦军师劳兵疲的作战方案，转守为攻，沿淮河西上，一路击破秦军，进至淝水东岸，与秦军夹水而阵。此时，苻坚登寿阳城头，望见晋军布阵严整，见城外八公山上，于秋风中起伏的草木，以为是东晋之伏兵，始有惧色。由于秦军逼淝水而阵，晋军不得渡河，谢玄便派人至秦方要求秦军后撤一段距离，以便晋军渡河决战。苻坚心存幻想，企图待晋军半渡，一举战而胜之，所以答应了要求。不料，秦军此时已军心不稳，一听后撤的命令，便借机奔退，由此而不可遏止。朱序等人又在阵后大喊："秦军败矣！"秦军后队不明前方战

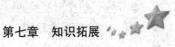

情，均信以为真，于是争相奔溃，全线大乱。晋军乘势追杀，大获全胜，符坚狼狈逃归，损失惨重。此战符坚统一中国的希望彻底破灭，北方暂时统一的局面也随之解体，再次分裂，各部族重新崛起，建立国家，前秦随之灭亡。淝水之战是中国战争史上以少胜多的战役之中双方兵力最为悬殊的一次战争。

鄱阳湖之战

鄱阳湖之战发生在公元1363年，是元朝末年朱元璋和陈友谅为争夺南部中国在鄱阳湖水域而进行的一次战略决战。此役，朱元璋参战兵力20万，陈友谅参战兵力60万。朱元璋军、陈友谅军都是元末农民起义之中兴起的力量。此年七月二十日，两军在江西鄱阳湖湖面遭遇。时陈军巨舰联结布阵，展开数十里，"望之如山"，气势夺人。朱元璋针对其巨舰首尾连接，不利进退，将己方舰船分为20队，每队都配备大小火炮、火铳、火箭、火蒺藜、大小火枪、神机箭和弓弩，下令各队接近敌舰时，先发火器，次用弓弩，靠近敌舰时再用短兵器进行格斗。次日，双方展开激战。朱军大将徐达身先士卒，率舰队勇猛冲击，击败陈军前锋，毙敌1500人，缴获巨舰一艘。朱军乘风发炮，焚毁陈军20余艘舰船，陈军被杀和淹死者甚众。但朱军伤亡也不少，尤其是朱元璋座舰搁浅被围，险遭不测。战斗呈胶着状态。从早晨至日暮，双方鸣金收兵，战斗告一段落，双方互有伤亡，不分胜负。二十二日，朱元璋亲自率领水师出战。但陈舰巨大，朱军舰小不能仰攻，接连受挫。这时朱元璋及时采纳了部将建议，决定改用火攻破敌。黄昏时分湖面上吹起东北风，朱元璋选择勇士驾驶7艘渔船，船上装满火药柴薪，迫近敌舰，顺风放火，风急火烈，迅速蔓延。一时烈焰飞腾，湖水尽赤，转瞬之间烧毁陈军数百艘巨舰，陈军死伤过半。朱元璋挥军乘势发起猛攻，又毙敌2000余人。二十三日，双方又有交锋，陈友谅瞅准朱元璋旗舰展开猛攻。朱元璋刚刚移往他舰，原舰便被陈军击碎。二十四日，朱军6舰突入陈军舰队，勇敢驰骋，势如游龙，如入无人之境。朱军士气大振，发起猛烈攻击。最后，陈军不支败退，遗弃的旗鼓器仗，浮蔽湖面。陈友谅只得收拢残部，转为防御，不敢再战。当天晚上，朱元璋乘胜进扼江西都昌西北，控制江水上游，陈友谅亦退保江西星子南。两军相持3天，陈军屡战屡败，形势不利。陈友谅两员大将见大势已去，于是投降朱元璋，陈军内部军心动摇，力量更加削弱。陈友谅又气又恼，下令把抓到的俘虏全部杀掉以泄愤。而朱元璋却反其道而行之，将俘虏全部送还，并悼死医伤，瓦解陈军士气，从而大得人心。陈军内部分崩离析，士气更加低落。朱元璋判断陈军可能突围退入长江，乃移军湖口，在长江南北两岸设置木栅，置大舟火筏于江中，又派兵夺取蕲州、兴国，控制长江上游，堵敌归路，待机歼敌。经过1个多月的对峙，陈友谅被困湖中，军粮殆尽，计穷力竭。于是孤注一掷，冒死突围。八月二十六日，由南湖嘴突围，企图进入长江退回武昌。行至湖口时，朱军以舟师、火筏四面猛攻，陈军无法前进，复走泾江，又遭伏兵阻击，左冲右突，打不开生路，陈友谅中箭而死，军队溃败，5万余人投降。此战奠定了朱元璋平定江南的基础。

第二节 中国著名兵书

《孙子兵法》

该书是中国现存最早的兵书，又称《孙武兵法》《吴孙子兵法》《孙子兵书》《孙武兵书》等。作者为春秋末年的齐国人孙武（字长卿）。今存13篇：《始计篇》讲的是庙算，即出兵前在庙堂上比较敌我的各种条件，估算战事胜负的可能性，并制订作战计划。这是全书的纲领。《作战篇》主要是庙算后的战争动员。《谋攻篇》是以智谋攻城，即不专用武力，而是采用各种手段使守敌投降。《军形篇》《兵势篇》讲决定战争胜负的两种基本因素："形"指具有客观、稳定、易见等性质的因素，如战斗力的强弱、战争的物质准备；"势"指主观、易变、带有偶然性的因素，如兵力的配置、士气的勇怯。《虚实篇》讲的是如何通过分散集结、包围迂回，造成预定会战地点上的我强敌劣，最后以多胜少。《军争篇》讲的是如何"以迂为直""以患为利"，夺取会战的先机之利。《九变篇》讲的是将军根据不同情况采取不同的战略战术。《行军篇》讲的是如何在行军中宿营和观察敌情。《地形篇》讲的是六种不同的作战地形及相应的战术要求。《九地篇》讲的是依"主客"形势和深入敌方的程度等划分的九种作战环境及相应的战术要求。《火攻篇》讲的是以火助攻。《用间篇》讲的是五种间谍的配合使用。《孙子兵法》，探讨了敌我、主客、众寡、强弱、攻守、胜败、利害等种种矛盾的对立和转化，以朴素的哲学辩证思维研究战争的战略和战术，内容博大精深，思想精邃，逻辑缜密严谨，是中国古典军事思想遗产中的璀璨瑰宝，是中国优秀文化传统的重要组成部分。

《孙膑兵法》

该书是中国古代的著名兵书，也是《孙子兵法》后"孙子学派"的又一力作。《孙膑兵法》古称《齐孙子》，作者为孙膑，传说他是孙武的后代，在战国时期生于齐国阿、鄄之间（今山东阳谷、鄄城一带），曾和庞涓一起学习兵法。1972年，临沂银雀山汉墓竹简出土，这部古兵法始重见天日。但由于年代久远，竹简残缺不全，损坏严重。经竹简整理小组整理考证，文物出版社于1975年出版了简本《孙膑兵法》，共收竹简364枚，分上、下编，各十五篇。对于这批简文，学术界一般认为，上篇当属原著无疑，系在孙膑著述和言论的基础上经弟子辑录、整理而成；下篇内容虽与上篇内容相类，但也存在着编撰体例上的不同，是否为孙膑及其弟子所著尚无充分的证据。1985年，文物出版社出版的《银雀山汉墓竹简（壹）》中，收入《孙膑兵法》凡16篇，系原上编诸篇加下篇中的《五教法》而成，其篇目依次为：擒庞涓、见威王、威王问、陈忌问垒、篡卒、月战、八阵、地葆、势备、兵情、行篡、杀士、延气、官一、五教法、强兵。

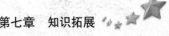

《吴子》

该书是战国时期卫国吴起所著，魏国文侯、武侯辑录，《汉书·艺文志》著录《吴起》48篇，已佚，今本《吴子》六篇（《图国》《料敌》《治兵》《论将》《变化》《励士》），系后人所托。其主要谋略思想是："内修文德，外治武备"。他一方面强调，必须在国家和军队内部实现协调和统一，才能对外用兵，提出国家如有"四不和"，就不能出兵打仗；另一方面强调必须加强国家的军事力量。吴起继承了孙武的"知己知彼，百战不殆"的思想，在《料敌》篇中强调了了解和分析敌情的重要意义，并且具体指出了处于6种情况的国家，不可轻易与其作战。他懂得战争是千变万化的，要根据不同的情况而采取应变的措施。在《应变》篇具体论述了在仓卒间遭遇强敌、敌众我寡、敌拒险坚守、敌断我后路、四面受敌及敌突然进犯等情况下的应急战法和胜敌的策略。《治兵》《论将》和《励士》3篇主要阐述了他的治军思想。他认为，军队能否打胜仗，不完全取决于数量上的优势，重要的是依靠军队的质量。质量高的标准是：要有能干的将领，要有经过严格训练的兵士；要有统一的号令；要有严明的赏罚。他重视将帅的作用，尤其是重视将帅的谋略，强调好的将帅应有优良的品质和作风；重视士卒的训练，提高实际作战能力；强调赏功以励士兵。

《六韬》

该书又称《太公六韬》《太公兵法》，旧题周初太公望（即吕尚、姜子牙）所著，普遍认为是后人依托，作者已不可考。现在一般认为此书成于战国时代。全书以太公与文王、武王对话的方式编成。此书在《汉书·艺文志》诸子略兵家类中不见著录，但在"道家"列"《太公》二百三十七篇"，其中《谋》八十一篇，《言》七十一篇，《兵》八十五篇；儒家类著录有《国史六》，"即今之《六韬》也，盖言取天下及军旅之事。字与韬同也。"《隋书·经籍志》明确记载："《太公六韬》五卷，周文王师姜望撰。"但从南宋开始，《六韬》一直被怀疑为伪书，特别是清代，更被确定为伪书。1972年4月，在山东临沂银雀山西汉古墓中，发现了大批竹简，其中就有《六韬》的五十多枚，这就证明《六韬》至少在西汉时已广泛流传了，对它的怀疑与否定也不攻自破。《六韬》是一部集先秦军事思想之大成的著作，对后代的军事思想有很大的影响，被誉为兵家权谋类的始祖。司马迁《史记·齐太公世家》称："后世之言兵及周之阴权。皆宗太公为本谋。"北宋神宗元丰年间，《六韬》被列为《武经七书》之一，为武学必读之书。《六韬》在16世纪传入日本，18世纪传入欧洲，现今已翻译成日、法、朝、越、英、俄等多种文字。今存版本有：1972年山东临沂银雀山汉墓竹简残本、1973年河北定县八角廊汉墓竹简残本、敦煌遗书残本、《群书治要》摘要本、《四库全书》本、《续古逸丛书》影宋《武经七书》本、1935年中华学艺社宋刻《武经七书》本、丁氏八千卷楼藏刘寅《武经七书直解》影印本。今本《六韬》共分六卷。文

韬——论治国用人的韬略；武韬——讲用兵的韬略；龙韬——论军事组织；虎韬——论战争环境以及武器与布阵；豹韬——论战术；犬韬——论军队的指挥训练。

《尉缭子》

该书是中国古代颇有影响的一部著作。对它的作者和成书年代，历来就有各种不同的说法。第一种意见：《尉缭子》是一部伪书。虽然《汉书·艺文志》著录有"兵形势"《尉缭》31篇，但今存《尉缭子》不讲"兵形势"，显然不是《汉书·艺文志》所著录的《尉缭》，而是出于后人的伪造。不过，自从1972年山东临沂银雀山汉墓《尉缭子》残简出土后，学者们发现残简有6篇与今存《尉缭子》相合，伪书一说已遭到大多数人否定。另有唐魏徵《群书治要》辑《尉缭子》4篇，对考校此书均有重要价值。第二种意见：《尉缭子》的作者名叫尉缭，是战国时人，此书的前身即《汉书·艺文志》所著录的"兵形势"《尉缭》31篇。第三种意见：与第二种意见大致相同，不同处在于它认为此书的前身是《汉书·艺文志》所著录的"杂家"《尉缭》29篇。是"杂家"兼合儒墨名法之说。"杂家"《尉缭》属"商君学"，除论述军事外，还论及政治和经济。它虽谈兵法，却并非兵家。《隋书·经籍志》著录有"杂家"《尉缭子》5卷。都和今存《尉缭子》的内容和卷数相同，可见今存《尉缭子》即"杂家"《尉缭子》。宋人将"杂家"《尉缭子》收入《武经七书》，归入兵家。所以后人多误认《尉缭子》为兵家之书。《尉缭子》反对迷信鬼神，主张依靠人的智慧，具有朴素的唯物主义思想。它对政治、经济和军事关系的认识是相当深刻的。在战略、战术上，它主张不打无把握之仗，反对消极防御，主张使用权谋，争取主动，明察敌情，集中兵力，出敌不意，出奇制胜。这些观点即使在今天仍有值得参考的价值。《尉缭子》是战国晚期论述军事、政治的一部著作，共五卷二十四篇，南宋刻行的《武经七书》本最早。《汉书·艺文志》杂家收录了《尉缭子》二十九篇。唐朝初年的《群书治要》中节录了《尉缭子》四篇。1972年，山东临沂的银雀山一号汉墓出土的竹简，也有和《尉缭子》相符的竹简书六篇。从这几篇的情况来看，现在流传版本的文字有很多删节和讹误，篇名常和竹书不合，但基本上没有后人增加的内容。《尉缭子》反对军事上相信"天官时日、阴阳向背"的迷信观念，强调政治、经济对军事的决定性作用，其理论水平很高。思想中糅合了儒、法、道各家观点，这也许是被纳入杂家的主要原因。后半部《重刑令》以下十二篇，对研究战国时代的军法颇有帮助，所以有人把此书作为兵书来研究。今本《尉缭子》共分五卷：卷一，包括"天官""兵谈""制谈""战略""攻权"，主要论述政治、经济和军事的关系，攻城与作战的原则，主张行事不应依靠鬼神，而应依赖人的智慧；卷二，包括"守议""十二陵""武议""将理""原官"，主要论述战争的性质、作用和守城的原则；卷三，包括"治本""战权""重刑令""伍制令""分塞令"，主要讲述用兵的原则、军队的纪律和奖惩制度；卷四，"束伍令""卒令""勒卒令""将令""踵军令"，主要叙述战场法纪、部队的编组、标志和指挥信

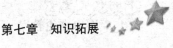

号，以及行军序列；卷五，"兵教上""兵教下""兵令上""兵令下"，主要论述军队的训练和取胜之道。

《司马法》

该书是我国古代重要兵书之一。据相关资料记载，夏商周三代时期，有司马一职，专掌国家军政，《司马法》便是由夏商周时期历代司马编纂而成。又据唐朝李靖曾言："周《司马法》，本太公者也。太公既没，齐人得其遗法。至桓公霸天下，任管仲，复修太公法，谓之节制之师，诸侯毕服。"姜太公是周朝的第一任司马，故夏、商之后，周朝的《司马法》便是由姜太公编纂的。春秋时期齐国大司马大将军司马穰苴亦纂有《司马穰苴兵法》，其人本姓田，受封司马大将军，故称司马穰苴。大约成书于战国初期。据《史记·司马穰苴列传》记载："战国时期，齐威王使大夫追论古者司马兵法而附穰苴兵法于其中，因号曰《司马穰苴兵法》。"汉代对《司马法》评价很高。武帝时，"置尚武之官，以《司马兵法》选，位秩比博士"。（见荀悦《申鉴·时事篇》）司马迁称道《司马法》"闳廓深远，虽三代征伐，未能竟其义，如其文也。"（见《史记·司马穰苴列传》）据《汉书·艺文志》记载，当时《司马法》共一百五十五卷。东汉以后，马融、郑玄、曹操等人的著作中，都曾以《司马法》为重要文献资料而加以征引，据以考证西周和春秋时期的军制。晋唐之间，杜预、贾公彦、杜佑、杜牧等人，也多以《司马法》为立说的根据。可见《司马法》当时仍具有军事权威著作的声誉。宋元丰中（公元1078—1085年）把《司马法》列为《武经七书》之一，颁行武学，定为将校必家读之书，其重视程度，也不减晋唐。迄至清代，姚际恒、龚自珍等人，疑为伪书。但对他们所质疑的问题，详加考查，显然根据不足。（参见兰永蔚著《春秋时期的步兵·〈司马法〉书考》中华书局出版）《司马法》流传至今已两千多年，亡佚很多，现仅残存五篇。但就在这残存的五篇中，也还记载着从殷周到春秋、战国时期的一些古代作战原则和方法，对我们研究那个时期的军事思想，提供了重要的资料。《司马法》论述的范围极为广泛，涉及了军事领域的各个方面；保存了古代用兵与治兵的原则，包括夏商周三代的出师礼仪、兵器、徽章、赏罚、警戒等方面的重要史料。此外，还有很丰富的哲理思想，很重视战争中精神、物质力量之间的转化和轻与重辨证关系的统一。对于人的因素、士气的作用，该书也非常重视。

太白阴经

该书全名《神机制敌太白阴经》。中国古人认为太白星主杀伐，因此多用来比喻军事，《太白阴经》的名称由此而来。作者为唐朝的李筌。李筌身世不详，唯《集仙传》称其仕至荆南节度副使，仙州刺史。又《神仙感遇传》云，筌有将略，作《太白阴经》10卷，入山访道，不知所终。《太白阴符》当即此书。此书分人谋、杂仪、战具、预备、阵图、祭文、捷书、药方、杂占、遁甲、杂式等篇。先言主有道德，后言国有富强，内外兼修，可谓持平之论，与一般兵书以权谋相尚者迥异。杜佑《通典》"兵类"取通论二家，一为李靖《兵法》，一即此经。可见其为时人所重。传世版本主要有《墨海金壶》据影宋抄本、《守山阁丛书》据旧钞残本辑补，皆为10卷。卷一，包括人谋上，天无阴阳，地无险阻，人无勇怯，主有道德，国有富强，贤有遇时，将有智谋，术有阴谋，数有探心，政有诛强；卷二，包括人谋下，善师，贵和，庙胜，沉谋，子卒，选士，励士，刑赏，地势，兵形，作战，攻守，行人，监才；卷三，杂仪，授钺，部署，将军，阵将，队将，马将，监人，相马，誓众军令，阙塞四夷；卷四，战具，攻城具，守城具，水攻具，火攻具，济水具，水战具，器械，军装；卷五，预备，筑城，凿濠，弩台，烽燧台，马铺土河，游奕地听，报平安，严警鼓角，定铺，夜号更刻，乡导，井泉，迷途，搜山烧草，前茅後殿，衅鼓，屯田，人粮马料，军资，宴设音乐；卷六，阵图，风后握奇垒，风后握奇外垒，太白营图，偃月营图，阴阳队图，教旗，草教图，教弩图，合而为一阵图，离而为八阵图；卷七，祭文，捷书，药方，禡牙文，禡马文，祭蚩尤文，祭名山大川文，祭风伯雨师文，祭毗沙门天王文，露布，治人药方，治马药方；卷八，杂占，占日，占月，占五星，占流星，占客星，占妖星，占云气，分野占，风角，五音占风，鸟情占；卷九，遁甲；卷十，杂式，元女式，察情胜败，主客向背，推神煞门户，龟卜，山冈营垒。此书内容丰富，李荃在进书表中称："人谋、筹策、攻城、器械、屯田、战马、营垒、阵图、囊括无遗，秋毫毕录。其阴阳天道，风云向背，虽远人事，亦存而不忘。"

《纪效新书》

该书是戚继光在东南沿海平倭战争期间练兵和治军经验的总结。他在《自序）中说："数年间，予承乏浙东，乃知孙武之法，纲领精微莫加矣。第于下手详细节目，则无一及焉。犹禅家所谓上乘之教也，下学者何由以措。于是乃集所练士卒条目，自选*亩民丁以至号令、战法、行营、武艺、守哨、水战，间择其实用有效者，分别教练，先后次第之，各为一卷，以海诸三军俾习焉。顾苦于缮写之难也，爰授梓人。客为题曰：《纪效新书》。夫曰'纪效'，明非口耳空言；曰'新书'，所以明其出于法而非泥于法，合时措之宜也。"这段话说明了撰写本书的目的、成书的时代、背境和主要内容、特点，以及书名的来历和含意。但未言及具体成书年代。据《戚少保年谱耆编》卷二记载："嘉靖三十九年，……春正月，创鸳鸯阵，著《纪效新书》。"说明《纪效新书》当写成于戚继光调任浙江抗倭的第六年即嘉靖三十九年（1560年）。《纪效新书》原本十八卷，卷首一卷。具体篇目如下：卷首包括"任临观请创立兵营公移""新任台金严请任事公移""纪效或问"三篇。正文分：束伍篇第一、操令篇第二、阵令篇第三、谕兵篇第四、法禁篇第五、比较篇第六、行营篇第七、操练篇第八、出征篇第九、长兵篇第十、牌筅篇第十一、短兵篇第十二、射法篇第十三、拳经篇第十四、诸器篇第十五、旌旗篇第十六、守哨篇第十七、水兵篇第十八，共十八篇十八卷。

练兵实纪

该书是戚继光在蓟镇练兵时撰写。此书正集9卷，附杂集6卷。它和《纪效新书》称为《练兵实纪》戚氏兵书姐妹篇。九卷九篇共二百六十四条，具体篇目是：练伍法第一、练胆气第二、练耳目第三、练手足第四、练营阵第五（场操）、练营阵第六（行营）、练营阵第七（野营）、练营阵第八（战约）、练将第九。后附杂集六卷六篇：储练通论（上下篇）、将官到任宝鉴、登坛口授（李超、胡守仁辑）、军器解、车步骑营阵解。书前还冠有"凡例"即"分给教习次第"共十五条，记述了将、卒各自应学习的内容、标准，教材发放办法，督促学习的措施等。《练兵实纪》内容广泛，涉及兵员选拔、部伍编制、旗帜金鼓、武器装备、将帅修养、军礼军法、车步骑兵的编成保结及其同训练等建军、训练和作战的各个方面。正文一至四卷侧重单兵训练；五至八卷和"杂集"的《军器解》《车步骑营阵解》讲营阵训练；正文第九卷和"杂集"中的《储练通论（上下篇）》《将官到任宝鉴》和《登坛口授》等篇记述了将帅的选拔培养、应具备的条件等。《练兵实纪》写于《纪效新书》之后，他既注意吸收南方练兵的经验，又结合北方练兵的实际，其练兵思想在《纪效新书》的基础上又有了新的发展。《练兵实纪》，清代常州麟玉山房刊本刻成《练兵纪实》。《明史·戚继光传》记作《练兵事实》，显系笔误。中华书局点校本据《明史·艺文志》《千顷堂书目》《四库全书总目》校为《练兵纪实》欠妥，因上述书目作《练兵实纪》，应校为《练兵实纪》为是。

《论持久战》

该书是毛泽东于1938年5月26日至6月3日在延安抗日战争研究会上的讲演稿。这是一部不朽的著作，无论军事上还是运用到现实生活中都很有借鉴意义。毛泽东认为战争的目的不是别的，就是"保存自己，消灭敌人"。在我方弱于敌人时或环境不利于我方时应采取持久战的策略，只要采取此策略则必胜。在此情况下要杜绝"投降论"和"速胜论"，因为在敌强于我时这两种论调就不现实，必然导致客观失败。本书的主要内容包括：揭示了抗日战争发展的基本规律（敌强我弱、敌退步、我进步、敌小我大、敌寡助、我多助）；论述了只有实行人民战争，才能赢得胜利的思想；阐明了抗日战争作战的形式上，主要是运动战，其次是游击战。其实，论持久战这篇论文式的著作，之所以被称为经典，最突出的地方是它是在抗日战争初期写成并发表的，对抗日战争做了论述，将抗日战争分为几个阶段：第一个阶段，是敌之战略进攻、我之战略防御的时期。第二个阶段，是敌之战略保守、我之准备反攻的时期。第三个阶段，是我之战略反攻、敌之战略退却的时期。现在再重读会发现，《论持久战》与当时抗日战争的历史情况完全对应，甚至可以说是抗日战争的总结报告，足见毛泽东的军事才华非同寻常。

主要参考书目

[1] 姜国柱. 中国军事思想简史. 北京：新世界出版社，2006

[2] 王厚卿. 中国军事思想论纲. 北京：国防大学出版社，2000

[3] 牛力，邱桂金. 国防与军队建设的科学指南——毛泽东、邓小平、江泽民军事思想研究. 北京：解放军出版社，2004

[4] 朱梅生. 军事思想概论. 北京：国防大学出版社，1997

[5] 卿竹松，唐晶荣. 军事思想教程. 北京：国防大学出版社，2000

[6] 赵荣. 军事理论导论. 北京：国防工业出版社，2012